Carola Richter (Hrsg.)

Der Nahostkonflikt und die Medien

ISBN 978-3-7357-3918-6

Die Beiträge sind zuerst erschienen im
Global Media Journal – German Edition Vol. 4, No. 1 (2014).
www.globalmediajournal.de

Herstellung und Verlag:
BoD – Books on Demand, Norderstedt

Umschlagabbildung: Katharina von Hagenow
Satz und Layout: Felix Koltermann

# Inhaltsverzeichnis

# Der Nahostkonflikt und die Medien

## Carola Richter

Wie beginne ich diesen Text, um mich dem Thema anzunähern, ohne gleich in alle Fallen zu treten, die die diskursive Auseinandersetzung mit dem Nahostkonflikt bereithält? Schreibe ich über „Konflikte zwischen Israelis und Palästinensern", dann ver-individualisiere ich den Konflikt möglicherweise zu sehr und vernachlässige die Strukturbedingungen. Dann vielleicht doch lieber „Konflikte zwischen Israel und Palästina"? Aber ist das nicht schon wieder zu abstrakt und überhaupt: ist „Palästina" überhaupt eine (politisch) korrekte Bezeichnung oder ergreife ich damit schon wieder Partei und veranlasse einige dazu, den Text gar nicht mehr weiterzulesen? Je intensiver man sich mit der Problematik auseinandersetzt, umso komplexer wird sie – und das schon allein auf der Ebene der Terminologie.

## Auslandsberichterstattung und Auslandskorrespondenten als zentraler Untersuchungsgegenstand

Die Journalistinnen und Journalisten, die sich beruflich mit dem Nahostkonflikt beschäftigen, stehen jeden Tag vor der Herausforderung, die angemessenen Worte, die relevanten Quellen und zum Verständnis beitragenden Geschichten finden zu müssen, um uns – die Außenstehenden – über das auch weltpolitisch so relevante Geschehen vor Ort zu informieren. Sie wissen um diese Herausforderung nur zu gut, sie ringen mit sich. Der Beitrag von Eugenia Levine und Maria Louise Posdzich in diesem Band vermittelt in eindrücklicher Weise die intensiven Reflektionen, die die Journalisten in Israel und Palästina mehr als in jedem anderen Land bei ihrer Arbeit offensichtlich vornehmen (müssen).
Nichtsdestotrotz scheinen die Strukturbedingungen der Medienproduktion mit der langwierigen Geschichte sowie der hochkomplexen Anlage des Konflikts zu inkompatibel zu sein, als dass die Auslandsberichterstattung ihre Aufgaben wirklich erfüllen könnte. Auslandsberichterstattung muss – egal zu welcher Region – mehr als die Inlandsberichterstattung die

Möglichkeit des Lernens und der Wissensgenerierung über gesellschaftliche, politische und kulturelle Prozesse aus dem Berichtsland bieten. Trotz einer quantitativ hohen Berichterstattung über die Region gelingt es der deutschen Berichterstattung in ihrer Gesamtheit nur bedingt, adäquates Wissen über die Menschen in Israel und Palästina zu generieren und die Zusammenhänge des Konflikts verstehbar zu machen.

Aus der Forschung zu Nachrichtenfaktoren wissen wir, dass Konflikt und Schaden zentrale Ereignismerkmale sind, die eine journalistische Thematisierung von Nachrichten befördern (vgl. Schulz 1976, Kepplinger 1998). Dazu kommen die politische Nähe zum Ereignisland und die eigene (nationale) Betroffenheit durch das Ereignis. Nicht zuletzt spielen die Dauer eines Ereignisses und die Möglichkeit, thematisch an bestehendes Vorwissen anknüpfen zu können, für die Selektionsprozesse der Journalisten eine wesentliche Rolle. Der Nahostkonflikt passt oberflächlich besehen bestens in dieses Muster: In keinem Land der Welt gibt es – in Relation zur Bevölkerungszahl – mehr deutsche Auslandskorrespondenten als in Israel und Palästina (Götz 2008, S. 412). Der Konflikt beeinflusst die Weltpolitik seit Jahrzehnten nachhaltig, und jedes Ereignis, jede Einmischung von außen, jede interne Machtverschiebung strahlt in die gesamte Nachbarregion aus. Angesichts der deutschen Geschichte haben Nachrichten zu und aus Israel auch häufig eine innenpolitische Dimension und bringen unsere eigenen innergesellschaftlichen Konflikte zutage. Darf man Waffen nach Israel liefern? Welche Kritik an Israel ist zulässig, welche antisemitisch? Diese Fragen befeuern die mediale Debatte beständig und machen den Konflikt zu einem Kernthema deutscher Berichterstattung.

Bis zum Sechstagekrieg 1967 galt Israel den (west)deutschen Medien dabei vorrangig als bedrängtes Opfer, dem man beiseite stehen müsse (Hub 1998). Mit dieser eindeutigen Parteinahme sollte nicht zuletzt auch deutsche Schuld verarbeitet werden. 1967 formulierte der Verleger Axel Springer für die Medien seines Hauses „gesellschaftspolitische Unternehmensgrundsätze", von denen einer bis heute lautet: „Das Herbeiführen einer Aussöhnung zwischen Juden und Deutschen, hierzu gehört auch die Unterstützung der Lebensrechte des israelischen Volkes".[1] Die Medien der Springer-Gruppe wie *Welt* und *BILD* halten diese Tradition auch heute noch hoch. Dass die intensive Diskussion um die deutsche Vergangenheit aber auch die Diskurse anderer Akteure geprägt hat, zeigt eindrücklich der Beitrag von Anja Hempel, Sebastian Bähr und Melanie Neumann in diesem Band. Denn nicht

---

[1] Vgl. die vollständigen Grundsätze unter
http://www.axelspringer.de/artikel/Grundsaetze-und-Leitlinien_40218.html.

nur die als rechts-konservativ einzuordnenden Blätter Springers, auch Zeitungen des linken Randes wie *Jungle World*, *Bahamas* oder *konkret* artikulieren eine dezidierte Israel-Solidarität. Die Autoren weisen nach, dass eine geradezu frappierend ähnliche Argumentation in *Welt* und *Jungle World* im Hinblick auf Israel existiert, die die typische Verortung von linken und rechten Positionen in der deutschen Medienlandschaft aushebelt. Gleichzeitig wird aber auch offensichtlich, dass hier ein offensives Bekenntnis der Medienproduzenten zur Israel-Solidarität die Berichterstattung prägt, generell Medien aber durchaus autonom in der Wahl ihrer Haltungen zum Nahostkonflikt sind. Der Mainstream der deutschen Medien sucht da eher den internen Pluralismus.

Nicht zuletzt der Status Israels als Besatzungsmacht und das Aufbegehren der Palästinenser hat dazu geführt, dass Kritik an Israel mittlerweile durchaus Normalität in deutschen Medien ist. Somit greifen Annahmen einer (zu) pro-israelischen oder einer (zu) pro-palästinensischen Tendenz deutscher Medien in ihrer Gesamtschau zu kurz. Der Beitrag von Mareike Witte zur Berichterstattung über die zwei großen Gaza-Kriege der letzten Jahre zeigt denn auch auf, dass die überregionalen Qualitätszeitungen eher generell mit einem distanziert-kritischen Blick auf den Konflikt schauen und die Berichterstattung kaum von redaktionellen Linien beeinflusst zu sein scheint. Tendenziösität ist also nicht das grundlegende Problem, das es im Hinblick auf eine nur bedingt informierende Berichterstattung zu diskutieren gilt. Denn ungeachtet der durchaus pluralen Bewertung der Konfliktparteien bleibt das Problem der Unterkomplexität der Berichterstattung.

Ein wesentlicher Punkt, der diese Unterkomplexität befördert, ist die immer stärker werdende De-Kontextualisierung der Konfliktdarstellung. Wenn Palästinenser Raketen einsetzen oder Terroranschläge verüben, dann überschreitet das häufig die Nachrichtenwert-Schwelle und wird berichtet. Das Gleiche gilt für israelische Militäreinsätze oder gezielte Tötungsangriffe. Wie zielführend ist es aber für ein Verständnis des Konflikts die Toten und Verletzten zu zählen?
Es kann bei der Berichterstattung natürlich nicht darum gehen, den Konflikt auszublenden und eine Normalität zu suggerieren, die es nicht gibt, sondern anhand menschlicher Schicksale aufzuzeigen, was solch ein Konflikt mit jedem von uns machen würde. Beispielsweise bleibt die eigentliche Problematik der alltäglichen, strukturellen Gewalt, die die „heißen" Gewaltausbrüche bedingt, zunehmend unberücksichtigt. Die Segregation der Palästinenser mittels Mauern, Checkpoints und Straßen und ihre scheinbar

banalen Implikationen werden kaum sichtbar gemacht. Das Problem des stundenlangen Schulwegs aufgrund von Checkpoints oder die Lieferschwierigkeiten eines Händlers in Ramallah – diese Themen schaffen es selten in die Medienberichterstattung. Auch die Bewertung der Siedlungen als illegal verflüchtigt sich mit deren Wachstum, die Besatzung wird in der täglichen Berichterstattung zur Normalität. Die lange Dauer des Konflikts sorgt also für eine immer wiederkehrende Thematisierung, sie bewirkt aber auch, dass gewalthaltige Ereignisse für sich stehen und nicht notwendigerweise kontextualisiert werden.

Das Problem der fehlenden Kontextualisierung und Einordnung wirft aber wiederum die Frage auf, wie weit die Berichterstattung historisch zurückgreifen sollte. Muss man nicht die Ursachen der Zweiten Intifada von 2000 und der Ersten Intifada von 1987 aufzeigen, den Terror im Israel der 1990er beschreiben, die Oslo-Vereinbarungen von 1993 darlegen, die UNO-Resolution 242 von 1967 im Kopf haben oder gar die Zeit des britischen Mandats anführen, um politische Handlungen und gesellschaftliche Gefühlslagen auf beiden Seiten verstehbar machen zu können? Nicht zuletzt wäre die internationale Dimension zu reflektieren – die europäische Kolonialpolitik und die Machtkämpfe der Großmächte im Kalten Krieg, die die heutigen Gegebenheiten in der Region erst geschaffen und dann maßgeblich geprägt haben. Redaktionen und Korrespondenten stehen hier vor dem Problem, beim Rezipienten eigentlich kein Vorwissen voraussetzen zu können und trotzdem nur 1:30 Minuten oder 20 Zeilen zur Verfügung zu haben, um aktuelle Entwicklungen zu erklären. Ein Effekt ist, dass wesentliche Hintergrundinformationen in Schlagwörtern verpackt werden: Da wird häufig bei der Beschreibung der palästinensischen politischen Landschaft die „radikal-islamische Hamas" einer vermeintlich „säkularen Fatah" gegenübergestellt, ohne den Charakter der beiden Bewegungen damit wirklich sichtbar zu machen und ihre historisch bedingten jeweils durchaus ambivalenten und intern fragmentierten Positionen aufzuzeigen. Auch die „Zweistaatenlösung" ist ein Vorschlag mit gehörigem historischem Ballast, der auf den UNO-Teilungsplan 1947 zurückgeht und seitdem vor allem von internationalen Beobachtern diskursiv durchgesetzt wird, während er in Israel allenfalls eine rhetorische Floskel ist und in Palästina bei vielen aufgrund der Zersiedlung des Landes kaum noch als reale Perspektive begriffen wird.

## Public Diplomacy und Agenda-Building-Versuche: Zum Kampf um Deutungshoheit im Nahostkonflikt

Zudem ist auch unter israelischen und palästinensischen Akteuren ein Wettstreit darüber entbrannt, die Weltöffentlichkeit und Journalisten von ihrer Interpretation der Prozesse und Ereignisse zu überzeugen. Dieses als Public Diplomacy bezeichnete Vorgehen fängt bei dem Ringen um sprachliche Ausdrücke an (sind es nun „illegale" oder „strittige" Siedlungen, heißt es „Westjordanland" oder „Judäa und Samaria")[2] und hört bei dem Kampf um Deutungshoheit im virtuellen Raum auf Twitter und Facebook nicht auf. Israel gehört neben den USA sicherlich zu den aktivsten Web 2.0-Diplomaten, die nicht nur ihre Botschaften weltweit alle Social-Media-Kanäle virtuos bespielen lassen, sondern insbesondere in akuten Konflikten wie dem Gaza-Krieg 2012 durch News-Management mittels Social Media den Tenor der internationalen Berichterstattung zu beeinflussen versuchen.

Die Leistung, die Journalisten hier erbringen müssen, ist es, die hinter diesem überbordenden Strom an Informationen und Interpretationen liegenden Interessen herauszuarbeiten, sie einzuordnen und ihren Wahrheitsgehalt zu gewichten. Eine Gefahr besteht dabei darin, sich von diesen virtuellen Elitendiskursen vereinnahmen zu lassen und vor allem diese abstrahierte Ebene des Konflikts zwischen Politikern und Militärs zu vermitteln. Die Beiträge von Florian Fleischer, Katharina Füser und Johanna Isermeyer sowie von Kathrin Baumann, Sabine Cygan und Ariane Trautvetter schildern anhand deutscher Politik-Journalisten bzw. Auslandskorrespondenten allerdings, dass zwar der Zeit- und Kostendruck, dem die Journalisten ausgesetzt sind, es israelischen und palästinensischen Akteuren prinzipiell durchaus leichter macht, ihr Material als interessante Informationsquelle zu lancieren. Allerdings zeugen die Aussagen der befragten Journalisten von einem hohen Anspruch an die eigene Objektivität und einer dementsprechend distanziert-kritischen Verarbeitung der erhaltenen Informationen. Gleichzeitig wird aber auch deutlich, wie stark gerade die Nutzung sozialer Medien durch die Konfliktakteure die Journalisten zunehmend in eine neue Rolle drängt. Jeder außerhalb Israels und Palästinas ansässige Rezipient kann sich heute mittels Facebook, Twitter und YouTube seine eigenen Nachrichtenfeeds zusammenstellen und dabei die Interpretation der einen oder der anderen Seite ungefiltert

2 Vgl. bspw. den Auftritt des damaligen stellvertretenden israelischen Außenministers Danny Ayalon in einem YouTube-Video: http://www.youtube.com/watch?v=XGYxLWUKwWo und die flapsige Antwort darauf von zwei Palästinenserinnen: http://www.youtube.com/watch?v=MBYkBqY1-LM.

wahrnehmen. Es lässt sich also fragen, ob man unter gutem Journalismus dann noch verstehen sollte, die eine neben die andere Meinung zu stellen, wie es die meisten der befragten Journalisten in diesem Band als Zuflucht in diesem Dilemma der Informationsaufbereitung beschreiben. Vielmehr, so könnte eine Schlussfolgerung sein, sollte bei den Journalisten stärker die Interpretation und Bewertung und kritische Einordnung der Quellen im Vordergrund stehen und gegebenenfalls auch einmal der Mut, einer Perspektive bewusst und transparent mehr Raum zu bieten.

Angesichts der zunehmenden Segregation der Lebenswelten von Israelis und Palästinensern wäre dies auch eine Reflektion der Verhältnisse vor Ort, wo eine Gesellschaft von der anderen kaum etwas weiß. Israelis ist es von ihrem Staat untersagt, in die palästinensisch kontrollierten Zonen der so genannten Area A wie Gaza, Ramallah oder Bethlehem zu fahren. Palästinenser aus Gaza oder dem Westjordanland dürfen nicht nach Israel einreisen und lernen Israelis quasi nur in Form von Soldaten oder Siedlern kenne. Zwar unterliegen ausländische Journalisten diesen Bewegungs-restriktionen nicht. Aber ob man als Korrespondent in Tel Aviv, Jerusalem oder aber Ramallah seinen Sitz hat, wirkt sich unweigerlich auf den Zugang zu bestimmten Problemen, Lebensweisen, Themen und damit auf die Berichterstattung aus, die es entsprechend zu reflektieren gilt.

## Medien und Journalismus in Israel und Palästina

Während es für Auslandskorrespondenten dennoch zumindest möglich ist, zwischen den verschiedenen Welten der Konfliktparteien zu pendeln, sind israelische und palästinensische Journalisten in der Regel Gefangene von Strukturen, die den Blick verengen auf eine sehr spezifisch eigene Sichtweise des Konflikts. Ein genereller Trend, der zum Beispiel von Kommunikationswissenschaftlern der Hebrew University in Jerusalem anhand von Untersuchungen der israelischen und palästinensischen Fernsehberichterstattung in der Zweiten Intifada festgestellt worden ist, ist es, die eigene Betroffenheit von Gewalt in einem Opfer-Frame zu verarbeiten, und die Gewalt, die von der eigenen Partei am „Feind" vorgenommen wird, mit einem Rechtfertigungs-Frame darzustellen (Wolfsfeld et al. 2008). Diese Opfer-Rechtfertigungs-Dichotomie, die auch in nicht-gewalthaltigen Auseinandersetzungen dominiert, trägt wesentlich dazu bei, den Konflikt zu verstetigen und die Positionen zu verhärten.
Die israelische Medienwatch-Organisation *Keshev* beklagt beispielsweise,

dass von den politischen Eliten die Schuldfrage oder die Frage nach Verantwortlichkeiten grundsätzlich auf die andere Konfliktpartei abgewälzt und dies von den Massenmedien – gerade in Zeiten von Gewaltausbrüchen – nur allzu gern übernommen würde.[3] *Keshev* wirbt für eine generelle Reflektion der Thematisierungsentscheidungen, aber auch der sprachlichen Zuschreibungen und Platzierungen bestimmter Fakten in den israelischen Medienredaktionen. Genauso wichtig aber ist es der Organisation, die Medienkonsumenten zu kritischer Rezeption zu erziehen und auch in israelischen Medien „zwischen den Zeilen zu lesen" (Iram et al. 2009).

Die Strukturen scheinen auch nach aufgeklärten Rezipienten zu verlangen, denn das israelische Mediensystem hat gerade in den letzten Jahren tiefgreifende Änderungen erfahren. Insgesamt ist es geprägt von einem dualen Rundfunksystem und einer recht pluralistischen Presselandschaft. Bis in die 1960er Jahre verführte allerdings das Credo des notwendigen gemeinschaftlichen Aufbaus der Nation zu einer recht unkritischen Berichterstattung gegenüber den politischen Eliten (Caspi 2005, S. 25). Auch die bis heute bestehende Militärzensur ist in diesem Zusammenhang der nationalen Konsensbildung zu verstehen. Eine Liste mit mehr als 40 Tabu-Themen ist um den Bereich der nationalen Sicherheit definiert (wie z.B. Waffenverkäufe oder Nuklearwaffen) und dient als Grundlage einer Vereinbarung zwischen der Presse und dem Zensurbüro über das offiziell Nicht-Sagbare in israelischen Medien. Migle Bareikyte, Ingo Dachwitz und Yang Lu stellen in ihrem Beitrag dar, wie israelische Journalisten die Zensur manchmal als Ärgernis empfinden, das beispielsweise zu umgehen versucht wird, indem Informationen ausländischen Medien zugespielt und deren Berichte wiederum zitiert werden. Häufig wird die Zensur aber auch als Absicherung und Hilfestellung empfunden, ob die transportierten Fakten veröffentlichbar sind und keine Gefährdung des Staates Israel auslösen.
Israel ist hier ein besonders interessantes Beispiel, um die Widersprüche eines prinzipiell demokratisch angelegten Mediensystems und der auf es einwirkenden Beschränkungen zu diskutieren. Dabei spielt neben der staatlichen Medienkontrolle aber vor allem auch ökonomischer Druck eine Rolle. Mit der Besatzung ab 1967, der Ausweitung der Siedlerbewegung, der Immigrationswellen ab 1990 und den damit einhergehenden internen sozialen und politischen Fragmentierungen manifestierte sich nämlich trotz des typischen „Rally-‚round-the-flag"-Prinzips eine Ausdifferenzierung des Medientenors. Die drei großen Tageszeitungen *Yedioth Ahronoth, Maariv* und *Haaretz,* die sich mit Abstrichen einem konservativ-liberal-links

---

[3] Interview mit dem Direktor von *Keshev,* Yizhar Be'er am 03.03.2013 in Jerusalem.

Schema zuordnen lassen, bestimmten so lange den Markt. Seit 2007 aber werden sie zunehmend bedrängt durch die kostenlos verbreitete Zeitung *Israel Hayom*, die innerhalb weniger Jahre zur reichweitenstärksten Zeitung Israels aufgestiegen ist und den Anzeigenmarkt durch Dumpingpreise regelrecht pulverisierte. Sie wird von dem amerikanischen Milliardär Sheldon Adelson finanziert und gilt als Haus- und Hofblatt des israelischen Premiers Benjamin Netanjahu. Die Zeitung *Maariv*, lange Zeit Nummer 2 auf dem Markt, wurde insolvent und schließlich 2012 von einem Vertreter nationalreligiöser Siedler aufgekauft. Insgesamt hat sich damit ein konservativer Wandel in der israelischen Presse vollzogen, der mit dem Aufschwung von *Fox News* im US-Markt vergleichbar ist. Zudem müssen die Zeitungen, die keinen Milliardär im Hintergrund haben, deutlich stärker auf ihre Verkaufszahlen achten. Themen, die mit dem Alltag der Besatzung und Palästinensern in Zusammenhang stehen, waren dabei nie wirklich verkaufsfördernd – die israelische Öffentlichkeit tendiert eher zu einem Ausblenden des unmittelbaren Konflikts. In der Regel bedienen sich die israelischen Medien deshalb auch einer abstrahierenden Draufsicht auf den Konflikt, indem sie auf Eliten, politische Institutionen und ihre Entscheidungen fokussieren. Die einzige Zeitung, die überhaupt eine jüdisch-israelische Korrespondentin in den palästinensischen Gebieten hat, ist die links-liberale *Haaretz*. Die Korrespondentin Amira Hass nimmt sich auch Geschichten aus dem Inneren der palästinensischen Gesellschaft an und hat dabei zuallererst das Ziel, den israelischen Lesern die Auswirkungen der Besatzung aufzuzeigen.[4] *Haaretz* will und kann es (noch) aushalten, dass dies immer wieder zur Kündigung von Abonnements führt – aber diese Haltung ist nur bei wenigen israelischen Medien zu finden.

Johanna Hartung und Patricia Lange zeigen in ihrem Beitrag anhand des Umgangs der israelischen Presse mit der arabischen Minderheit im Innern Israels auf, dass die beiden paradoxen Mechanismen – die durchaus lebendige und kritische Diskussionskultur israelischer Medien bei gleichzeitigem Marginalisieren des arabischen „Anderen" – auch für Israel-interne Konflikte gilt. Das demokratische Element des Diskurses im Hinblick auf das von internationalen Organisationen als rassistisch empfundene *Admissions Committee Law* scheint zwar in der israelischen Presse durch einen Bezug auf Menschenrechtsnormen und Gleichheitsprinzipien auf, gleichzeitig verweigert dieselbe Presse aber eine „wir"-Identifikation mit den in der Regel von diesem Gesetz betroffenen Arabern.

---

[4] Interview mit Amira Hass am 07.03.2013 in Ramallah.

In den palästinensischen Gebieten ist nicht das Ausblenden des Konflikts in den Medien das Problem, im Gegenteil – der Konflikt ist medial allgegenwärtig. Die in Gaza und dem Westjordanland produzierten Massenmedien sind aber weitgehend in den Händen der politischen Eliten und fungieren nicht als kritische watchdogs der Regierung, sondern vielmehr als deren Sprachrohr (vgl. Bishara 2010, Jamal 2000). Die 2007 faktisch vollzogene Aufteilung der politischen Herrschaftsgebiete zwischen Fatah im Westjordanland und Hamas in Gaza führte zudem zur innerpalästinensisch separierten Hoheit über Medienorgane – insbesondere über den Rundfunk – die auch nach der Annäherung der beiden Parteien 2014 noch besteht. So betreibt Hamas *al-Aqsa TV*, während die von der Fatah gestellte Palästinensische Autonomiebehörde den „nationalen" Sender *PBC* kontrolliert. Zur weitgehenden Abhängigkeit von der jeweiligen palästinensischen politischen Führung kommen die externen Reglementierungen durch Israel, das nach wie vor die Hoheit über das elektro-magnetische Feld in den palästinensischen Gebieten hat und beispielsweise für die Zuteilung von Frequenzen zuständig ist (Tawil-Souri 2012), und damit zugleich die Verletzlichkeit der medialen Infrastruktur vor Augen führt. 2002, in der Hochzeit der Zweiten Intifada, wurde beispielsweise die Sendestation der *PBC* in Ramallah durch die israelische Armee gezielt zerstört.[5] Palästinensische Journalisten operieren also in einem doppelt repressiven Umfeld, was dazu führt, dass die Opferperspektive herausgestellt wird, aber der Kontext von ihnen selbst nur ungenügend beleuchtet werden kann. Nach wie vor sind deshalb pan-arabische Fernsehsender und insbesondere *al-Jazeera* diejenigen, die zum einen die Deutungshoheit über den Konflikt innerhalb der arabischen Länder inne haben, zum anderen aber auch lange Zeit in den palästinensischen Gebieten als quasi-lokale Medien und Alternative zu den palästinensischen Massenmedien wahrgenommen wurden (Zayani 2005). Mit der deutlichen Zunahme der Artikulation einer eigenen politischen Agenda Qatars via *al-Jazeera* im Zuge des arabischen Frühlings hat der Sender aber insgesamt an Glaubwürdigkeit verloren. Stattdessen setzen insbesondere junge Palästinenser stärker auf Community-Media wie lokale Radiostationen, aber auch auf Internet-Blogs und soziale Netzwerke wie Facebook, um sich selbst zu artikulieren und ihre Sichtweise der Ereignisse und des Alltags zu dokumentieren. Dabei entsteht selbstverständlich kein journalistisch ausgewogenes Bild des Konflikts, sondern ein sehr aktivistisch geprägtes, das aber das Potential hat, als authentisch wahrgenommen und durch seinen individuellen Charakter ernst genommen zu werden. Der

---

5 Vgl. BBC, 24.01.2002, http://news.bbc.co.uk/2/hi/middle_east/1780684.stm.

Beitrag von Kathrin Baumann, Sabine Cygan und Ariane Trautvetter gibt einen ersten Einblick in die Strategien und Überlegungen palästinensischer Organisationen, sich diese neuen Medien auch bei der Darstellung ihrer Sichtweisen auch ins Ausland nutzbar zu machen.

## Empirische Studien in diesem Band

Die gemachten Ausführungen verdeutlichen einmal mehr die Komplexität der Rolle von Medien und Journalismus im Nahostkonflikt. Medien und Journalisten sind zugleich Akteure im Konflikt, Adressaten der Konfliktparteien und Anlass für Konflikt. Die Texte in diesem Band sind aus einer intensiven Beschäftigung mit dieser komplexen Situation entstanden. Die Studierenden des Master-Studiengangs Medien und Politische Kommunikation an der Freien Universität Berlin, von denen die folgenden Texte stammen, haben sich über ein Jahr lang intensiv mit der Materie beschäftigt und teils unterstützt durch Feldforschungsaufenthalte in Israel und Palästina empirische Forschung zu unterschiedlichen Aspekten des Verhältnisses vom Nahostkonflikt und den Medien geleistet. Das Resultat ist eine facettenreiche Schilderung der verschiedenen Rollen, die Medien und Journalisten in diesem Konflikt spielen, untersucht mit inhaltsanalytischen und Befragungsverfahren, die einen tiefen Einblick in die vorhandene Literatur gibt und darüber hinaus aber insbesondere die bestehende Forschung mit etlichen neuen Ergebnissen anreichert.

## Bibliografie

Bishara, A. (2010). New Media and Political Change in the Occupied Palestinian Territories: Assembling Media Worlds and Cultivating Networks of Care. *Middle East Journal of Culture and Communication*, 3(1) 63–81.

Caspi, D. (2005). On media and politics: between enlightened authority and social responsibility. *Israel Affairs*, 11(1), 23-28.

Götz, U. (2008). Korrespondenten im Kreuzfeuer - Das Berichtsgebiet Israel und die palästinensischen Gebiete. In O. Hahn, J. Lönnendonker & R. Schröder (Hrsg.), *Deutsche Auslandskorrespondenten - Ein Handbuch*. (S. 412-429). Konstanz: UVK

Hub, A. (1998). *Das Image Israels in deutschen Medien: Zwischen 1956 und 1982*. Frankfurt/M.: Peter Lang.

Iram, S., Vlodavsky, O. & Nimri, R. (2009). *Reading between the lines. An Israeli-Palestinian Guide to Critical Media Consumption*. Keshev and Miftah.

Jamal, A. (2000). The Palestinian Media: An Obedient Servant or a Vanguard of Democracy? *Journal of Palestine Studies*, 29(3), 45-59.

Kepplinger, H.M. (1998). Der Nachrichtenwert der Nachrichtenfaktoren. In C. Holtz-Bacha, H. Scherer & N. Waldmann (Hrsg.), *Wie die Medien die Welt erschaffen und wie die Menschen darin leben*. (S. 19-38). Opladen: Westdeutscher Verlag.

Schulz, W. (1976). *Die Konstruktion von Realität in den Nachrichtenmedien*. Freiburg: Verlag Karl Alber.

Tawil-Souri, H. (2012). Digital Occupation: Gaza's High-Tech Enclosure. *Journal of Palestine Studies*, 41(2), 27-43.

Wolfsfeld, G., Frosh, P. & Awabdy, M.T. (2008). Covering Death in Conflicts: Coverage of the Second Intifada on Israeli and Palestinian Television. *Journal of Peace Research*, 45(3), 401-417.

Zayani, M. (2005). Witnessing the Intifada. Al Jazeera's Coverage of the Palestinian-Israeli Conflict. In M. Zayani (Hrsg.), *The Al Jazeera Phenomenon. Critical Perspectives on Arab Media*. (S. 171-182). Paradigm, Boulder.

# Auslandskorrespondenten im Spannungsfeld des Nahostkonfliktes

## Das Selbstbild von Korrespondenten deutscher Medien in Israel und den palästinensischen Gebieten

**Eugenia Levine & Marie Louise Posdzich**

## 1. Einleitung

Als zentrale Vermittlungsstelle bieten Auslandskorrespondenten den heimischen Medienrezipienten vielfältige Einblicke ins Auslandsgeschehen. Dabei ist es die Verheißung des Fremden, des Abenteuers und der Gefahr, die die Auslandsberichterstattung seit jeher zur Königsklasse des Journalismus – und damit zum Traumberuf ambitionierter und reiselustiger Jungjournalisten – macht.

Allerdings ist Karin Storchs Resümee ihrer früheren Tätigkeit als deutsche Auslandskorrespondentin im ZDF-Studio Tel Aviv nicht mit der romantisierten Vorstellung eines Trenchcoat-bekleideten Reporters, der sich hoch motiviert mit Kamera und Mikrofon von den Brennpunkten der Welt meldet, in Einklang zu bringen: „Nach einer Woche Nahost möchte man ein Buch schreiben, nach einem Monat einen Artikel, nach einem Jahr gar nichts mehr. Zu vielschichtig ist die Region, der Konflikt, zu viele Erklärungen, Rückblenden, Einschübe wären nötig, wolle man journalistisch allem und jedem gerecht werden" (Storch 2008, S. 430). Diese kritischen Worte lassen vielmehr auf eine äußerst schwierige berufliche Situation der Auslandskorrespondenten in Israel und den palästinensischen Gebieten schließen.

Die Bedeutung des Berichtsgebiets steht in keinem Verhältnis zu seiner Größe: Als Zentrum der drei Weltreligionen im ständigen Spannungsfeld des scheinbar endlosen Nahostkonflikts weist die Region auf kleinster Fläche außerordentlich viele Gegensätze auf und dominiert daher nicht nur die deutsche, sondern auch die Berichterstattung rund um den Globus. Dies wiederum macht sie zu einem der wichtigsten Standorte für Medienanstalten aus aller Welt: So nehmen nach Europa, Nordamerika und Russland die israelischen Standorte Tel Aviv und Jerusalem Rang vier hinsichtlich der Zahl im Ausland stationierter deutscher Journalisten ein (vgl. Lönnendonker 2008, S. 144). Gesteigert wird die Relevanz der Auslandsberichterstattung dadurch, als dass den Medienrezipienten „im Fernbereich des Auslandsgeschehen zumeist das kritische Korrektiv eigener Erfahrungen oder alternativer Informationsquellen [fehlt]" (Hafez 2002, S. 12).

Daran anknüpfend stellt sich die Frage, wie Auslandskorrespondenten deutscher Medien, die aus Israel und den palästinensischen Gebieten berichten, ihre eigene journalistische Rolle verstehen – ob sie die Komplexität der Region als Herausforderung begreifen, oder die geschilderten Umstände ein Scheitern an ihren jeweiligen journalistischen Idealen fördert.

Bisherige Studien zu deutschen Auslandskorrespondenten in Israel und den palästinensischen Gebieten geben Aufschluss über die Arbeitsbedingungen der Korrespondenten im Berichtsgebiet, ihre Zusammenarbeit mit den Heimatredaktionen sowie ihr Aufgabenverständnis (Götz 2008; Langenbucher & Yasin 2009). Daran anknüpfend fragt diese Studie, welches Rollenselbstverständnis die in Israel und den palästinensischen Gebieten stationierten Auslandskorrespondenten deutscher Medien aufweisen. Von besonderem Interesse ist, durch welche Einflussfaktoren sich dieses erklären lässt. Dazu wurden vom Juni bis September 2012 teilstrukturierte Leitfadeninterviews mit dreizehn Auslandskorrespondenten deutscher Leitmedien in Israel geführt. Auf Basis der Selbsteinschätzung der Journalisten wird analysiert, worauf sich eventuelle Unterschiede oder Gemeinsamkeiten im Aufgabenverständnis zurückführen lassen.

## 2. Forschungsstand

## 2.1 Rollenselbstbild deutscher Auslandskorrespondenten

Die Analyse journalistischer Selbstbilder ist so alt wie die Journalismusforschung selbst und war Gegenstand diverser Studien aus dem Bereich der Kommunikatorforschung. Eine einheitliche wissenschaftliche Begriffsdefinition oder eine allgemeingültige Herangehensweise zur Erforschung von Selbstbildern existiert dennoch nicht. Ursächlich dafür ist die Komplexität des Konstrukts, die es empirisch nicht eindeutig fassbar macht (vgl. Siemes 2000, S. 46ff.).

Geläufige wissenschaftliche Definitionsversuche subsumieren unter dem Begriff zunächst „die kommunikativen Ziele und Absichten [...], mit denen Journalisten ihren Beruf ausüben" (Weischenberg et al. 2006b, S. 355). Diese ergeben sich aus Wechselwirkungen mit externen Rollenerwartungen, welche eine Gesellschaft an den Journalismus stellt (vgl. Weischenberg et al. 2006a, S. 98). In welchem Maße sich das Selbstbild jedoch tatsächlich im Arbeitsprodukt niederschlägt, wurde in diversen Untersuchungen hinterfragt. So stellen beispielsweise Weischenberg et al. fest, dass das von einem Journalisten beschriebene Selbstbild eher als gewisse Voraussetzung für sein berufliches Handeln erachtet werden sollte und keineswegs identisch mit der in der Realität ausgeübten Rolle sein muss (vgl. Weischenberg, et al. 2006b, S. 355). Auch Hanitzsch verweist auf Studien zur Handlungsrelevanz beruflicher Selbstverständnisse, betont aber die zusätzliche Beeinflussung der Praxis durch subtile Kräfte unterhalb individueller Wahrnehmungsschwellen (vgl. Hanitzsch 2009, S. 153). Ein Selbstbild ist somit nicht ausschließlich dadurch ermittelbar, dass man einen Journalisten direkt danach fragt. Dies würde nicht zuletzt aufgrund begrenzter Wahrnehmungskapazitäten sowie sozialer Erwünschtheit zu verzerrten Antworten führen.

Der Umfang der deutschen Forschung zur Auslandskorrespondenz fällt im Vergleich zur internationalen Forschung vergleichsweise gering aus (vgl. Hannerz 2004, S. 9; Junghanns & Hanitzsch 2006, S. 412; Hahn, Lönnendonker & Scherschun 2008, S. 19). Immerhin ist aktuell ein Trend zur Aufarbeitung dieses wissenschaftlichen Rückstandes zu erkennen – somit können nachfolgend trotz der Vielfalt an Untersuchungsdesigns und mangelnder Repräsentativität gewisse zentrale Tendenzen zu Selbstbildern dieser Berufsgruppe beschrieben werden (vgl. Hahn, Lönnendonker & Schröder 2008; Schwanebeck 2003; Junghanns & Hanitzsch 2006; u.a.).

Bis in die achtziger Jahre erachtete man den Auslandskorrespondenten als „Halbbruder des Diplomaten", der gar über bessere Kontakte verfügte als letzterer (vgl. Dovifat 1964; zit. nach Kunczik 1998). Mit dem Ziel der Völkerverständigung im Hinterkopf sollte er als Vertreter seines Heimatlandes dessen Interessen und der Wahrheit dienen (vgl. Hagemann 1950, S. 317ff.; zit. nach Schwanebeck 2003, S. 26). Seine Berichterstattung wurde als tendenziöser und auf eigenen Überzeugungen basierender „Persönlichkeitsjournalismus" (Mükke 2008, S. 8) charakterisiert.
Dieses Berufsverständnis gilt es heute jedoch zu verwerfen: „This is a result of the chronic decline of elite foreign correspondents coupled with the proliferation of alternate sources of foreign news" (Hamilton & Jenner 2004,

S. 301). Axel Schwanebeck identifiziert daher drei neue wesentliche Funktionen der Auslandsberichterstattung: Die Informationsfunktion im Sinne eines objektiven und umfassenden Überblicks über das Weltgeschehen, die Interpretationsfunktion zur Orientierung über aktuelle Ereignisse sowie eine politische Funktion mit dem Ziel der Völkerverständigung (vgl. Schwanebeck 2003, S. 14). Dass diese Rollenzuweisungen tatsächlich verinnerlicht wurden, konnten unter anderem Junghanns und Hanitzsch (2006, S. 422f.) oder Annette Siemes (2000, S. 57f.) belegen: So verorten deutsche Auslandskorrespondenten ihre Selbstbilder auf einer vermittelnd-erklärenden Ebene, um Rezipienten Vorgänge in anderen Ländern verständlich zu machen; zudem auf einer neutral-faktenorientierten Ebene, also der wertungsfreien Weitergabe von Informationen über das Berichtsgebiet. Innerhalb dieser Handlungsabläufe habe vor allem der Fokus auf Neutralität oberste Priorität; die schnelle Aufbereitung für ein breites Publikum wie auch Hilfe bei der Meinungsbildung seien dagegen zweitrangig (vgl. Junghanns & Hanitzsch 2006, S. 422). Auch belegen die Autoren die explizit für deutsche Korrespondenten besondere Bedeutung eines interventionistischen Selbstbildes mit dem Ziel der Völkerverständigung, wonach Auslands-berichterstattung „eine aktive Rolle bei der Prägung der Wahrnehmung des Auslands spielen" und „Verständnis und Problembewusstsein für das Berichtsland fördern sowie Interesse für das Berichtsgebiet wecken" (Junghanns & Hanitzsch 2006, S. 423) soll. Insgesamt stellen Junghanns und Hanitzsch fest, dass das in älteren Studien beschriebene Selbstbild des „meinungsbetonten Auslandsjournalismus im Zuge der Professionalisierung offenbar dem Bild des neutralen Vermittlers" (Junghanns & Hanitzsch 2006, S. 414) gewichen ist.

Aktuell geraten nach Lutz Mükke zwei weitere Selbstbilder in den Fokus der Diskussion: Der „Themenmakler", der unter deutschen Korrespondenten zunehmend vorzufinden ist, sowie der in immer geringerem Maße vorhandene „investigative Journalist" (vgl. Mükke 2008, S. 8). Dem Themenmakler sei es wichtig, ein „geschickter Verkäufer von Geschichten zu sein, publikumswirksame Themen auszuwählen oder journalistische Arbeit an Unterhaltungsbedürfnissen sowie Auflage und Quote zu orientieren" (Mükke 2008, S. 9). Dabei ließe er sich von Kosten-Nutzen-Analysen der Heimatredaktionen leiten – vor allem freie Korrespondenten sähen sich diesen Rechnungen unterworfen (vgl. Mükke 2008, S. 9). In finanziellen und personellen Ressourcen der Heimatredaktionen sieht Mükke auch den Grund dafür, dass investigativer Auslandsjournalismus ins Hintertreffen gerate.
Als zentrale Studien zu den in Israel und den palästinensischen Gebieten

stationierten Auslandskorrespondenten deutscher Medien sind die Befragungen von Ursula Götz (2008) sowie Langenbucher und Yasin (2009) zu nennen. Götz hat auf Grundlage von 22 Leitfadeninterviews im Rahmen eines großangelegten Forschungsprojektes der Technischen Universität Dortmund zu deutschen Auslandskorrespondenten deren Arbeitsrealität untersucht. Die qualitative Befragung von Langenbucher und Yasin, die unter 17 deutschen, österreichischen und schweizerischen Journalisten 2004 durchgeführt wurde, beschäftigt sich mit dem Zusammenhang zwischen der Logik des Journalismus und dem Vorwurf einer antiisraelischen Berichterstattung. Die Studie von Götz lässt auf ein erklärend-vermittelndes Aufgabenverständnis der deutschen Auslandskorrespondenten im Berichtsgebiet schließen. Demnach erachten es die deutschen Nahost-Korrespondenten als ihre zentrale Aufgabe, „dem deutschen Publikum den Nahostkonflikt verständlich zu erklären" sowie „die komplexen Zusammenhänge des Konflikts durch möglichst viele Hintergründe zu vermitteln, diese einzuordnen und einzelne Fakten in größere Kontexte zu setzen" (Götz 2008, S. 424). Die größte Herausforderung sei es, „beiden Seiten gerecht zu werden", weswegen „Fairness" und nicht „Objektivität" der vorherrschende Anspruch an die eigene Berichterstattung sei (ebd., S. 425). Die Studie von Langenbucher und Yasin lässt keine Rückschlüsse auf einen Antiisraelismus der Korrespondenten zu (vgl. Langenbucher & Yasin 2009, S. 274), weist aber ebenso wie Götz auf strukturelle Hürden im Journalistenalltag hin, die sich unter anderem in Einflussversuchen oder Schwierigkeiten der Quellenprüfung zeigen. Von der Gesamtheit der deutschen Auslandskorrespondenten unterscheidet sich die Berufsgruppe in Israel und den palästinensischen Gebieten in ihrer Zielsetzung vor allem durch die starke Fokussierung auf politische Ereignisse, die sich in dem expliziten Wunsch äußert, den Nahostkonflikt verständlich zu machen. Anknüpfend an diese Ergebnisse, die erste Rückschlüsse auf das Rollenselbstbild der deutschen Korrespondenten in Israel zulassen, fokussiert die vorliegende Studie stärker darauf, durch welche Einflussfaktoren sich die Rollenselbstbilder und etwaige Unterschiede in diesen erklären lassen.

## 2.2. Systematisierung des Untersuchungsgegenstandes journalistisches Selbstbild

Wenn auch in der Journalismusforschung kein einheitliches Modell zur empirischen Untersuchung von Selbstbildern und ihrer Einflussfaktoren existiert, leisteten einige Ansätze zweifellos wichtige Beiträge in diese Richtung. Zu nennen sind dabei das *Vier-Sphären-Modell* von Wolfgang

Donsbach sowie das *Zwiebelmodell* von Siegfried Weischenberg (vgl. Pürer 2003, S. 123 & 147). Aus der kritischen Auseinandersetzung mit diesen Konzeptionen ging zudem das *Integrative Mehrebenen-Modell* Frank Essers hervor (vgl. Esser 1998, S. 27). Diese Modelle versuchen Journalistik im Allgemeinen sowie Auswahl und Entstehung von Medieninhalten aus einer integrativen Perspektive unter Berücksichtigung system- und akteurs-theoretischer Aspekte heraus zu erklären (vgl. Esser 1998, S. 25).

Mit lediglich geringen Abweichungen verorten alle drei potenzielle Einflüsse in vier Sphären: Die Sphäre des journalistischen Subjekts, welche Herkunft und Wohnort, das Umfeld, individuelle Qualifikation, Position, Kompe-tenzen und Werte sowie das journalistische Selbstverständnis beinhaltet. Diese wird von der Institutionssphäre umschlossen, die den Platz von Journalisten in der redaktionellen Nachrichtenproduktion beleuchtet und den Medientypus, Arbeitsabläufe, Organisationsstruktur, Kompetenz-verteilung oder auch die berufliche Sozialisierung im Team berücksichtigt. Die nächste Sphäre widmet sich den Medienstrukturen, worunter berufliche Standards, rechtliche Regularien aber auch ökonomische Bedingungen fallen. Der äußerste Kreis, die Gesellschaftssphäre, umfasst zuletzt politische, historische, kulturelle, rechtliche und ökonomische Kontextfaktoren – den gesamten strukturellen Rahmen also, in dem Jour-nalismus stattfindet und in den er hineinwirkt (vgl. Kübler 2005, S. 184).

Die aktuelle *Worlds of Journalism*-Studie identifizierte eine zusätzliche Kategorie als bedeutsam, welche die drei genannten Modelle nicht explizit aufführen. Es handelt sich dabei um Referenzgruppen, also Einflussquellen aus dem privaten und professionellen Umfeld wie Freunde, Bekannte, Verwandte, Kollegen in anderen Redaktionen, das Publikum oder konkurrierende Medienbetriebe (vgl. Hanitzsch 2009, S. 161). Da die Studie die wachsende Bedeutung dieser Kategorie für deutsche Journalisten ausdrücklich betont, soll sie auch in dieser Studie innerhalb der verschiedenen Sphären integriert werden.

An dieser Stelle sei auf den defizitären Charakter der beschriebenen Modelle verwiesen. Zunächst mangelt es ihren Sphären an Trennschärfe (vgl. Kübler 2005, S. 184). Außerdem ist konkret für die Analyse journalistischer Selbstbilder problematisch, dass diese lediglich einen Teil der Subjektsphäre bilden. Auch mögliche Wechselwirkungen zwischen den Sphären werden offen gelassen beziehungsweise bei Donsbach und Weischenberg gar nicht erst aufgeführt (vgl. Rosen 2008, S. 36). Gerade aus letzterem Grund erweist sich das Modell Essers als geeignetere Basis für die vorliegende Untersuchung. Neben der reinen Systematisierung in Sphärenform berücksichtigt es die dazwischen wirkenden Kräfte (vgl. Esser 1998, S. 27).

Wenngleich auch Esser Interdependenzen zwischen den Sphären weder zu definieren noch zu gewichten vermag, visualisiert er zumindest, dass systemische Einflüsse die Individuen prägen und zugleich eine ungefilterte Gatekeeper-Funktion, also die rein subjektive Beeinflussung von Medieninhalten, verhindern (vgl. Esser 1998, S. 25f.).

Daher dient sein *Integratives Mehrebenen-Modell* – in spezifizierter Form – als theoretische Basis der vorliegenden Studie. Das journalistische Selbstverständnis soll dazu aus der Subjektsphäre herausgefiltert und zum zentralen Erkenntnisinteresse umstrukturiert werden, während die vier Sphären als potenzielle Einflussebenen auf das Selbstbild verbleiben. Letztendlich soll das Modell vor allem auf die Arbeitsrealität deutscher Auslandskorrespondenten in Israel und den palästinensischen Gebieten anwendbar sein und im Folgenden daraufhin modifiziert werden.

# 3. Operationalisierung: Modell der Einflussfaktoren auf das Rollenselbstverständnis

Korrespondenten in Israel und den palästinensische Gebieten sind für einen Standort zuständig, welcher auf sehr kleiner Fläche in sich starke Widersprüche vereint. Die in diesem Zusammenhang als relevant identifizierten Einflussgrößen, ebenso die aus dem Heimatland, sollen in das der Untersuchung zugrunde liegende Modell integriert werden.

Auf beiden Seiten des Berichtsgebiets ist die Bevölkerung ungewöhnlich stark ausdifferenziert – in Israel sind die Positionen des säkularen und orthodoxen Judentums sowie der arabischen Minderheit sehr diversifiziert. Auf palästinen-sischer Seite organisieren sich politische Kader der Palästinensischen Autonomiebehörde (PA), ländliche Bevölkerung, westlich geprägte Intellektuelle oder radikal-islamistische Gruppierungen entlang verschiedener Konfliktlinien, vor allem aber spaltet sie der Umgang mit Israel (vgl. Reuter & Seebold 2000, S. 14). Nicht zuletzt sind Leben und Politik in der Region seit der Staatsgründung Israels entscheidend durch den Nahostkonflikt determiniert, welcher sich um das Existenzrecht der Antagonisten auf dem Territorium Israels und der palästinensischen Gebiete dreht. Der Konflikt äußerte sich in vielen gewalttätigen Ereignissen und manifestiert sich seit dem Bau einer völkerrechtlich sehr umstrittenen, 750 Kilometer langen Sperranlage nahe der Grenzen des Westjordanlands im Jahre 2002 nun auch physisch. So ist das Verhältnis der Israelis und Palästinenser „im Allgemeinen geprägt von tiefem Misstrauen, Ängsten, Feindbildern, nicht vereinbaren Narrativen und Perspektiven sowie tiefer

Missachtung" (Senfft 2010, S. 4).

Angelehnt an diese Darlegungen und unter Berücksichtigung der bereits erwähnten Ergebnisse von Götz (vgl. Götz 2008, S. 424) sowie des von Jürgens attestierten „Korrespondentensyndroms", das den schwierigen Balanceakt zwischen Distanz und Nähe von Auslandsberichterstattern zu ihrem Berichtsgebiet aufgreift (Jürgens 1973, S. 350f.), stellt sich die Frage, ob die Befragten dem Fokus auf Neutralität innerhalb aller Handlungsabläufe ebenfalls so große Bedeutung beimessen, wie das Gros der deutschen Korrespondenten sowie die von Götz im Jahre 2008 befragten Journalisten. Um dies beurteilen zu können, gilt es, neben den von Esser aufgeführten Faktoren auch Aufenthaltsdauer, Wohnort sowie das private Umfeld als Teil der Referenzgruppenkategorie auf der Subjektsphäre zu integrieren. Weiterhin soll dort die Religion der Interviewten erfragt werden, da schon Götz nachweisen konnte, dass die persönliche Biografie der Journalisten in dem Berichtsgebiet eine Rolle spielt (vgl. Götz 2008, S. 427). Es ist durchaus vorstellbar, dass ein vorhandener religiöser Hintergrund das Verständnis eines Auslandskorrespondenten für religiöse Narrative und Positionen in der Region beeinflusst. Auch Sprachkenntnisse und spezifisches regionales Fachwissen sollen auf der Subjektsphäre hinzugenommen werden, da diese Faktoren für Korrespondenten in kleinen und kulturell kohärenten Berichtsgebieten als vorteilhaft identifiziert wurden und speziell im Nahen Osten vertrauensfördernd wirken (vgl. Junghanns & Hanitzsch 2006, S. 420ff.; Götz 2008, S. 414). Da sich das Hauptaugenmerk der deutschen Berichterstattung aus der Region vornehmlich auf den Nahostkonflikt richtet (vgl. Langenbucher & Yasin 2009, S. 264; Götz 2008, S. 420), könnte spezifisches Wissen zur komplexen politischen Situation hilfreich und für die Berufsgruppe demnach von größerer Bedeutung sein als „Expertise und Reputation in der Heimatredaktion" (Riesmeyer 2010, S. 442). Zuletzt gilt es das Angestelltenverhältnis auf der Subjektebene abzufragen, da der Forschungs-stand darauf hinweist, dass vor allem freiberufliche Auslandsjournalisten in die Rolle des „Themenmaklers" gedrängt werden.

Was die Institutionssphäre betrifft, sind sowohl Einflussfaktoren in der Institutionsebene des Heimatlandes als auch des Auslandes zu berücksichtigen. Die Institutionssphäre des Heimatlandes trägt dem Umstand Rechnung, dass die Korrespondenten in komplexe interne Entscheidungsprozesse ihrer Redaktionen eingebunden sind. Somit thematisiert sie die Zusammenarbeit mit der Heimatredaktion, insbesondere in Hinblick auf deren Liefer-, Aktualitäts- und Verfügbarkeitsansprüche.

Auch sei Agenturhörigkeit durch Heimatredaktionen in der Themensetzung abgefragt, da diese die Nahost-Korrespondenten vor allem bei geringem Kenntnisstand über das Berichtsgebiet auf Seiten ihrer in Deutschland stationierten Kollegen belasten könne (vgl. Götz 2008, S. 423f.). Demgegenüber umfasst die Institutionsebene des Auslandes journalistische Routinen vor Ort und zwar, welcher Recherchemethoden sich Korrespondenten bedienen oder an welchen Kriterien sie ihre Themenselektion ausrichten. Hierbei ist von Interesse, wie sich gemäß der Einschätzung der Befragten die Orientierung an Nachrichtenfaktoren im Sinne der Nachrichtenwerttheorie gestaltet. Darunter fällt auch der Fokus der deutschen Auslandsberichterstattung auf die „vier K's - Krisen, Kriege, Katastrophen und Krankheit" (Mikich 2003, S. 120). Dieser Fokus treffe nach Götz genauso auf die Nahost-Berichterstattung zu, da es einen „Hunger der Heimatredaktionen nach plakativen Bildern" sowie Schlagzeilen gäbe (Götz 2008, S. 419f.).

Auch Quellennutzung muss als potenzieller Einflussfaktor auf der Ebene der Institutionssphäre thematisiert werden, zumal die Wissenschaft eine starke Verbreitung von *Second-Hand-Journalismus,* also der Übernahme in den nationalen Medien des Auslandsstandortes erschienener Artikel im deutschen Auslandsjournalismus bemängelt (vgl. Hahn, Lönnendonker & Scherschun 2008, S. 22; Mükke 2008, S. 4; u.a.). In Hinblick auf nationale Medien Israels und der palästinensischen Gebiete ist belegt, dass diese für die Befragten der vorliegenden Studie genauso wie für die Allgemeinheit deutscher Auslandskorrespondenten die präferierte Quelle darstellen (vgl. Götz 2008, S. 421). Es sei jedoch vermutet, dass diese dennoch kritisch von ihnen rezipiert werden und *Second-Hand-Journalismus* dort somit ein geringeres Problem darstellt als im deutschen Auslandsjournalismus im Allgemeinen. Begründet wird diese Annahme mit der Orientierung israelischer Medien an den Wünschen des heimischen Publikums und der Existenz offizieller Zensurbestimmungen (vgl. Liebes 1999, S. 94f.; Reuter & Seebold 2000, S. 70). Auch in den palästinensischen Gebieten wird das scheinbar liberale Mediensystem durch eine subtile Aufforderung zur Verfolgung nationaler Ziele und der Stärkung palästinensischer Rechte, vor allem des Rückkehrrechts, sowie der Legitimation der PA offiziell untergraben (vgl. Reuter & Seebold 2000, S. 57f.; Nossek & Rinnawi 2003, S. 200). Weiterhin soll auf der Institutionssphäre nach zusätzlichen von den Befragten verwendeten Quellen wie auch dem Bedeutungsgrad, den sie diesen beimessen, gefragt werden. Unter Berücksichtigung der Referenzgruppenkategorie gilt es dort, den Kontakt zu anderen Journalisten oder konkurrierenden Medienbetrieben zu integrieren. Im Hinblick auf diesen Aspekt berichtet Götz von einer teilweise sehr intensiven

Zusammenarbeit mit Kollegen. Im Nahen Osten mache vor allem die Kooperation mit einheimischen Journalisten Sinn, da diese oftmals über tiefergehende Informationen verfügen (vgl. Götz 2008, S. 425). Nicht zuletzt ist von Bedeutung, wie sehr sich die Technisierung und der Einfluss des Internets im Arbeitsalltag niederschlagen und ob die Mediengattung des Arbeitgebers spezielle Herausforderungen bedingt.

Konkret auf das Berichtsgebiet Israel und die palästinensischen Gebiete bezogen ist auf der Institutionssphäre zudem zu erfragen, inwieweit sich deutsche Nahost-Berichterstatter Einflussversuchen durch politisch aktive Gruppen ausgesetzt sehen und wie sie damit umgehen. Dieser Aspekt ist auf die ungewöhnlich große Vielfalt politisch aktiver Gruppen im Nahen Osten zurückzuführen. Diesbezüglich konnte Götz keine eindeutigen Ergebnisse liefern (vgl. Götz 2008, S. 418ff.). Wolfsfeld (2004, S. 9ff.) zufolge instrumentalisieren politische sowie gesellschaftliche Gruppierungen die Auslandskorrespondenten für einen *Propagandakrieg*. In diesem Zusammenhang kann vermutet werden, dass deutsche Auslandsjournalisten in Israel und den palästinensischen Gebieten doch hin und wieder in eine diplomatische Rolle gedrängt werden, wenn auch deren Persistenz für die heutige Auslandskorrespondenz wissenschaftlich widerlegt wurde. Die Frage nach ihrem Umgang mit derartigen Einflussversuchen im Rahmen der Institutionssphäre kann Aufschluss darüber geben, ob sie eine solche quasi-diplomatische Rolle auch in ihren Selbstbildern verinnerlichen.
Außerdem ist diesbezüglich vorstellbar, dass Auslandskorrespondenten aufgrund des geschilderten Liefer-, Aktualitäts- und Verfügbarkeitsdrucks schlichtweg die Zeit fehlt, die extreme Meinungsvielfalt in ihrem Berichtsgebiet in ausgeglichenem Maße in ihrer Berichterstattung zu berücksichtigen. Gerade im Hinblick auf den in der deutschen Auslands-berichterstattung als relevant belegten Nachrichtenfaktor Elitenzentriert-heit, also die „Tendenz der Auslandsberichterstattung, sich auf offizielle Eliten oder Gegeneliten [...] zu konzentrieren, während soziale Gruppen und Bewegungen, politische Parteien und die Bevölkerungen insgesamt in der Berichterstattung marginalisiert werden" (Hafez 2002, S. 64) stellt sich die Frage nach der Wahrnehmung der Informationspolitik diverser gesellschaftlicher Gruppen im Berichtsgebiet.
Eine weitere Besonderheit des Berichtsgebiets Israel und der palästinensischen Gebiete ergibt sich aus dessen geringer Größe und den Komplikationen hinsichtlich der Einreise in die meisten umliegenden Länder: So ist anzunehmen, dass sich der Berichterstattungsradius von Korrespondenten in der Region aus praktischen Gründen auf ein flächenmäßig kleines Berichtsgebiet beschränkt, was theoretisch schnell und

kostengünstig erreichbar ist. Götz zufolge werde das Berichtsgebiet tendenziell kleiner, umso fester das Anstellungsverhältnis eines Korrespondenten sei (vgl. Götz 2008, S. 413).

Ein Sonderfall im Nahen Osten ist jedoch der Gaza-Streifen, der nur schwer und manchen Personen gar nicht zugänglich ist und der gerade aufgrund des Umgangs mit internationalen Journalisten mehrmals in den Fokus der Weltöffentlichkeit geriet: Zum Beispiel bei Festnahmen ausländischer Journalisten und der Durchführung ungerechtfertigter Sanktionsmaß-nahmen durch die israelische Armee im Zusammenhang mit der Berichterstattung über die Gaza Flotille oder der Verweigerung des Zugangs für ausländische Journalisten zum Krisengebiet des Gaza-Kriegs 2009 (vgl. Deutschlandfunk 2009; Reporters without borders 2012). In diesem Zusammenhang berichtet auch Götz von teilweise sehr ernsthaften Bedrohungen, welchen ihre Gesprächspartner im Gaza-Streifen bereits gegenüberstanden (vgl. Götz 2008, S. 417f.) Auch verurteilt die 1957 gegründete *Foreign Press Association* (FPA), der Zusammenschluss aller dauerhaft aus der Region berichtenden Korrespondenten, öfters den Umgang der israelischen Besatzung mit Journalisten im Westjordanland (vgl. The Foreign Press Association 2012). Selbst auf israelischem Gebiet könnten seltene, aber dennoch vereinzelt vorkommende Terroranschläge und Gewalttaten Bedenken hinsichtlich des Besuchs bestimmter öffentlicher Orte auslösen. Aus diesen Schilderungen ergibt sich die Frage nach praktischen Beeinträchtigungen des Arbeitsalltags oder von Reisen durch Gefahrensituationen oder unabsehbare Wartezeiten an Kontrollposten. Die Frage nach Reiseaktivitäten soll daher auf der Institutionssphäre des Modells integriert werden. Im Hinblick auf die in der vorliegenden Studie untersuchte Berufsgruppe beschreibt Götz, dass sich die „Bewegungs-unfreiheit der Palästinenser (...) unweigerlich auf den Berichterstatter [übertrage]" (Götz 2008, S. 417).

Auf der Medienstruktursphäre seien die ökonomischen Bedingungen des Medienmarktes aufgrund der theoretischen Darlegungen dahingehend spezifiziert, dass Auslandsberichterstattung einen hohen Kostenfaktor darstellt, der erhöhten Zeit- und Konkurrenzdruck zur Folge hat. Unter diesem Gesichtspunkt ist von Interesse, ob auch die Befragten in Israel und den palästinensischen Gebieten diesen Druck verspüren, zumal die empirische Forschung gerade ihnen eine sehr spezielle Situation attestiert: Deutsche Nahost-Berichterstatter seien unter Berücksichtigung der Größe ihres Standorts dort in überdurchschnittlich hoher Zahl stationiert. Ihre journalistischen Produkte würden von deutschen Heimatredaktionen zudem überdurchschnittlich oft angefragt, von der Allgemeinheit mit besonders ausgeprägtem Interesse und von Unterstützern der jeweiligen Konfliktparteien zudem sehr kritisch rezipiert. Letzteres führe häufig zu heftigen Anschuldigungen der Korrespondenten aufgrund mangelnder Ausgewogenheit. Ob gerechtfertigterweise oder nicht, sei dahingestellt, da Studien häufig eine selektive Wahrnehmung der deutschen Nahost-Berichterstattung nachweisen konnten (vgl. Langenbucher & Yasin 2009, S. 272; vgl. Götz 2008, S. 424). Vor diesem Hintergrund dominiert die Frage nach dem erlaubten Maß an Israelkritik stets die Arbeit deutscher Korrespondenten in der Region (vgl. Langenbucher & Yasin 2009, S. 259ff.; vgl. Götz 2008, S. 425f.). All dies ist auf die besondere Beziehung des Heimatmarktes der Befragten zu ihrem Berichterstattungsgebiet zurückzuführen, die nach wie vor von den Erfahrungen des Völkermords an Juden im Nationalsozialismus überschattet ist. So kann auch 67 Jahre später die „Verklammerung von Politik und Moral in der deutschen Israelpolitik nicht aufgelöst werden" (Weingardt 2005, S. 30f.). Demzufolge ist im Rahmen der Gesellschaftssphäre zu erfragen, ob deutsche Korrespondenten Besonderheiten darin sehen, für die deutsche Gesellschaft zu berichten. Götz zufolge sei dies „in den meisten Fällen" nicht der Fall, da die deutsche Staatsbürgerschaft keine Rolle spiele (Götz 2008, S. 426) Außerdem tangiert das besondere Verhältnis auch die Subjektsphäre des Modells, da dort das persönlich legitime Maß an Israelkritik der Befragten und ihr potentieller Grad an eigener moralischer Verantwortung gegenüber ihrem Standort thematisiert werden müssen.

Resultierend aus den theoretischen Überlegungen ergibt sich das nachfolgende Modell (siehe Abbildung 1).

## Abbildung 1: Modell der Einflusssphären auf deutsche Auslands-korrespondenten in Israel und den palästinensischen Gebieten nach Essers integrativem Mehrebenen-Modell

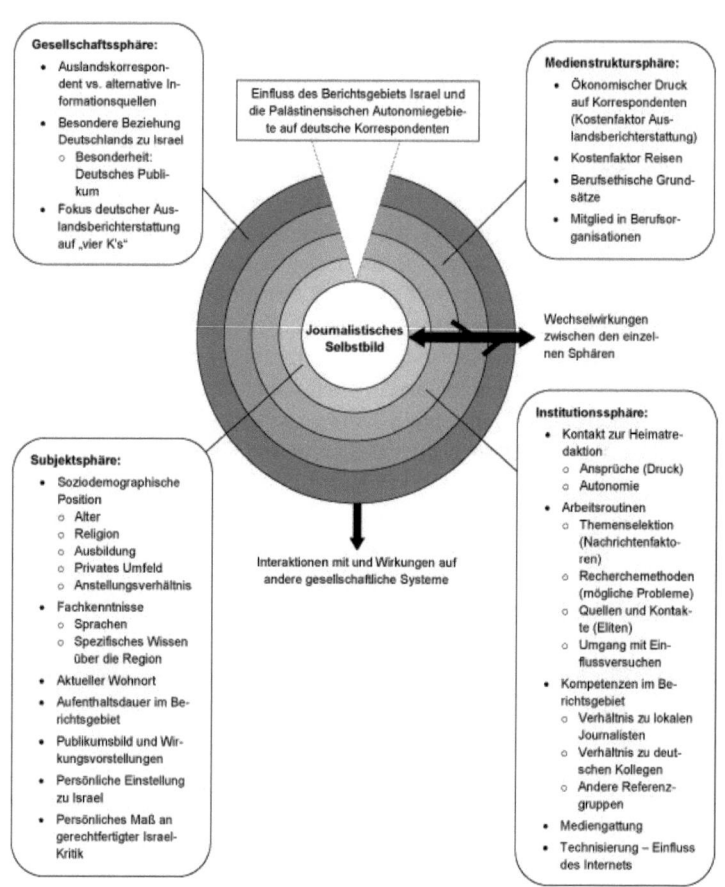

Allerdings gilt es, seine Limitationen zu berücksichtigen: Zunächst können Selbstbild- und somit Subjektanalysen aufgrund der limitierten Wahrnehmungskraft des Bewusstseins weder die Existenz noch die Stärke möglicher Einflüsse auf den Untersuchungsgegenstand realitätsgetreu abbilden oder klären, ob anfängliche Einflussimpulse vom Subjekt oder doch dem System ausgehen. Auch lassen sich anhand des Modells keine Rückschlüsse auf etwaige Wechselbeziehungen zwischen den Einflussfaktoren ziehen. Außerdem konnte empirisch bislang kein Kausalzusammenhang zwischen Selbstbildern und journalistischem Handeln nachgewiesen werden, weswegen auch ihre Handlungsrelevanz nachfolgend nicht bewertet werden kann (vgl. Hanitzsch & Mellado 2011; Hanitzsch, Anikina & Berganza 2010; Esser 1998; Reese 2007). Daher kann die vorliegende Studie ausschließlich Auskunft über das subjektive Berufsbewusstsein der Befragten liefern.

# 4. Methodisches Vorgehen

Insgesamt wurden im Zeitraum Juni bis Juli 2012 in Israel und den palästinensischen Gebieten dreizehn durch einen Leitfaden strukturierte Experteninterviews geführt. Die Methode der Experteninterviews ermöglicht es, „kommunikative Phänomene mit einer erwartbar hohen Komplexität" (Keuneke 2005, S. 257), wie es bei dem journalistischen Rollenselbstverständnis aufgrund der vielfältigen etwaigen Einflussfaktoren der Fall ist, in den Blick zu nehmen.
Die Befragung der Korrespondenten erfolgte auf Basis eines Leitfadens. Zur Operationalisierung des Leitfadens wurde das modifizierte integrative Mehrebenenmodell verwendet, welches die Einflussfaktoren auf das Rollenselbstverständnis in den vier Analyseebenen, der Subjekt-, Medienstruktur-, Institutions- und Gesellschaftssphäre, umfasst. Die vier Analyseebenen bilden die thematischen Module des Fragebogens, wobei diese im Interview nicht explizit zur Sprache kamen. Um soziale Erwünschtheit als mögliche Fehlerquelle zu reduzieren, wurde auf die neutrale Formulierung der Fragen geachtet sowie die Entscheidung für eine Anonymisierung der Daten getroffen. Die Angaben zur Soziodemographie wurden durch einen standardisierten Fragebogen im Anschluss der Befragung ermittelt. Zur Überprüfung der Durchschnittsbefragungszeit sowie Verständlichkeit der Fragen wurde im Vorfeld der Interviews ein Pretest mit einer freien Journalistin, die ehemals im Berichtgebiet gearbeitet hatte, durchgeführt.
Letztendlich erklärten sich dreizehn Journalisten zur Teilnahme an einem *face-to-face* Interview bereit. Diese sollen anhand der nachfolgenden Tabelle

stichpunktartig vorgestellt werden.[6]

## Tabelle 1 : Kurzvorstellung der Befragten

| Bezeich-nung | Medium/ Medien | Anstellungs-verhältnis | Tätigkeit im Berichtsgebiet seit (Jahr) | Alter | Geschlecht |
|---|---|---|---|---|---|
| K1 | Wochenzeitung | Fest | 2010 | 32 | Weiblich |
| K2 | Wochenzeitung | Frei | 1993 | 49 | Weiblich |
| K3 | Überregionale Tageszeitung | Fest | 2009 | 45 | Männlich |
| K4 | Überregionale Tageszeitung | Fest | 2009 | 52 | Männlich |
| K5 | Überregionale Tageszeitung | Frei | 1989 | 51 | Weiblich |
| K6 | Überregionale Tageszeitung | Fest | 1987 | 62 | Männlich |
| K7 | Überregionale Tageszeitung | Frei | 1996 | 59 | Weiblich |
| K8 | Überregionale Tageszeitung | Fest | 2011 | 33 | Männlich |
| K9 | Öffentlich-rechtlicher Rundfunk | Fest | 2008 | 44 | Männlich |
| K10 | Öffentlich-rechtlicher Rundfunk | Fest | 2006 | 55 | Männlich |
| K11 | Öffentlich-rechtlicher Rundfunk | Fest | 2008 | 37 | Weiblich |
| K12 | Öffentlich-rechtlicher Rundfunk | Fest | 2008 | 41 | Männlich |
| K13 | Diverse Printmedien | Frei | 2004 | 39 | Männlich |

Bei der Auswahl der Befragten wurde darauf geachtet, dass eine Spannweite aller relevanten Mediengattungen – Print, Fernsehen, Hörfunk und Online – in die bewusste Auswahl einging, da die jeweilige Mediengattung relevanter Einflussfaktor auf das Rollenselbstverständnis sein kann. Außerdem wurde Varianz in Hinblick auf das Anstellungsverhältnis der Journalisten, freie Mitarbeit sowie Festanstellung, gewährleistet. Die Interviews fanden überwiegend in Jerusalem und Tel Aviv statt. Treffpunkte waren

---

[6] Bei den Aussagen handelt es sich um die privaten Meinungen der Korrespondent-Innen und nicht um offizielle Positionen der Medieninstitutionen.

unterschiedliche, jeweils von den Befragten vorgeschlagene Orte: Redaktionen, Cafés oder private Räume.

Zur Auswertung der Interviews diente die qualitative Inhaltsanalyse nach Mayring (2008). Unter Zuhilfenahme des Leitfadens sowie aus dem vorhandenen Material wurde ein offenes Kategoriensystem entwickelt, zu dem dann wiederum relevante Textpassagen zugeordnet und einer komparativen Auswertung zugeführt werden konnten. Für die nachfolgende Präsentation der Ergebnisse werden die Experten mit der Nummerierung K1 bis K13 unterschieden.

# 5. Ergebnisdarstellung

## 5.1. Typologie der Rollenselbstbilder

„Jemand aus Arabien oder auch Israel benutzt bestimmte Worte, bei denen gewisse Gedanken, Assoziationen und eine Geschichte mitschwingt. Wenn er dieses Wort sagt, ist mir völlig klar, was er meint. Aber das heißt nicht, dass der Deutsche, der das Wort hört, dasselbe versteht. Meine Aufgabe ist hier also zu übersetzen, zu erklären und zugänglich zu machen" (K13).

Dieses Statement fasst exemplarisch das Selbstbild der 2012 in Israel und den palästinensischen Gebieten stationierten deutschen Korrespondenten zusammen. Ihr Anliegen ist es, Hintergründe zu verdeutlichen, verständliche Erklärungen zu bieten und sie in einen deutschen Kontext zu übersetzen. Alle Korrespondenten weisen somit das Selbstbild des „Erklärers und Vermittlers" auf, das bereits von Götz identifiziert wurde. Im Gegensatz zu der von Götz befragten Stichprobe steht jedoch nicht die politische, sondern die gesellschaftliche und kulturelle Komponente dieses Selbstverständnistypes im Vordergrund:

„Man tut Menschen oder einem Land Unrecht, wenn man sie nur auf ihre Regierungschefs reduziert. Auf Netanjahu, Abbas und in Gaza noch Haniyeh. Ich finde, es gehört eben auch zu dem Job, dass man das Land oder die Gegend, für die man zuständig ist, in ihrer Vielfältigkeit darstellt" (K3).

Keine Bedeutung hat für die Journalisten hingegen, mittels ihrer Berichterstattung eine Funktion im *Propagandakrieg* einzunehmen. Die laut Hafez unter Korrespondenten häufig verbreitete und laut Götz auf diese Berufsgruppe zutreffende, politisch intendierte Vermittlungsrolle lässt sich für die Befragten der vorliegenden Studie ausschließen (vgl. Hafez 2002, S.

79f.; vgl. Götz 2008, S. 424). Dies ist möglicherweise damit erklärbar, dass das Jahr 2008 noch stark von Erinnerungen an gewaltsame Auseinandersetzungen geprägt war, während vergleichbare Ereignisse 2012 bereits länger zurücklagen.

Ein neuer Erkenntnisgewinn ist, dass sich bei dem identifizierten Selbstbild des „Erklärers und Vermittlers" drei unterschiedliche Motivationskriterien feststellen lassen: Fünf der Befragten sind als „anwaltschaftlicher Gesellschaftsübersetzer" einzuordnen, insofern, dass bei ihnen eine stark interventionistische Motivation durchklingt. Ein ausgeprägter Wille, Verständnis für die Positionen der gesellschaftlichen Gruppen – wie sie explizit betonen, auf beiden Seiten des Berichtsgebiets – zu wecken und die Vielfalt der gesellschaftlichen Realitäten im Hinblick auf Personen, Themen und Perspektiven darzustellen, ist ihnen wichtiges Anliegen (K5, K6, K9, K10, K13).

> „Also im Grunde genommen, je weiter weg Gruppen von einem demokratischen Konsens sind, den wir als Europäer so kennen, desto interessanter wird es natürlich. Weil das ist dann der Punkt, wo man sagt: ‚Da muss ich jetzt etwas erklären'" (K10).

Vor dem Hintergrund, dass sich in Israel und den palästinensischen Gebieten die Journalisten gewissermaßen für „Benachteiligte" einsetzen, scheint speziell hier das vermittelnd-erklärende Selbstbild stärker anwaltschaftlich geprägt zu sein. So betonen vier der fünf als „anwaltschaftlicher Gesellschaftsübersetzer" klassifizierten Journalisten die Notwendigkeit, jene Positionen darzustellen, die nicht mit westlichen Werten vereinbar sind.

> „Dass ich den Hamas-Aktivisten nicht als menschenfressendes Monster beschreibe und den israelischen Soldaten nicht als kaltblütigen Killer. Sondern dass ich zeige, welche Menschen hier agieren, warum sie so agieren, wo sie herkommen. [...] Dass diese Menschen nicht irrational handeln, dass sie keine bekloppten Extremisten sind, sondern dass ihren Handlungen eine rationale Gedankenstruktur zugrunde liegt" (K13).

Ein weiterer Journalist setzt sich vor allem anwaltschaftlich für das jüdische Volk ein und strebt an, zwischen Juden und Deutschen „eine Brücke zu schlagen", um „Schmerzen zu lindern" (K9).

Zwei weitere Befragte lassen sich als „publikumsorientierter Gesellschaftsübersetzer" klassifizieren, bei denen die Bedürfnisse des Publikums „die wichtigste Richtschnur" (K3) sind. K8 gibt an, die zentrale Komponente im Rahmen seiner Tätigkeit als Gesellschaftsübersetzer sei „begründet und überlegt selektieren für jemanden, der sein Geld mit anderen Dingen verdient und mit diesen am Tag beschäftigt ist. Diesem Menschen muss man eine Gewichtung dessen geben, was am Tag los war, womit er sich beschäftigen sollte, was er wissen sollte" (K8). Ihr Ansatz entspricht jedoch nicht dem Themenmakler, der publikumswirksame Themen sucht, um seine Auflage oder Quote zu erhöhen. Die zwei Korrespondenten wollen ihren Lesern vielmehr einen „Mehrwert" (K3) bieten, indem sie in der Rolle des „Erklärers und Vermittlers" das Wissen der Leser erweitern.

Die verbleibenden sechs Journalisten (K1, K2, K4, K7, K11, K12) scheinen über ihre gesellschaftliche Übersetzerrolle hinaus keine besondere Motivation verinnerlicht zu haben. Auffallend ist, dass drei von ihnen angeben, zudem unterhalten zu wollen. Weitere Besonderheiten sind nicht erkennbar. Folglich wären diese fünf Befragten wohl am treffendsten über die Aussage von K4 zu charakterisieren, der sich nicht als „Journalist mit Mission", sondern „als professioneller Journalist, der hier Station macht" (K4) versteht. Daher lässt sich ihr Selbstverständnistypus als „professioneller Gesellschaftsübersetzer" bezeichnen.

Eine Differenzierung nach derartigen Motivationskriterien ist neu und konnte in vorherigen Studien in dieser Form nicht nachgewiesen werden. Von besonderem Interesse ist daher in der nachfolgenden Ergebnisdarstellung, welche Einflussfaktoren auf den verschiedenen Analyseebenen das Selbstverständnis des „Erklärers und Vermittlers" sowie die jeweiligen Motivationskriterien, anwaltschaftlich, publikumsorientiert und professionell, bedingen.

## 5.2. Einflussfaktoren Subjektsphäre

*Vorstellung und soziodemographische Position der Befragten*
Durch die bewusste Auswahl der Befragten konnten neun fest angestellte sowie vier freie Korrespondenten befragt werden. Zehn von ihnen arbeiten für tagesaktuelle Medien, zwei für ein wochenweise erscheinendes Magazin und einer für eine börsentäglich publizierte Zeitung. Differenziert nach Mediengattungen dominieren acht Vertreter von Printpublikationen neben drei Fernseh- und einem Hörfunkjournalisten. Ein Korrespondent bedient Hörfunk- sowie Printmedien gleichermaßen. Alle Medien können nach Weischenberg als deutsche Leitmedien gelten (vgl. Weischenberg at al. 2006a, S. 121f.), wobei das private Finanzierungsmodell in der Stichprobe deutlich häufiger zu finden ist. Die hohe Zahl von Festanstellungen und privater Medienhäuser zugleich könnte darauf verweisen, dass deutsche Heimatredaktionen trotz hoher Kosten und schwindenden Publikums-

interesses an der Auslandsberichterstattung speziell in Israel und den palästinensischen Gebieten festhalten – ein Beleg für die bereits von Langenbucher und Yasin (2009) sowie Götz (2008) beschriebene besondere Situation deutscher Nahost-Berichterstatter, die einer gewissen „Chronisten-pflicht" unterliegen (Götz 2008, S. 427).

Der Altersdurchschnitt der Befragten liegt bei 47 Jahren und damit nur gering über dem deutscher Auslandskorrespondenten mit 44 Jahren (vgl. Weischenberg et al. 2006b, S. 352). Den in der Literatur geäußerten Befund, der durchschnittliche deutsche Auslandskorrespondent sei männlich (vgl. Junghanns & Hanitzsch 2006), bestätigt die vorliegende Studie – so finden sich in der Stichprobe lediglich fünf Frauen, allesamt ledig.

*Professionalisierung und Sozialisation*
Überwiegend haben die Befragten, die sich allesamt auf ihrer ersten journalistischen Auslandsstation befinden, den klassischen Weg in den Journalismus gewählt: Neben einem abgeschlossenen Studium übten sie sich mittels diverser Praktika, freier Mitarbeit, Volontariate oder Ausbildungen an Journalistenschulen im journalistischen Handwerk. Vor Antritt des aktuellen Postens hatten sie alle durch wiederholte Aushilfs- und Reportertätigkeiten, längere Studienaufenthalte oder Praktika regional-spezifisches Wissen vorzuweisen. In nur drei Fällen (K6, K10, K13) erfolgte der Berufseinstieg „durch einen puren Zufall" (K10), den Versand eigener Artikel zum Thema Israel an deutsche Medien. Allerdings geschah dies schon vor etwa 25 bzw. acht Jahren. Sieben aller Befragten der vorliegenden Studie beherrschen außerdem mindestens eine der beiden Amtssprachen in verhandlungssicherem Maße, wobei Hebräisch-Kenntnisse innerhalb der Stichprobe deutlich überwiegen.

Die Ergebnisse lassen folgende Rückschlüsse zu: Zum einen scheint sich der Zugang zum journalistischen Beruf durch gewisse Zugangsvoraussetzungen professionalisiert zu haben. Zum anderen kommt standortspezifischem Fachwissen für den Korrespondentenposten in Israel und den palästinen-sischen Gebieten wohl aufgrund seiner Komplexität gewisse Bedeutung zu. Die Korrespondenten selber bestätigen mehrheitlich, dass sich eine frühere persönliche Auseinandersetzung mit ihrem Berichtsgebiet auszahle – ein Befragter konkretisiert dies wie folgt:

> „Mittlerweile wissen die Redaktionen, dass sie sich auf mein Urteil verlassen können, weil sie oft genug die Erfahrung mit mir gemacht haben, dass wenn ich gesagt habe: ‚Was da steht, stimmt nicht oder es ist falsch eingeschätzt', dass ich immer Recht hatte. Und warum hatte ich immer Recht? Nicht weil ich so ein supertoller Typ bin, sondern weil ich dieses Berichtsgebiet eben seit 40

Jahren kenne. Das ist halt der Vorteil und einer der Gründe, warum ich auch [...] hier bin" (K10).

Angesichts der von Götz formulierten Erkenntnis, dass Sprachkenntnisse den Korrespondenten in der Region „Tür und Tor geöffnet hätten, dass ihnen großes Vertrauen entgegengebracht worden sei" (Götz 2008, S. 414), ist das Überwiegen von Hebräisch-Kenntnissen innerhalb der Stichprobe kritisch zu betrachten. Dies verleitet zur Annahme, dass sich der Zugang zur israelischen Bevölkerung weitaus einfacher gestaltet. Inwieweit sich dies in der Medienberichterstattung der Korrespondenten widerspiegelt, ist allerdings nicht belegt und stellt einen interessanten Ausgangspunkt für zukünftige Untersuchungen dar.

*Berichtsgebiet und Aufenthaltsdauer*
Zum Berichtsgebiet geben fast alle Korrespondenten an, ihr Haupt-augenmerk auf Israel und die palästinensischen Gebiete zu legen. Bei den öffentlich-rechtlichen Fernsehkorrespondenten (K10, K12) zählt Zypern offiziell dazu. Die Mitarbeiter öffentlich-rechtlicher Anstalten (K9, K10, K11, K12) ausgenommen haben alle im Rahmen ihrer aktuellen Tätigkeit bereits kurzzeitig in umliegenden Ländern ausgeholfen, was einen von den Befragten registrierten Bedeutungsverlust Israels gegenüber den Regionen des Arabischen Frühlings aufgezeigt.
Die gesamte Stichprobe lebt auf der israelischen Seite des Gebiets, davon acht Journalisten in Tel Aviv und fünf in Jerusalem. Den in dieser Studie vermuteten Einfluss des Wohnorts auf die Berücksichtigung beider Gesell-schaften in der Berichterstattung thematisieren lediglich einige in Tel Aviv wohnhafte Korrespondenten. So ist K9 der Ansicht, sein Wohnort sei mit ein Grund dafür, dass sein „Draht zu Israel [...] kürzer" sei. Genauso gibt K1 an, sie schaffe „eine kulturelle Hürde, die dann auch die Berichterstattung schwieriger macht." Zwar bestehen Hinweise auf den Einfluss des Wohn-ortes auf den Neutralitätsanspruch an die eigene Berichterstattung, der jedoch nicht explizit belegt werden kann, da er nicht von allen Befragten angesprochen wird.
Von der in der Literatur dominierenden, durchschnittlich mit drei bis fünf Jahren recht kurzen Aufenthaltsdauer deutscher Auslandsjournalisten an einem Standort (vgl. Riesmeyer 2010, S. 442) weichen die Ergebnisse der vorliegenden Arbeit zum Teil deutlich ab: So sind die Befragten von einein-halb bis zu 25 Jahren im Berichtsgebiet tätig. Dabei fällt vor allem die Aufenthaltsdauer freier Korrespondenten länger aus, da Rotationsverfahren diese scheinbar seltener betreffen.

Wie beschrieben, ist die wachsende Aufenthaltsdauer einhergehend mit einer sich vertiefenden Beziehung zum Berichtsgebiet ein Faktor, der das Rollenverständnis der analysierten Berufsgruppe beeinflusst. Jedoch verweisen die Erkenntnisse der vorliegenden Studie darauf, dass die von Georg Jürgens gehegte Annahme, ein zu langer Aufenthalt berge die Gefahr des „going native" (Jürgens 1973, S. 353) und des „Korrespondenten-syndroms" (ebd., S. 350ff.), das objektive Berichterstattung aufgrund zu großer Affinität mit dem Standort unmöglich mache, auf die untersuchte Berufsgruppe nicht zutreffend sind. Auch die Korrespondenten selbst widerlegen diese These. Zwar stimmen sie zunächst mit Jürgens darin überein, dass sich der Blick auf das Gebiet mit zunehmender Aufenthaltsdauer wandele, doch sei die Arbeit dann stärker von „Zynismus und Fatalismus durchdrungen" (K13). So berichtet einer der dienstältesten Korrespondenten:

> „Der Elan, der geht dann irgendwie aus. [...] Man hat einen tieferen Einblick, aber man kann die Brille nicht weiterreichen. [...] Ich glaube, wenn es eine Gefahr für mich gibt, ist es die, dass ich meine Meinungen verliere. Dass ich so relativistisch werde. Ja, also wie nennt man das. Alterszynismus oder Demenz [*lacht*]" (K6).

Entsprechende Wahrnehmungsveränderungen registrieren auch Befragte mit kürzerer Aufenthaltsdauer. Einer seit vier Jahren im Berichtsgebiet tätigen Journalistin zufolge müsse man „sich in diesem Gebiet sehr viel an Neugier bewahren [...]. Ich glaube, viele Leute, die hier auch länger sind, werden oft auch zynisch oder sagen: ,Och, das haben wir alles schon drei Mal gehört'" (K11). Ihr Kollege konstatiert nach nur knapp drei Jahren, der Standort berge zudem die Gefahr, dass man sich mit fortschreitender Zeit zu sehr in dessen Komplexität verliere:

> „Manchmal stellt man sich am Anfang vielleicht auch die richtigen Fragen, die sich genauso Leser, die sich nicht Tag für Tag damit beschäftigen, stellen. Und man sucht noch nach Antworten. Je länger man da ist, sagt man: ,Ne, so einfach kann man das ja gar nicht beantworten.' Dann wirken die Texte vielleicht kundiger, sind für viele Leser aber gar nicht mal so interessant, weil man sich in zu viele Nebensätze rettet" (K3).

Diese Selbstauskunft der Journalisten könnte womöglich mit der seit längerem anhaltenden Stagnation des Nahostkonflikts erklärt werden, die ihre sonst recht positive Beziehung zum Berichtsgebiet trübt und sie auch beruflich beeinträchtigt.
Gleichzeitig heben die Befragten aber auch Vorteile des Langzeit-

korrespondenten hervor. Diese betreffen vor allem ein Bewusstsein über die Instrumentalisierung von Auslandskorrespondenten im Propagandakrieg und die Überprüfung unsicherer Quellen:

> „An dieser Stelle ist dann eben die langjährige Präsenz vor Ort sehr hilfreich. Erstens rieche [!] ich, wenn mich jemand an der Nase herumführen will. [...] Das zweite ist, dass ich Leute kenne, man ist vernetzt. Ich brauch dieses Ding, muss auch mal anrufen. Und vor allem muss ich wissen, wen ich anrufe" (K6).

Folglich scheint es nicht das „Korrespondentensyndrom" zu sein, welches deutschen Korrespondenten in Israel und den palästinensischen Gebieten mit zunehmender Aufenthaltsdauer gefährlich werden könnte. Speziell im Nahen Osten scheint die Vermeidung zynischer Denkmuster weitaus schwerer zu wiegen und so verwundert nicht, dass die Hälfte aller Befragten „Neugier" als hilfreichste persönliche Eigenschaft angibt, welche Korrespondenten in ihrem Berichtsgebiet mitbringen sollten.

*Persönliche Einstellung zu Israel und den palästinensischen Gebieten*

> „Naja, es ist immer ein bisschen billig zu sagen: ‚Das einschneidendste für mein Privatleben ist der Strand vor der Haustür.' Aber es ist so" (K4).

In dieser oder ähnlicher Weise antworten acht der Korrespondenten auf die Frage nach den positiven Seiten ihres Berichtsgebiets. Da es in deren Falle ausschließlich bei derartigen Aspekten bleibt, kann ihre Beziehung zum Berichtsgebiet zusammenfassend über die nachfolgende Aussage definiert werden:

> „Ich bin kein Journalist mit Mission, sondern ich verstehe mich als professioneller Journalist, der hier Station macht. Aber ich lebe hier nicht meinen Lebenstraum, ich bin nicht mehr mit diesem Land verbunden, als es meine professionelle Einstellung zugesteht. Das heißt, ich möchte für die Zeit, in der ich hier bin, einen guten, bestenfalls aufklärerischen und auch interessanten und unterhaltsamen Job machen" (K4).

Wie im vorherigen Punkt dargelegt, spiegelt sich diese Einstellung auch in deren Selbstbildern wieder, da sie in weitaus geringerem Maße interventionistische bis gar anwaltschaftliche Ambitionen hegen als die verbleibenden fünf Fälle (K5, K6, K9, K10, K13). Für diese konnte die neue These generiert werden, dass der Grad an persönlicher Verbundenheit mit Israel das Selbstbild zu beeinflussen und entsprechende Motivationskriterien für die Ausübung der eigenen Tätigkeit zu formen scheint. So zeigen sie trotz oder gerade aufgrund der negativen Seiten ihres Berichtsgebiets journalistisch einen anwaltschaftlichen Einsatz für beide Seiten. Für K9 zum Beispiel sei es „persönlich beglückend, damit so etwas wie die Überbrückung des unendlich großen Grabens, der durch die Shoa entstanden ist, zu erleben." K5 und K6 brachte ebenfalls eine „sensible Beziehung zur Vergangenheit" (K6) in ihr Berichtsgebiet. K10 und K13 haben jüdische Wurzeln, weswegen K10 seine Versetzung nach Israel als das „Schließen eines Kreises" bezeichnet: „Als Jude in Deutschland als Kind von Holocaust-Überlebenden geboren, dann ausgerechnet in Israel sein zu können und von hier aus zu berichten, ist schon etwas Besonderes" (K10).

Weiterhin sei angemerkt, dass alle Befragten hinsichtlich ihrer Beziehung zum Berichtsgebiet zunächst automatisch Israel thematisieren. Zwar ist dies nachvollziehbar, wohnen sie doch allesamt auf israelischer Seite – doch stellt sich für zukünftige Studien auch angesichts der bereits thematisierten Sprachkenntnisse die Frage, ob sich eine wohnortbedingte *kulturelle Hürde* nicht doch ausgeprägter auf den journalistischen Neutralitätsanspruch der Korrespondenten auswirkt als von den meisten wahrgenommen.

Die Einstellung der Journalisten zu Israel und den palästinensischen Gebieten besteht jedoch nicht nur aus positiven Aspekten – in ausnahmslos jedem Fall wird sie durch den aktuell als „ermüdend" und „aussichtslos" (K7) beschriebenen Nahostkonflikt getrübt. Zwar verspüren sie zum Zeitpunkt der Interviews höchstens latente Angst vor Gewalttaten, womit sie sich von der von Götz untersuchten Stichprobe unterscheiden, die fast in ihrer Gesamtheit Angst um die eigene Sicherheit aufgrund gewaltsamer Auseinandersetzungen und in Teilen auch durch palästinensischen Terror thematisiert (vgl. Götz 2008, S. 418). Dennoch belastet der Konflikt auch 2012 das Leben der untersuchten Berufsgruppe. Nach K5 gebe es „immer weniger Leute, mit denen man sich politisch korrekt wohlfühlt." K1 beschreibt speziell Tel Aviv als „Blase" der Israelis:

„Und man hat eben viel mit Leuten zu tun, die der Meinung sind, es ist doch eigentlich ganz gut, so wie es ist. Und als Ausländer hat man natürlich hier das Gefühl: ‚Aber Ihr müsst doch diesen Konflikt mal lösen!' Viele denken das halt nicht. Das ist der Punkt, wo man auch privat natürlich häufig gegen Wände läuft" (K1).

Diese Wahrnehmungen bekräftigen erneut, dass die Gefahr eines „going native" (Jürgens 1973, S. 353f.) und eines speziell daraus resultierenden Objektivitätsverlustes für aktuell in Israel und den palästinensischen Gebieten stationierte Korrespondenten eher nicht gegeben ist.

# 5.3. Einflussfaktoren Medienstruktursphäre

*Finanzielle Situation der Auslandsberichterstattung*
Während die wissenschaftliche Literatur zur Auslandsberichterstattung argumentiert, dass trotz Globalisierung das Interesse des Publikums am Ausland schwinde und im Zuge der Medienkrise vor allem daran gespart werde (vgl. Mikich 2003, S. 119; Riesmeyer 2010, S. 236), sind die Befragten diesbezüglich gespaltener Meinung. Zunächst stellen ausnahmslos alle einen finanziellen Druck auf ihre Medienhäuser fest. Auffällig ist jedoch, dass nur die frei arbeitenden Korrespondenten (K2, K5, K7, K13) auch wahrnehmen, dass dieser die Auslandsberichterstattung verstärkt betreffe. Den freien Mitarbeitern zufolge seien die Auswirkungen der Medienkrise in Umstrukturierungsprozessen in ihren Medien, beispielsweise dem Abbau von Korrespondentennetzen oder Einsparungen in den Pauschalen, zu spüren. Die Journalisten berichten, aufgrund der ökonomisch bedingten „Neuerfindung" der Zeitungen habe „eben das Regionale Priorität" (K7). Einer der Korrespondenten (K13) gibt gar an, sein Berichtsgebiet deutlich ausgeweitet zu haben, da seine Abdruckrate aufgrund drastischer Reduktion der Auslandsseiten seiner Arbeitgeber um 90 Prozent gefallen war.
Die fest angestellten Korrespondenten dagegen sprechen von einem allgemein angestiegenen „Kostenbewusstsein" (K4) der Mitarbeiter aller Ressorts:

> „Wenn man die Auflage sieht und die Zahlen kennt, ist es nicht der Zeitpunkt zu sagen: ‚Jetzt will ich aber eine Verdopplung meines Gehalts und fliege nur noch Business-Class.' Also in meiner Generation sieht man Geldfragen viel realistischer. [...] Und da muss kein Sparerlass kommen, man weiß schon selber, wo die Grenzen sind" (K3).

Dass dieses Kostenbewusstsein Auslandsredaktionen in besonderem Maße betreffe, verneinen sie mit Verweis auf die hohen Qualitätsansprüche ihrer Medien, die besondere Einsparungen am Ausland – einer ihrer „großen Stärken" (K10) – bisher unterbunden hätten.
Ob nun das Anstellungsverhältnis die alleinige Determinante der differierenden Wahrnehmungen freier und fest angestellter Korrespondenten ist, kann nicht eindeutig geklärt werden. Jedoch wird vermutet, dass auch ihre Mediengattung dafür verantwortlich ist: So sind die fest angestellten ausschließlich bei großen überregionalen Tageszeitungen oder Magazinen sowie öffentlich-rechtlichen Rundfunkanstalten tätig. Mit Ausnahme von K2 bedienen die freien Befragten entweder kleinere überregionale und regionale Tageszeitungen oder Online-medien, die dem

Ausland im Zuge der Medienkrise möglicherweise weniger Gewicht beimessen.

Hierbei gilt es nochmals darauf zu verweisen, dass den Aussagen zufolge
keiner der Befragten das eigene Rollenselbstbild durch finanzielle
Beschränktheiten beeinflusst sieht. Selbst die zwei Korrespondenten, die
ihre Produkte an Publikumsbedürfnissen ausrichten, verfolgen dabei keine
finanziellen Zielsetzungen. Angesichts dieses Resultats sei für zukünftige
Studien zum Thema hinterfragt, ob dieser Umstand speziell durch den
Sonderstatus des Berichtsgebiets bedingt sein könnte. Dabei sei anzunehmen, dass finanzielle Beschränktheiten dort in geringerem Maße
verspürt werden als andernorts.

## 5.4. Einflussfaktoren Institutionssphäre

*Zusammenarbeit mit der Heimatredaktion*
Neben persönlichen Merkmalen hängt Auslandsberichterstattung stets auch
vom organisatorischen Umfeld und den Arbeitsbedingungen ab. Dabei
kommt der Heimatredaktion eine besondere Bedeutung zu. Die Korrespondenten beschreiben den Kontakt zu ihren Heimatredaktionen als wenig
hierachisch und bewerten die Zusammenarbeit tendenziell als gut. Bei den
Printjournalisten findet die Themenabsprache täglich per E-Mail statt, bei
Artikeln, welche eine längerfristige Planung beanspruchen, kommt es zu
einem intensiveren telefonischen Kontakt. Demgegenüber berichten die
Korrespondenten des öffentlich-rechtlichen Rundfunks von einem sehr viel
regeren Kontakt mit ihren Redaktionen, was auch dadurch begünstigt wird,
dass sie für eine Vielzahl an Redaktionen tätig sind. Die Themeninitiative
sehen die befragten Korrespondenten mehrheitlich bei sich selber, was ihre
Rolle als Gesellschaftsübersetzer, der sich den vor Ort als wichtig
ausgemachten Themen widmet, unterstützen dürfte.

Allerdings bestätigen die Aussagen der Befragten die theoretischen
Darlegungen, dass in der Auslandsberichterstattung vor allem strukturelle
Widrigkeiten im System Journalismus, also Zeit- und Platzmangel sowie
Aktualisierungsdruck, die Zusammenarbeit zwischen Heimatredaktion und
Korrespondent herausfordern können. So wünschen sich ausnahmslos alle
Befragten einen intensiveren Kontakt mit ihren Heimatredaktionen im
Hinblick auf die Themenabsprache bzw. -entwicklung. Vor allem die Print-
journalisten sprechen unerwünschte Kürzungen in ihren Artikeln an. Zudem
verweisen die Befragten überwiegend auf einen sich zunehmend
verstärkenden Aktualisierungsdruck, der insbesondere im Zusammenhang
mit der steigenden Bedeutung des Internets als Recherchetool steht:

„Bevor es das Internet gab, hatte ich die Möglichkeit, tiefer zu recherchieren. Da wurde auch nicht erwartet, dass ich innerhalb von zwei Stunden einen Bericht komplett mit Hintergrundinformationen liefere" (K5).

Demgegenüber scheint die Agenturgläubigkeit der Heimatredaktionen, anders als in den vorherigen Studien (vgl. Götz 2008, S. 423f.; Langenbucher & Yasin 2009, S. 271), ein geringeres Problem darzustellen, da diese nur von wenigen Korrespondenten angesprochen wird (K10, K13). So verwundert nicht, dass auch stereotype Vorstellungen über das Berichtsgebiet in der täglichen Zusammenarbeit eine untergeordnete Rolle spielen und lediglich von drei Befragten erwähnt werden (K2, K7, K10).

*Erfolgreiche Themenabnahme*
Nach Einschätzung aller Korrespondenten hat die Berichterstattung zu Israel und den palästinensischen Gebieten einen hohen Stellenwert in ihren jeweiligen Medien. Der andauernde Nahostkonflikt und das damit verbundene kontinuierliche Interesse, die politische Zentralität der Region sowie die kulturell-historische Nähe zwischen Israel und Deutschland tragen dazu bei, dass der Aufmerksamkeitsgrad der deutschen Medien traditionell hoch ist. Einige Korrespondenten bewerten die Bedeutung, die dem israelisch-palästinensischen Konflikt in ihren jeweiligen Redaktionen eingeräumt wird, gar als überschätzt. Gleichzeitig haben abgesteckte Positionen im Konflikt, die Aussichtslosigkeit einer Lösung und der Mangel an erkennbaren Fortschritten in Friedensverhandlungen zu einer gewissen Konfliktmüdigkeit in den Redaktionen geführt. Das Interesse der Redaktionen wird vielmehr als zyklisch beschrieben – auf Phasen mit wenig Beachtung folgen solche mit einer höheren Aufmerksamkeit:

„Da ist dann so ein Unmut, eine Frustration und auch ein Stück Langeweile da. Was dann aber ganz schnell durchbrochen wird, weil dann ja hier doch so viel Entscheidendes passiert" (K10).

In Hinblick auf die Themenabnahme ist den Korrespondenten zufolge Aktualität der meistgefragte Nachrichtenfaktor. In Verbindung mit einem Deutschlandbezug, den immerhin sechs Korrespondenten als wichtigen Nachrichtenfaktor nennen, kann dieser als ausschlaggebend betrachtet werden. Außerdem betonen die freien Mitarbeiter sowie Fernsehkorrespondenten, dass Themen häufig zunächst eine gewisse Schwelle an Negativität überschreiten müssen:

„Und seit vier Jahren, abgesehen von diesen ein oder zwei [Terroranschlägen], von diesem Gaza-Krieg, gibt es praktisch keinen Terror, keine Kriege mehr. [...] Ich kann immer wieder mal andere Themen machen, aber das Geld kommt durch Nachrichten und zwar durch möglichst viel Blut" (K5).

Dies lässt sich möglicherweise durch den ökonomischen Druck, der auf freien Mitarbeitern stärker lasten dürfte, sowie die größere Fokussierung des Mediums Fernsehen auf Krisenereignisse erklären. Einig sind sich die Journalisten, dass das starke Interesse der deutschen Auslands-berichterstattung an negativen Nachrichten das Berichtsgebiet Israel und die palästinensischen Gebiete zunehmend aus dem Fokus bringt. Einerseits muss dies im Zuge des Abflachens politischer Krisenereignisse in Israel und den palästinensischen Gebieten gesehen werden. Andererseits sind die politischen Entwicklungen im arabischen Raum ausschlaggebend dafür:

„Mich interessiert auch mehr, wenn ich jetzt die Zeitung aufschlage [...], was sich jetzt im Moment in Syrien tut. Da ist nicht so brennend interessant, ob sich Herr Abbas und Herr Netanjahu vielleicht doch mal treffen oder nur telefonieren, sollen sie mal" (K3).

Aus den Aussagen lässt sich schlussfolgern, dass mittlerweile eine hinter-gründigere und differenzierte Berichterstattung aus Israel und den paläs-tinensischen Gebieten möglich ist:

„Da haben sich einfach andere Konfliktschauplätze in den Vordergrund gedrängt, wo mehr Gewalt, wo mehr Skandalon zu berichten ist. Und das ist vielleicht auch ganz gut so. Denn wenn man es nur schafft über Gewalt auf die ersten Plätze zu kommen, dann verzichte ich da gerne drauf. Dann lieber eine Hintergrundberichterstattung mit mehr Schattierungen, die auf den hinteren Plätzen stattfindet. Und das ist was momentan passiert, dass wir auf den hinteren Plätzen sind" (K9).

Aufgrund der gesellschaftlichen Vielschichtigkeit in der Region ergeben sich für die Befragten zahlreiche Anküpfungspunkte für ihre Themen, was als wichtiger Einflussfaktor auf das Rollenselbstverständnis der Journalisten als Gesellschafts-übersetzer gewertet werden kann:

„Klar, der Konflikt und die politische Gesamtsituation und die geopolitische Bedeutung dieses Raums hier, das ist das, mit dem ich sozusagen mein Brot verdiene. Aber alles andere, was aufs Brot draufkommt, ist hier auch sehr reichhaltig vorhanden. Also Gesellschaftsgeschichten, Kulturgeschichten. Auch Wirtschaft oder Sport [...] Also es gibt unheimlich viel, was man machen kann" (K4).

Während bei denen von Götz befragten Journalisten noch sehr viel stärker der Nahostkonflikt im Fokus der Israelberichterstattung stand, indem vor allem Konfliktthemen von den Heimatredaktionen angefragt wurden (vgl. Götz 2008, S. 420), können sie mittlerweile viel breitgefächerter berichten. Vor allem die Korrespondenten, die für die überregionalen Tageszeitungen sowie das Radio tätig sind, betonen, dass sie durch Zuarbeit an eine Vielzahl an Redaktionen und Ressorts über ein breites Themenspektrum berichten können. Mit Ausnahme von K10 arbeiten die Journalisten, die sich als anwaltschaftlicher Gesellschaftsübersetzer klassifizieren lassen, für überregionale Tageszeitungen bzw. das Radio: Sie haben in ihrem journalistischen Alltag genug Spielraum, neben reinem Nachrichtenjournalismus auch Hintergrundberichterstattung zu machen. K10, der als Fernsehkorrespondent ebenso anwaltschaftliche Motivationskriterien aufweist, kompensiert die stärkere Fokussierung des Fernsehens auf News durch Beiträge in einem Weblog seines Senders, das verschiedene gesellschaftliche Themen beleuchtet.

Den Korrespondenten zufolge entscheidet neben den bereits oben beschriebenen Nachrichtenfaktoren insbesondere Originalität über die erfolgreiche Abnahme von Themen. Gefragt sei „der schwule surfende Rabbi. (...) Also irgendetwas, das ein bisschen abgedreht ist und nicht dem Klischee entspricht" (K4). Jedoch verweisen einige Befragte darauf, dass sich Themenvielfalt in den Berichten zu Israel einfacher herstellen ließe als zu den palästinensischen Gebieten, wo „letztlich doch jede Geschichte bei der Besatzung [endet], weil das alle Lebensebenen so durchdringt" (K4). Daraus lässt sich ableiten, dass die deutschen Redaktionen den Themen zu Israel tendenziell eine höhere Diversität zumessen: „Ich glaube, was man sagen kann, ist, dass es immer mehr um Israel geht. Natürlich historisch bedingt, aber auch, weil sie uns eben kulturell näher stehen" (K1).
Während die Themenvielfalt im Berichtsgebiet als wichtiger Einflussfaktor auf alle Journalisten in ihrem Rollenselbstbild als Gesellschaftsübersetzer bewertet werden kann, müssen bei den zwei als „publikumsorientierte Gesellschaftsübersetzer" klassifizierten Journalisten (K3, K8) darüber hinaus Spezifika ihrer jeweiligen Medien einbezogen werden. Im Falle von K8 ist diese Motivation vermutlich durch die spezifische, primär an wirtschaftlichen Themen ausgerichtete Zielsetzung seines Mediums bedingt, wegen der er seine Themen nach anderen Kriterien selektiert als seine Kollegen und sie weitaus stärker an Publikumsbedürfnissen ausrichtet. Was K3 betrifft, lässt sich seine Motivation möglicherweise mit seiner allgemeinen Vorstellung von gutem Journalismus erklären: „[...] dem Leser ein Mal am Tag rückblickend eine Auswahl von dem zu geben, was eine

Redaktion für den Tag für wichtig hält. Und das ist, finde ich, ja auch die Stärke einer Zeitung" (K3).

*Journalistische Routinen vor Ort*

Bezüglich ihrer Arbeitsroutinen geben alle Befragten an, den gesamten Erstellungsprozess ihrer Berichte – von eventuellen Redigierarbeiten und Kürzungen abgesehen – eigenständig auszuführen, wodurch ihr Rollenselbstbild als Gesellschaftsübersetzer gestärkt werden dürfte. Selbst die Rundfunkkorrespondenten produzieren ihre Texte, Töne und gegebenenfalls Bilder selber, schneiden diese und fügen sie zu einem fertigen Bericht zusammen.

Die israelische Militärzensur spiele in der alltäglichen Berichterstattung so gut wie keine Rolle. Sicherheitsrelevante Berichte, zum Beispiel zu israelischen Nuklearanlagen oder exakten Raketeneinschlagsorten, müssen vor Veröffentlichung zwar dem Militärzensor vorgelegt werden, dennoch würden diese ohnehin selten thematisiert. Als einschneidende Erlebnisse nennen einige Korrespondenten jedoch Krisenzeiten, zum Beispiel den Gaza-Krieg, als eine unabhängige Berichterstattung aufgrund der begrenzten Informationspolitik der Israelis und rigoroser Absperrungen kaum möglich war:

> „Also, das war eine sehr schwierige Situation für uns als Journalisten [...]. Ich meine, ich habe ganz viel mit Leuten telefoniert, die ich von vorher noch kenne – oder damals in Gaza kannte. Und von denen ich das Vertrauen hatte, die erzählen mir jetzt nichts, was nicht stimmt. Aber selbst die hatten ja nur einen begrenzten Radius von dem, was sie sehen konnten. Das ist natürlich ein Problem, wenn man da nicht hinkommt und selber sehen kann, was passiert" (K1).

Allerdings verweisen die Fernsehkorrespondenten, insbesondere im Kontext ihrer Abhängigkeit von Bildern, auf standortspezifische Probleme: In Israel wie auch den palästinensischen Gebieten sehe man Fernsehjournalisten ungerne nahe militärischer Einrichtungen, des Geheimdienstes oder von Amtssitzen. Auch radikale und außerordentlich religiöse gesellschaftliche Gruppierungen, beispielsweise Siedler, verweigern diesen zuweilen den Zugang oder wünschen Anonymität, was die Wirkung von Bildern trübe. Insgesamt stufen die Fernsehjournalisten ihren Arbeitsalltag etwas schwieriger ein als die Print-Journalisten:

> „Ich beneide schon manchmal Printjournalisten, die einfach unerkannt mit einem Notizblock irgendwo in der Ecke stehen können, während wir immer auffallen" (K12).

Eine Problematik, der erneut speziell Fernsehkorrespondenten ausgesetzt sind, schildert K10:

> „Was nicht vermittelbar ist, ist das Gefühl der Angst. Das ist nicht vermittelbar, das sehe ich nicht. Ich sehe Angst nur, wenn ich hysterische Menschen habe. Wenn ich aber Menschen sehe, die gemütlich in ihrem Bunker sitzen und sagen: „Ich habe Angst, ich habe Angst!" Dann sehe ich es nicht. Ich höre es, aber ich sehe es nicht" (K10).

So sei das israelische Narrativ der Existenzbedrohung bildlich weitaus schwerer zu verdeutlichen als die Positionen anderer Antagonisten im Nahostkonflikt.

Die gesamte Stichprobe gibt nicht nur an, ihre Berichte gänzlich selber zu produzieren – weiterhin bemühen sich alle so häufig wie möglich darum, aus eigenem Erleben berichten zu können, was ihre vermittelnd-erklärenden Ansprüche als Gesellschaftsübersetzer unterstreichen dürfte:

> „Ich bin fest davon überzeugt, dass die Daseinsberechtigung von Auslandskorrespondenten die ist, dass sie sich selbst vor Ort ein Bild machen. Wenn man das nicht mehr macht, muss man sich zumindest einmal fragen lassen, warum man überhaupt hier ist. Ich glaube, der wichtigste Punkt ist, selber rauszugehen und nachzuschauen" (K12).

Gerade angesichts der gesellschaftlichen Heterogenität des Standortes seien häufige Reisen erforderlich, um alle gesellschaftlichen Gruppen „wirklich genau mitverfolgen und dann entsprechend Themen aufsetzen" (K11) zu können.

Diesbezüglich weisen Israel und die palästinensischen Gebiete aufgrund der Größe der Region anderen Standorten gegenüber einen entscheidenden Vorteil auf. Auch mögliche Grenzkontrollen oder Wartezeiten trüben diesen Umstand nicht, vielmehr genössen Auslandsjournalisten ein „Privileg", seien sie doch „die einzigen, die relativ problemlos hin und herreisen können, wie sie wollen" (K8). Der Zutritt zum Gaza-Streifen sei fast der gesamten Stichprobe – von zwei Ausnahmefällen abgesehen (K6, K13) – möglich, werde jedoch als „ziemlich kompliziert" (K11) oder „lästig" (K5) empfunden. Dies führen die Befragten weniger auf physische Gefahr sondern vielmehr auf die Einreiseprozedur zurück. Nichtsdestotrotz geben zehn Journalisten an, mindestens ein bis zwei Tage pro Monat im Gaza-Streifen zu verbringen. Sie alle arbeiten hier mit Stringern oder Producern zusammen, die sie bei ihren Besuchen begleiten oder im Falle von Zugangsverweigerung Material liefern. Vor allem mangelnde Orts- bzw. häufig auch Sprachkenntnisse bedingen die Zusammenarbeit mit jemandem, der wisse, „wann und wo man sich bewegen kann, der auch Probleme lösen kann, wenn es Ärger mit Polizei und Behörden geben sollte" (K3). Demgegenüber kooperieren die Befragten im Westjordanland, wo sie sich sicherer fühlen, nur gelegentlich zu Übersetzungszwecken oder zur Kontaktegenerierung mit lokalen Helfern. Die gesamte Stichprobe betont, sich niemals fertige Artikel liefern zu lassen. Zugleich sind sich die Befragten darüber bewusst, dass die einheimischen Journalisten unter Umständen stärker emotional in den Konflikt involviert sind, was zum Beispiel bei deren Auswahl von Interviewpartnern zu berücksichtigen sei.

### Informationsquellen und Kontakte

Angesicht der Vielzahl an Informationsquellen wird deutlich, dass die befragten Journalisten in ihren alltäglichen Arbeitsroutinen weniger das Problem im Zugang zu Informationen, sondern vielmehr in der Filterung und Überprüfung dieser sehen. Wie bereits bei Götz (2008) sehen es die Journalisten als wichtige Aufgabe an, die Informationen im Berichtsgebiet einzuordnen, für das deutsche Publikum verständlich aufzubereiten und in einen deutschen Kontext zu übersetzen. Allerdings ist der Propagandakrieg der Information für sie eine besonders große Herausforderung: „Man weiß natürlich in einem Krisengebiet, dass das, was an offiziellen Informationen kommt, immer eine bestimmte Agenda hat [...]. Dass jede Seite ein Interesse daran hat, das eigene Narrativ zu verkaufen" stellt K10 fest. Die Gefahr eines „Verlautbarungsjournalismus" (K6) der in Einschränkungen einer unab-hängigen und ausgewogenen Berichterstattung resultieren kann, ist groß: „Ich glaube, das Schwierige an diesem Konflikt ist, dass natürlich jede Seite versucht, ihre Geschichte zu erzählen" (K11).

Als häufigste Informationsquelle nennen die Korrespondenten die lokalen Medien, die sie vorrangig für Themenideen sowie zur Orientierung nutzen. Während Fernsehen und Radio nur von den Korrespondenten der jeweiligen Mediengattung regelmäßig rezipiert werden, liest die gesamte Stichprobe israelische Zeitungen. Demgegenüber werden palästinensische Zeitungen in geringerem Ausmaß rezipiert. Einerseits lässt sich dies mit den mangelnden Arabischkenntnissen der Befragten erklären. Anderseits verweisen sie überwiegend auf deren geringe Informationsgrundlage und schwierigere Einschätzbarkeit: „Also, die palästinensischen Medien sind meiner Einschätzung nach wesentlich mehr vom Konflikt geprägt und Waffe in dem Konflikt als die israelischen" (K4). Doch auch die Nutzung israelischer Printmedien verhält sich aus Sicht der Befragten nicht gänzlich unproblematisch, da man „da teilweise mit Begriffen hantiert, die vielleicht nicht immer objektiv sind" (K6). Trotz kritischen Bewusstseins über die lokalen Medien stellen einige Journalisten in Frage, ob ihnen das Hinterfragen medialer Botschaften und die Vermeidung einer unreflektierten Übernahme von Begriffen in der Praxis stets gelingen würden. Eine Korrespondentin warnt, man müsse

> „aufpassen, dass man nicht zu sehr in diesen israelischen Spin reinkommt. [...] Wenn man das alles hier liest als Korrespondent, dann beeinflusst das vielleicht auch so ein bisschen das eigene Denken" (K1).

Eine weitere wichtige Informationsquelle stellen die politischen und gesellschaftlichen Akteure in Israel und den palästinensischen Gebieten dar. Die politischen Eliten, das Militär und die zahlreichen NGOs bzw. Lobbygruppen versuchen die Auslandsmedien vorrangig über RSS-Feed oder E-Mail Verteiler zu erreichen, um ihre verschiedenen Positionen zu platzieren. Die Informationspolitik des israelischen Regierungspresseamtes bewerten die Befragten überwiegend als professionell und transparent. Täglich werden Pressemitteilungen der unterschiedlichen Ministerien und monatlich eine Telefonliste der als auskunftsbereit charakterisierten Sprecher der Ministerien herausgegeben. Zudem finden regelmäßig Journalistenbriefings statt. Demgegenüber wird die palästinensische Informationspolitik aufgrund flacher Hierarchien als informell und in Folge mangelnder finanzieller Ressourcen sowie des getrennten Regierungsapparates im Westjordanland und Gaza als weniger professionell beschrieben, weshalb die Befragten ein Netz an persönlichen Kontakten hier als besonders wichtig erachten.

Um Informationen offizieller Stellen zu überprüfen, stellen die zahlreichen NGOs eine wichtige Recherchequelle für die Journalisten dar. Allerdings nutzen nur zwei Korrespondenten die Informationen von NGOs für die tatsächliche Themengenerierung. Angesichts der Vielzahl an Organisationen und ihrer häufig eindeutigen Positionierung im Konflikt thematisiert die gesamte Stichprobe die journalistische Herausforderung, die sich durch die tägliche Informationsflut, inszenierte Ereignisse und häufig einseitige Darstellungen durch NGOs ergeben würde.

Einig sind sich die Korrespondenten, dass sich die Faktenprüfung im Hinblick auf sicherheitsrelevante Themen am schwierigsten gestalte, nicht zuletzt aufgrund der Militärzensur in Israel. Im israelisch-palästinensischen Konflikt ist das Militär (IDF) ein wichtiger Ansprechpartner für Informationen. Laut Befragten betreibe es einerseits eine offensive Öffentlichkeitsarbeit, zum Beispiel durch Einladungen zu Touren oder gezielte Anrufe, andererseits würden Informationen bewusst zurückgehalten oder erst sehr spät herausgegeben.

Wie bereits dargestellt, ist für Journalisten die Bevölkerung, welche sowohl in Israel als auch in den palästinensischen Gebieten als offen und kommunikativ beschrieben wird, eine wichtige Primärquelle. Durch ihre Alltagsgeschichten lässt sie einen sehr viel differenzierten Blick auf die Konfliktsituation aber auch die innergesellschaftlichen Spannungen zu, was insbesondere die als „anwaltschaftlicher Gesellschaftsübersetzer" klassifizierten Journalisten in ihrem Anliegen unterstützen dürfte. Allerdings wird darauf hingewiesen, dass in der palästinensischen Bevölkerung oft Angst vor kritischen Äußerungen gegenüber der offiziellen Politik bestehen würde. Darüber hinaus kann sich der Kontakt zu bestimmten Bevölkerungsgruppen, beispielsweise extremen religiösen Gruppierungen, eher schwierig gestalten. Das Absichern und Gegenprüfen der Quellen ist aus Sicht aller Befragten äußerst wichtig. Mit der Zeit würde man sich den Umgang mit Einflussversuchen und ein Netzwerk zur Informationsprüfung aneignen, so die Korrespondenten mehrheitlich. Eine objektive Berichterstattung ist aus Sicht der Befragten allerdings nicht zu erreichen, Objektivität wird vielmehr als Näherungswert beschrieben. Die von den Befragten angeführte Kategorie „beide Seiten sehen und zu Wort kommen lassen" (K4), „die Seiten wechseln" (K7) oder „die gefühlte Mitte finden" (K1) impliziert vielmehr die Zielsetzung einer Berichterstattung, welche unter Einbezug der Positionen und Perspektiven beider Konfliktparteien ausgewogen und fair ist. Darüber hinaus ist es den Journalisten wichtig, den israelischen-palästinensischen Konflikt nicht nur auf zwei Seiten zu reduzieren, sondern ein vollständiges Bild dessen sowie der innergesellschaftlichen Konflikte, die als „Konflikte mit Grau und Zwischentönen" (K11) beschrieben werden, zu liefern.

## 5.5. Einflussfaktoren Gesellschaftssphäre

Die Berichterstattung zu Israel und den palästinensischen Gebieten muss vor dem Hintergrund der gesellschaftlichen Diskurse in Deutschland betrachtet werden. Diese können sich auch in Form von politischen Aushandlungsprozessen innerhalb der Heimatredaktion, zum Beispiel als politische Leitlinie oder empfundene Grenzen von Israelkritik, niederschlagen. Eine politische Ausrichtung für das Gesamtmedium festzulegen ist zumindest nach Aussage der befragten Korrespondenten nicht möglich. Allerdings weist die Mehrzahl der Befragten darauf hin, dass politische Interessen durchaus bei einzelnen Redakteuren ihres Mediums festzustellen sind. Einig sind sie sich, dass sie sich dadurch nicht in ihrer eigenen Berichterstattung beeinflusst sehen:

„In den Redaktionen bei uns gibt es die verschiedenen Positionen, das weiß ich. Und von meinen Chefs gibt es keinerlei Vorgaben. Aber bei uns in der Redaktion weiß ich bei Kollegen, dass einige mehr pro-israelisch, andere eine mehr pro-palästinensische Haltung haben. Aber da gibt es keinen Einfluss auf mich" (K8).

In diesem Zusammenhang verweisen alle Journalisten auf ihre Zielsetzung, eine möglichst ausgewogene Berichterstattung umzusetzen. Dies schließe auch Kritik an Missständen ein, falls sie eine solche als notwendig erachten: „Es gibt Dinge, da kritisiere ich die Israelis und es gibt Dinge, da kritisiere ich die Palästinenser" (K4). Der Unterschied zwischen gerechtfertigter Kritik an der israelischen Regierungspolitik und Antisemitismus wird dadurch erklärt, dass letzterer „auf Argumente verzichte" (K4). Als möglicher Einflussfaktor auf die journalistischen Ambitionen, Kritik an Missständen zu üben, lässt sich ihr Publikumsbild anführen. Anders als in der Studie von Götz, bei der die Journalisten „von praktisch keinem Hintergrundwissen über den Nahostkonflikt auf Publikumsseite aus[gehen]" (Götz 2008, S. 424), betonen die Befragten überwiegend, dass der deutsche Leser häufig selber profundes Wissen über die Region vorweisen kann. Dadurch würde ihm reine Information nicht genügen.

Als Gesellschaftsübersetzer sind sich die Journalisten einig, dass ihre Berichterstattung das Bild des Nahostkonfliktes in der deutschen Öffentlichkeit wesentlich mitprägt, weshalb sie die Zielsetzung einer differenzierten Berichterstattung, die „diplomatische Feinheiten und Verästelungen wahrnimmt" (K9) betonen. Zwar schätzen sie überwiegend die deutsche Berichterstattung als ausgewogen ein, allerdings verweisen sie kritisch auf das Nahostbild vieler Deutscher, welches auf vorgefertigten Meinungen beruhe, indem „sich halt jedes Lager das heraus[sucht], was ihm gerade gefällt oder nicht gefällt" (K1). Speziell in Deutschland empfinden die Befragten die Ablehnung gegenüber der einen oder anderen Gesellschaft ihres Berichtsgebiets bei Lesern, Hörern oder Zuschauern als sehr ausgeprägt. Vor dem Hintergrund bestimmter Ereignisse, zum Beispiel dem Gaza-Krieg 2009 oder dem Angriff auf die Gaza-Hilfsflotte 2010, vermuten fünf Korrespondenten, dass die Palästinenser-freundliche Community wachse, während sich die Israel-freundliche ungeachtet der deutschen moralischen Verantwortung entgegengesetzt entwickle (K3, K4, K5, K11, K13). Einen Einfluss auf ihre eigenen Objektivitätsansprüche sehen sie dabei jedoch nicht.

## 6. Diskussion und Ausblick

Anhand von dreizehn Experteninterviews hat die vorliegende Studie das Rollenselbstverständnis der Korrespondenten deutscher Medien, die aus Israel und den palästinensischen Gebieten berichten, untersucht. Mithilfe des modifizierten Mehrebenenmodells von Esser ließen sich die Einflussfaktoren auf das Selbstverständnis anhand von vier Analyseebenen – der Subjekt-, Institutions-, Medienstruktur- und Gesellschaftssphäre – gliedern. Von Interesse war, durch welche Einflussfaktoren sich gegebenenfalls Unterschiede im Rollenselbstverständnis erklären lassen.

Während sich deutsche Journalisten gemeinhin als neutrale Vermittler und Informationsjournalisten einordnen (vgl. Weischenberg et al. 2006a, S. 102), sehen sich die Auslandskorrespondenten der vorliegenden Studie dezidiert als Gesellschaftsübersetzer. Wie bereits in der Studie von Götz (2008) haben sich als Kern eines gemeinsamen Rollenselbstverständnisses vermittelnd-erklärende Ansprüche herauskristallisiert. Als Gesellschaftsübersetzer verfolgen die Befragten die Zielsetzung einer hintergründigen und differenzierten Berichterstattung, welche sich gesellschaftlichen Ereignissen sowohl in Israel als auch den palästinensischen Gebieten widmet und diese in einen deutschen Kontext übersetzt. Im Gegensatz zu Götz (2008) steht dabei jedoch nicht die politische, sondern die gesellschaftliche und kulturelle Komponente dieses Selbstverständnistyps im Vordergrund. In diesem Zusammenhang geben die Befragten eine gewisse Subjektivität zu, die nicht als Gegensatz zu den gängigen Qualitätskriterien Vollständigkeit, Objektivität und Verständlichkeit (vgl. Pürer 2003, S. 139) zu verstehen ist, sondern sich über den Anspruch des kulturellen Erklärers und Vermittlers ohne politische Ambitionen (vgl. Hafez 2002, S. 81) erschließt. Im Falle der untersuchten Stichprobe beinhaltet dieses Selbstbild zusätzlich Ambitionen, Kritik an Missständen zu üben.

Das Selbstverständnis des Gesellschaftsübersetzers lässt sich zum einen durch strukturelle Einflussfaktoren im Berichtsgebiet erklären: Angesichts der gesellschaftlichen Vielschichtigkeit und dem hohen Informationsangebot durch politische und zivilgesellschaftliche Akteure auf israelischer sowie palästinensischer Seite besteht guter Zugang zu Informationen, wodurch die Korrespondenten über eine Vielzahl an Themen berichten können. Allerdings gibt es immer wieder Ausnahmesituationen und auch die Überprüfung und Filterung der Fakten fordert die Journalisten heraus. Zum anderen muss das Selbstverständnis des Gesellschaftsübersetzers im Kontext struktureller Einflussfaktoren des Heimatlandes betrachtet werden. Obwohl sich Themen im Zusammenhang mit politischen Ereignissen oder Krisen am einfachsten vermitteln lassen, stellen die Heimatredaktionen, deren Interesse an Israel und den palästinensischen Gebieten traditionell groß ist, ausreichend redaktionelle und finanzielle Ressourcen für eine hintergründige Berichterstattung zur Verfügung. Die aktuelle politische Situation ist verhältnismäßig stabil, sodass die Berichterstattung über einen reinen Informationsjournalismus bzw. Krisenberichterstattung, die affekthaft an Einzelereignissen interessiert ist, hinausgehen kann. Aus Sicht der Korrespondenten wird die Umsetzung vermittelnd-erklärender Ansprüche jedoch durch verschiedene systeminhärente Einflussfaktoren erschwert, welche nicht nur die Auslandsberichterstattung aus Israel und den palästinensischen Gebieten, sondern auch die generelle betreffen dürften: Der zunehmende Aktualisierungsdruck vor dem Hintergrund ständig verfügbarer Informationen online sowie Zeitmangel im Kontakt mit den Heimatredaktionen. Darüber hinaus wird die verständliche und erklärende Aufarbeitung von Themen vor dem Hintergrund ihrer Komplexität sowie des Platzmangels erschwert. Darüber hinaus verweisen die Aussagen darauf, dass das Interesse der Redaktionen an Themen aus Israel gegenüber denen aus den palästinensischen Gebieten größer ist.

Zentraler Erkenntnisgewinn dieser Studie ist, dass beim vermittelnd-erklärenden Selbstverständnis drei unterschiedliche Motivationskriterien ermittelt werden konnten: Fünf der Befragten sehen sich als anwaltschaftlicher Gesellschaftsübersetzer. Aufgrund ihrer stark interventionistischen Motivation ist ihnen wichtig, Verständnis für die Positionen gesellschaftlicher Gruppen zu wecken. Dies schließt Positionen ein, die mit westlichen Werten nicht vereinbar zu sein scheinen. Als zentraler Einflussfaktor wurde bei ihnen die Aufenthaltsdauer einhergehend mit dem Grad der persönlichen Involviertheit ausgemacht. Ihre Medien (überregionale Tageszeitung und Hörfunk) weisen Formate wie Reportagen auf, die ausreichend Spielraum für Hintergrundberichterstattung bieten. Der als Gesellschaftsübersetzer klassifizierte Rundfunkjournalist kann im Weblog seines Senders ergänzend zur Fernsehberichterstattung ausführlich über verschiedene gesellschaftliche Gruppen und ihre Positionen berichten.

Bei zwei Journalisten ließ sich ein publikumsorientiertes Rollenselbstverständnis ausmachen, welches sich durch Spezifika ihrer Medien erklären lässt. Die restlichen sechs Korrespondenten wurden als professionelle Gesellschaftsübersetzer klassifiziert, die ihre Berichterstattung unter professionellen Gesichtspunkten begreifen und kein darüber hinausgehendes Anliegen verfolgen. Diese Gruppe betont, lediglich auf Station in Israel zu sein, wodurch sie weniger stark in der dortigen Lebenswelt verwurzelt sein dürfte als der anwaltschaftliche Gesellschaftsübersetzer.

Zweifelsohne unterscheiden sich die Befragten aufgrund der drei unterschiedlich ausgemachten Motivationsmuster – anwaltschaftlich, publikumsorientiert und professionell – in gewisser Weise hinsichtlich ihrer kognitiven Orientierungen. Dennoch kann zusammenfassend subsumiert werden, dass die Berufsgruppe, trotz der dargelegten Unterschiede, sehr ähnliche Ziele verfolgt, welche sich in weitgehend übereinstimmenden Handlungsmustern und Professionalitätsverständnissen widerspiegeln. Die Darlegungen anhand des integrativen Mehrebenenmodells deuten auf tendenziell übereinstimmende Praktiken und Standards der Journalisten hin. Vor allem dem homogenen Verhalten in kritischen Situationen kommt eine besondere Bedeutung zu, da dieses auf eine Professionalisierung ethischer Standards hinweist, unter anderem im Umgang mit Komplikationen im Quellenzugang oder Einflussversuchen sowie den Schwierigkeiten bei der Überprüfung von Informationen.

Bei der Einordnung der Ergebnisse muss berücksichtigt werden, dass die vorliegende Studie lediglich Rückschlüsse auf das subjektive Berufsbewusstsein der Befragten zulässt. Auch darf das Problem der sozialen Erwünschtheit nicht unerwähnt bleiben, zumal es allen Befragten äußerst wichtig zu sein schien, die Umsetzung eines Qualitätsjournalismus in ihrer eigenen Berichterstattung zu betonen. Zudem stellt die vorliegende Untersuchung nur eine Momentaufnahme dar. Um die Handlungsrelevanz der Selbstbilder zu bewerten, müssten die Befunde dieser Studie zusätzlich mit Inhaltsanalysen oder teilnehmenden Beobachtungen, zum Beispiel Redaktionsbesuchen, verknüpft werden. Zwar betonen alle Befragten ihre Zielsetzung, gesellschaftliche Vielfalt abzubilden. Auffällig ist jedoch, dass sie in ihrer Gesamtheit eher in der israelischen Gesellschaft zu Hause sind, was sich unter anderem in ihrem Wohnort, ihren Sprachkenntnissen und ihrem lokalen Medienkonsum zeigt. Inwieweit diese Zielsetzung vor dem Hintergrund einer stärkeren Sozialisation der Korrespondenten in die israelische Lebenswelt auch in Hinblick auf die palästinensische Gesellschaft gelingt, muss in weiteren inhaltsanalytischen Studien untersucht werden. Eine Methodentriangulation aus qualitativen und quantitativen Forschungsmethoden ließe sich ebenfalls im Rahmen international vergleichender Forschung konzipieren.

# Bibliografie

Deutschlandfunk. (2009). Israel verweigert Journalisten Zutritt zum Krisengebiet. "Reporter ohne Grenzen" kritisiert Presseeinschränkungen durch Israel. *Deutschlandfunk.* http://www.dradio.de/dlf/sendungen/interview_dlf/901114/

Esser, F. (1998). *Die Kräfte hinter den Schlagzeilen. Englischer und deutscher Journalismus im Vergleich.* Freiburg: Verlag Karl Alber.

Götz, U. (2008). Korrespondenten im Kreuzfeuer – Das Berichtsgebiet Israel und die palästinensischen Gebiete. In O. Hahn, J. Lönnendonker, & R. Schröder (Hrsg.), *Deutsche Auslandskorrespondenten. Ein Handbuch* (S. 412-429). Konstanz: UVK.

Hafez, K. (2002). *Die politische Dimension der Auslandsberichterstattung.* Band 1: Theoretische Grundlagen. Baden-Baden: Nomos.

Hahn, O., Lönnendonker, J., & Scherschun, N. (2008). Forschungsstand – Deutsche Auslandskorrespondenten und -korrespondenz. In O. Hahn, J. Lönnendonker, & R. Schröder (Hrsg.), *Deutsche Auslandskorrespondenten. Ein Handbuch* (S. 19-43). Konstanz: UVK.

Hahn, O., Lönnendonker, J., & Schröder, R. (2008). Auslandskorrespondenten als Kontextvermittler zwischen den Kulturen. In O. Hahn, J. Lönnendonker, & R. Schröder (Hrsg.), *Deutsche Auslandskorrespondenten. Ein Handbuch* (S. 44-63). Konstanz: UVK.

Hamilton, J. M., & Jenner, E. (2004). Redefining foreign correspondence. *Journalism, 5,* S. 301-321.

Hanitzsch, T. (2009). Zur Wahrnehmung von Einflüssen im Journalismus. Komparative Befunde aus 17 Ländern. *Medien & Kommunikationswissenschaft, 57(4),* S. 153-173.

Hanitzsch, T., Anikina, M., & Berganza, R. (2010). Modelling Perceived Influences on Journalism: Evidence from a Cross-National Survey of Journalists. *Journalism & Mass Communication Quarterly, 87(1),* S. 7-24.

Hanitzsch, T., & Mellado, C. (2011). What shapes the news around the world? How Journalists in Eighteen Countries perceive influences on their work. *The International Journal of Press/Politics, 16(3)* , S. 404-426.

Hannerz, U. (2004). *Foreign News. Exploring the World of Foreign Correspondents.* Chicago: The University of Chicago Press.

Jürgens, G. (1973). Zum Selbstverständnis der Auslandskorrespondenten von ARD und ZDF. *Publizistik, 18*(4), S. 350-363.

Junghanns, K., & Hanitzsch, T. (2006). Deutsche Auslandskorrespondenten im Profil. *Medien & Kommunikationswissenschaft, 55*(3) , S. 412-429.

Keuneke, S. (2005). Qualitative Interviews. In L. Mikos & C. Wegener (Hrsg.), *Qualitative Medienforschung. Ein Handbuch* (S. 254-267). Konstanz: UVK.

Kübler, H.-D. (2005). Medienproduktionsforschung. In L. Mikos, & C. Wegener (Hrsg.), *Qualitative Medienforschung. Ein Handbuch* (S. 181-192). Konstanz: UVK.

Kunczik, M. (1998). *"Seiltänzer" in Krisengebieten - Auslandsberichterstattung im Fernsehen.* http://www.mediacultureonline.de/fileadmin/bibliothek/kunczik_seiltaenzer/kunczik_s eiltaenzer.html

Langenbucher, W. R. & Yasin, G. (2009). Produziert die Logik des Journalismus Anti-Israelismus? Von den Schwierigkeiten, aus Israel zu berichten. In C. Holtz-Bacha, G. Reus, & L. B. Becker (Hrsg.), *Wissenschaft mit Wirkung. Beiträge zur Journalismus- und Medienwirkungsforschung. Festschrift für Klaus Schönbach* (S. 257-278). Wiesbaden: VS.

Liebes, T. (1999). The Structure of Broadcasting as the Structure of Society. *Keshet, 25,* S. 88-97.

Lönnendonker, J. (2008). Methodische Vorbemerkungen. In O. Hahn, J. Lönnendonker, & R. Schröder (Hrsg.), *Deutsche Auslandskorrespondenten. Ein Handbuch* (S. 141-149). Konstanz: UVK.

Mayring, P. (2008). *Qualitative Inhaltsanalyse. Grundlagen und Techniken* (10. Aufl.). Weinheim und Basel: Beltz Verlag.

Mikich, S. (2003). Geistige Provinzialisierung. Eine Zustandsbeschreibung. In C. Cippitelli, & A. Schwanebeck (Hrsg.), *Nur Krisen, Kriege, Katastrophen? Auslandsberichterstattung im deutschen Fernsehen. Dokumentation der 21. Tutzinger Medientage* (S. 117-127). München: Verlag Reinhard Fischer.

Mükke, L. (2008). *Der Trend geht zum Generalisten und Feuerwehrmann. Ein Dossier zum Zustand der deutschen Auslandsberichterstattung.* netzwerk recherche e.V. http://www.netzwerkrecherche.de/files/nr-dossier-02.pdf

Nossek, H., & Rinnawi, K. (2003). Censorship and Freedom of the press under changing political regimes: Palestinian Media from Israeli Occupation to the Palestinian Authority. *Gazette: The International Journal for Communication Studies, 65(2)*, S. 183-202.

Pürer, H. (2003). *Publizistik und Kommuniationswissenschaft. Ein Handbuch.* Konstanz: UVK.

Reporters without borders. (2012). *Predators. Israeli Defence Forces.* http://en.rsf.org/predator-israel-defence-forces,42426.html

Reese, S. D. (2007). Journalism Research and the Hierarchy of Influences Model: A Global perspective. *Brazilian Journalism Research, 3(2)*, S. 29-42.

Reuter, C., & Seebold, I. (2000). *Medien und Meinungsfreiheit in Palästina.* Hamburg: Deutsches Orient-Institut.

Riesmeyer, C. (2010). Traumjob oder Albtraum? Deutsche Auslandskorrespondenten im Zeitalter von Internet und Globalisierung. In A. Hepp, M. Höhn, & J. Wimmer (Hrsg.), *Medienkultur im Wandel* (S. 421-434). Konstanz: UVK.

Rosen, B. (2008). *Das Selbstverständnis deutscher Chinakorrespondenten.* München: Freie wissenschaftliche Arbeit zur Erlangung des Grades eines Diplom-Journalisten an der sozialwissenschaftlichen Fakultät der Ludwig-Maximilians-Universität München.

Schwanebeck, A. (2003). Die Welt im Wohnzimmer. Was leisten Auslandsberichte im deutschen Fernsehen? In C. Cippitelli, & A. Schwanebeck (Hrsg.), *Nur Krisen, Kriege, Katastrophen?Auslandsberichterstattung im deutschen Fernsehen. Dokumentation der 21. Tutzinger Medientage* (S. 13-30). München: Verlag Reinhard Fischer.

Senfft, A. (2010). Wider die "Kultur des Konflikts": Israelis und Palästinenser im Dialog. *Aus Politik und Zeitgeschichte, 09/2010*, S. 3-9.

Siemes, A. (2000). *Auslandskorrespondenten in Polen. Nachbarschaftsvermittler zwischen Rollenverständnis und Arbeitsrealität.* Bochum: Bochumer Universitätsverlag.

Storch, K. (2008). Korrespondentenbericht: Zwischen Israelis und Palästinensern. In O. Hahn, J. Lönnendonker, & R. Schröder (Hrsg.), *Deutsche Auslandskorrespondenten. Ein Handbuch* (S. 429-431). Konstanz: UVK.

The Foreign Press Association. (2012). *About the FPA.* http://www.fpa.org.il/?categoryId=73837

Weingardt, M. A. (2005). Deutsche Israel-Politik: Etappen und Kontinuitäten. *Aus Politik und Zeitgeschichte, 05/2005*, S. 22-31.

Weischenberg, S., Malik, M., & Scholl, A. (2006a). *Die Souffleure der Mediengesellschaft. Report über die Journalisten in Deutschland.* Konstanz: UVK.

Weischenberg, S., Malik, M., & Scholl, A. (2006b). Journalismus in Deutschland 2005. Zentrale Befunde der aktuellen Repräsentativbefragung deutscher Journalisten. *Media Perspektiven, 7/2006*, S. 346-361.

Wolfsfeld, G. (2004). *Media and the Path to Peace.* New York: Cambridge University Press.

# Gaza revisited: Eine inhaltsanalytische Untersuchung der Berichterstattung deutscher Qualitätszeitungen über die Gaza-Kriege 2008/2009 und 2012

Mareike Witte[1]

## 1. Forschungsinteresse und Relevanz

Der Nahe Osten ist geprägt durch den bis heute andauernden Konflikt zwischen Juden und Arabern. Seit der Gründung des Staates Israel am 14. Mai 1948 kam es bisher zu sechs offiziellen Kriegen, zwei Aufständen (Intifadas) und einer Reihe gewalttätiger Auseinandersetzungen. Auch wenn die beiden letzten gewalttätigen Konflikte im Gaza-Streifen 2008/2009 und 2012 von Israel nicht offiziell als Kriege betrachtet, sondern als Operation „Gegossenes Blei" (2008/2009) bzw. Operation „Wolkensäule" (2012) bezeichnet werden, wird in dieser Studie wie auch in den deutschen Massenmedien von ‚Gaza-Kriegen' gesprochen. Im Rahmen dieser Studie wird unter Krieg die organisierte, mit Waffen und Gewalt ausgetragene Auseinandersetzung zwischen Staaten oder politischen Entitäten (hier: Israel und der Gaza-Streifen) verstanden.

Der Konflikt zwischen Israelis und Palästinenser lässt sich als „undurchschaubares Szenario" (Thomaß 2008, S. 303) einordnen. Seit Jahrzehnten kehrt im Nahen Osten kein dauerhafter Frieden ein, die Fronten scheinen verhärtet. Viele journalistische Nachrichten aus der Region behandeln entweder direkt oder indirekt den Konflikt zwischen beiden Parteien. Nachfolgend sollen sowohl die Darstellungsweise der israelischen und palästinensischen Seite in deutschen Qualitätszeitungen untersucht, als auch mögliche Entwicklungstendenzen der Berichterstattung erfasst werden.

Die forschungsleitende Frage dieser Arbeit lautet:

---

[1] Die Studie entstand unter Mitarbeit von Linda Brandes und Marie Przibylla.

*Wie berichten die deutschen überregionalen Tageszeitungen über die Gaza-Kriege 2008/2009 und 2012?*

Im Laufe der Untersuchung wird zunächst ein historischer Vergleich zwischen den Gaza-Kriegen 2008/2009 und 2012 gezogen. Im theoretischen Bezugsrahmen werden mögliche Einflussfaktoren auf die Berichterstattung genannt, insbesondere das News Management der Konfliktparteien sowie die redaktionelle Linie der jeweiligen Zeitung. Daran anschließend erörtern wir den Forschungsstand zur Nahostkonflikt-Berichterstattung zwischen 2002 und 2012. Schließlich werden zwei forschungsleitende Fragen abgeleitet, das methodische Vorgehen beschrieben und die Forschungs-ergebnisse vorgestellt und interpretiert. Es folgen Fazit und Ausblick mit Anregung zur weiterführenden Forschung.

## 2. Erster Gaza-Krieg 2008/2009 vs. zweiter Gaza-Krieg 2012

Die vorliegende Studie untersucht die Berichterstattung deutscher Qualitätszeitungen über die beiden Gaza-Kriege in den Jahren 2008/2009 und 2012. Zwar sind beide Konflikte im Kontext der andauernden Auseinandersetzungen zwischen Israelis und Palästinensern zu sehen, allerdings gibt es dezidierte Unterschiede zwischen den beiden Kriegen, die, so wird angenommen, auch die Berichterstattung beeinflussen könnten. Hierzu zählen unter anderem die Menge und Verteilung der Todesopfer bzw. der Betroffenen, die unterschiedlichen Zugangsmöglichkeiten zum Gaza-Streifen durch Journalisten sowie die Instrumentalisierung der Medien durch die israelische Armee und die Hamas.

### 2.1 Operation „Gegossenes Blei" (2008/2009)

Die Operation „Gegossenes Blei" (engl. *„Operation Cast Lead"*) wird am 27. Dezember 2008 von der israelische Regierung initiiert. Zuvor kam es wiederholt zu Raketenbeschuss der Hamas auf israelische Grenzdörfer (vgl. Landeszentrale für politische Bildung Baden-Württemberg 2009). Das israelische Militär plant die Operation mit dem offiziell verlauteten Ziel, diesem Raketenbeschuss ein Ende zu setzen (vgl. Amnesty International 2009, S. 1). Der militärische Einsatz beginnt mit einer Luftoffensive, der eine Bodenoffensive mit heftigen Kämpfen in und um Gaza-Stadt folgt (vgl. Cohen & White 2009, S. 13).

Am 17. Januar 2009 verkündet Israels Premierminister Ehud Olmert eine (einseitige) Waffenruhe und damit das Ende der militärischen Operationen im Gaza-Streifen, beginnend um Mitternacht. Am Folgetag gibt auch der stellvertretende Chef der Hamas, Moussa Abou Marzouk, einen Waffenstillstand bekannt (vgl. BBC 2009).

Basierend auf den Nachforschungen mehrerer großer Nichtregierungs-organisationen beläuft sich die Zahl der Toten auf palästinensischer Seite zwischen 1.387 und 1.417 Personen. Die palästinensische Autonomiebehörde zählt insgesamt 1.444 Opfer, während die israelische Regierung die Zahl der Toten auf 1.166 beziffert. Auf israelischer Seite kommt es laut der israelischen Regierung während der Auseinandersetzung zu vier Todesfällen auf israelischem Gebiet, darunter drei Zivilisten und ein Soldat. Weitere neun Soldaten werden während der Kampfhandlungen im Gaza-Streifen getötet (vgl. Human Rights Council 2009, S. 10f.).

Durch die Asymmetrie der Auseinandersetzung hinsichtlich des Waffen-einsatzes und der Opfer sowie aufgrund des Zugangsverbots zum Gaza-Streifen für ausländische Journalisten und die Ausrufung eines Zwei-Meilen-Sperrgebiets entlang der Grenze zum Gaza-Streifen verliert die israelische Regierung zunehmend internationale Sympathien (vgl. Koltermann 2010, S. 13). Trotz einer Entscheidung des israelischen Obersten Gerichtshofes Ende Dezember 2008, zwölf Journalisten umgehend in den Gaza-Streifen zu lassen, hält die israelische Armee das Einreiseverbot für Journalisten aufrecht. Erst gegen Ende des Kriegs dürfen Journalisten während ‚humanitärer Feuerpausen‘ für einige Stunden in den Gaza-Streifen, begleitet von der israelischen Armee (vgl. ebd., S. 14). Zu den PR-Aktivitäten der israelischen Armee zählen die Einrichtung eines Pressezentrums in der Grenzstadt Sderot und die Aussendung von Pressesprechern und hochrangigen Regierungsvertretern auf den ‚hill of shame‘, den sog. ‚Journalistenhügel‘ in der Nähe der Sperrzone. Zudem wird erstmalig das Internet strategisch eingesetzt mittels digitaler Verbreitung von Filmen über den Armee-eigenen YouTube-Kanal. Palästinensische Aktivisten reagieren mit Amateuraufnahmen aus dem Gaza-Streifen in einer Vielzahl von Blogs und YouTube-Videos (vgl. ebd., S. 13 f.). Erschwert wird die journalistische Recherche zudem aufgrund der Zerstörung der journalistischen und zivilen Infrastruktur durch die israelische Armee im Gaza-Streifen (vgl. Johannsen 2011, S. 50) sowie die Zensur der Hamas (vgl. Koltermann 2010, S. 13). So werden palästinensische Journalisten aus dem Gaza-Streifen in ihrer Arbeit behindert, indem sie zwar Berichte über Opfer veröffentlichen dürfen, aber im Falle von kritischer Berichterstattung von der Hamas bedroht werden. Als einziger internationaler Nachrichtensender berichtet Al-Jazeera während des gesamten Kriegs live aus einem Büro im Gaza-Streifen (vgl. ebd.).

## 2.2 Operation „Wolkensäule" (2012)

Nach andauerndem Raketenbeschuss durch die Hamas auf israelisches Gebiet sowie israelischen Offensiven in den palästinensischen Grenzgebieten beginnt am 14. November 2012 die Operation „Wolkensäule" (engl. *Operation Pillar of Defense*). Während der erste Gaza-Krieg 2008/2009 drei Wochen andauert, ist der zweite Gaza-Krieg schon nach acht Tagen beendet und wird von israelischer Seite ausschließlich aus der Luft geführt. Am ersten Tag der Operation kommt der Militärchef der Hamas Ahmed al-Jabari durch eine israelische Rakete ums Leben. Bei einem Raketenbeschuss aus Gaza am darauffolgenden Tag werden die südlichen Außenbezirke Tel Avivs erreicht (vgl. United Nations Information System on the Question of Palestine 2012).

In Kairo kommt es unter Vermittlung der USA am 21. November 2012 zu einem Waffenstillstandsabkommen zwischen der israelischen Regierung und der Hamas. Bedingungen sind unter anderem auf israelischer Seite, den Raketenbeschuss durch militante palästinensische Splittergruppen aus dem Gaza-Streifen zu unterbinden. Im Gegenzug willigt Israel ein, die gezielte Tötung von Führungspersonen der Hamas einzustellen (vgl. ebd.). Nach Angaben der israelischen Nicht-Regierungsorganisation *B'Tselem* kommen insgesamt mindestens 176 Palästinenser und vier Israelis ums Leben (vgl. Stein 2013, S. 3). Das israelische Außenministerium spricht von insgesamt sechs getöteten Israelis (vgl. Israel Ministry of Foreign Affairs 2012).

Begleitet wird die Auseinandersetzung von einer neuen Medienstrategie der israelischen Regierung, um die öffentliche Meinung zu gewinnen: Anders als beim PR-Debakel 2008/2009 bemüht sich die israelische Armee mit einer „Charme-Offensive" um ausländische Journalisten und gewährt freien Zugang zum Gaza-Streifen (Salloum 2012). Sowohl die israelische Armee als auch die Hamas nutzen zur Selbstdarstellung den Onlinedienst Twitter. Al-Jazeera gilt dagegen vielen als "Instrument des katarischen Staates" und der Hamas (vgl. Weber 2012).

# 3. Theoretischer Bezugsrahmen

In der Mediendemokratie übernehmen Massenmedien eine Reihe politischer Funktionen. Zu den zentralen öffentlichen Aufgaben der Medien zählen die auf Artikel 5 des Grundgesetzes basierenden Aufgaben der Informationsvermittlung, die Kritik- und Kontrollfunktion, die gesellschaftliche Integration sowie die Orientierungsfunktion der Medien (vgl. Voltmer 1998, S. 29ff.). Medien haben eine große Bedeutung für den Willensbildungsprozess und die Vermittlung von politischen Inhalten (vgl. Ronneberger 1974). Eine der wichtigsten politischen Funktionen ist die Herstellung von Öffentlichkeit durch die Vermittlung von Informationen (vgl. Ronneberger 1974, S. 199). Massenmedien sind aber nicht nur Vermittlungsinstanz, sondern agieren auch eigenständig als „partizipierende Akteure" (Schulz 1993, S. 36) mit eigenen Wertvorstellungen, Handlungsautonomie und eigener Logik. Der autonome Status mit der Möglichkeit, klare Positionen beziehen zu können, macht sie als ‚vierte Gewalt' im Staat zu einer wichtigen Einflussgröße auf die Politik (vgl. Pfetsch & Adam 2008; Lüter 2008). Massenmedien können im politischen Kommunikationsprozess das gesellschaftliche Image eines politischen Akteurs und die öffentliche Meinung über einen Konflikt prägen. Insbesondere im Kommentar besitzen sie das Mandat zur Meinungsäußerung und werden zum Produzenten öffentlicher Meinungen (vgl. Eilders 2008, S. 27). Im Rahmen dieser Studie sind insbesondere die Orientierungs- sowie die Kritik- und Kontrollfunktion der Medien von Relevanz, denn Medien agieren als orientierende Instanzen, indem sie Fakten einordnen, deuten, Ursachen und Erklärungszusammenhänge aufzeigen sowie Handlungen von Akteuren bewerten (vgl. Voltmer 1998, S. 30; Lüter 2008, S. 219).

Diese Orientierungs-, Kritik- und Kontrollfunktion der Medien kann jedoch durch eine Reihe von Faktoren inhaltlich beeinflusst werden. Extern können Public-Diplomacy-Maßnahmen wie das News Management von staatlichen Akteuren sowie intern die redaktionelle Linie einzelner Zeitungen in diese essentiellen Aufgaben der Medien intervenieren.

## 3.1 Politische PR und News Management

In der kommunikationswissenschaftlichen PR-Forschung bezeichnet das News bzw. Issue Management eine der drei Public Diplomacy-Strategien, die in enger Verbindung mit dem Agenda-Setting- und Framing-Ansatz stehen (vgl. Leonard et al. 2002; Hahn et al. 2006). Public Diplomacy ist ein dialogischer, in der Regel langfristiger Kommunikationsprozess zwischen einem Staat oder Nicht-Regierungsakteur und ausländischen Öffentlichkeiten u.a. via Massenmedien. Im Gegensatz zu den pro-aktiven Konzepten der „Strategischen Kommunikation" und des „Beziehungsaufbaus" bezeichnet das reaktive „News Management" die Strategie, innerhalb „einer kurzen Zeitspanne (...) auf konkrete Ereignisse mit adäquaten Public Diplomacy-Maßnahmen zu reagieren" (Ostrowski 2010, S. 23), also das klassische Media Relations-Management. Die Agenda-Setting-Strategie des News Managements verfolgt die Absicht, gezielt Themen vorwegzugreifen und diese insbesondere über die Massenmedien zu implementieren (vgl. Hahn et al. 2006). Dies kann laut Pfetsch (1999) über Personalisierung, Dramatisierung und Image Building zur Herstellung einer positiven Berichterstattung (medienzentriertes News Management) oder über Negativismus und Framing zur Durchsetzung einer politischen Meinung zu einem Thema (politisches News Management) vollzogen werden (vgl. Hahn et al. 2006).

## 3.2 Redaktionelle Linie

Die redaktionelle Linie einer Zeitung bestimmt die politische Werthaltung der Redaktion und dient der Strukturierung von Inhalten und der Abgrenzung zu anderen Medien im Wettbewerb. Sie ist das „Entscheidungsprogramm der Redaktion" (Schönbach 1977, S. 131), das Sachverhalte in einen bestimmten Sinn- und Wertekomplex setzt und die Interpretation und Bewertung aktueller Konflikte determiniert (vgl. Voltmer 1998, S. 53). Die redaktionelle Linie ist „Teil einer historisch gewachsenen publizistischen Identität" (Voltmer 1997, S. 159) und bestimmt vor allem den Kommentar in den Printmedien, da die Redaktion an dieser Stelle aufgefordert ist, Meinungen zu äußern und bewertend Stellung zu nehmen (vgl. Schönbach 1977).
Die „wirkungsvollste" Dimensionalisierung der redaktionellen Linie einer Redaktion lässt sich anhand der politischen Links-Rechts-Dimension vornehmen (Voltmer 1998, S. 55). Demnach lassen sich Medien hinsichtlich ihrer politischen Berichterstattung analog zur Verortung der Parteien im politischen System einem politisch-publizistischen Links-Rechts-Spektrum zuordnen (vgl. Kepplinger 1989, S. 45). Donsbach, Wolling und von Blomberg (1996, S. 348) bestätigten dies im Rahmen einer internationalen Journalistenbefragung und stellten fest, dass „für die Breite des Medienspektrums und die Parallelität von Medien- und Parteienspektrum [...] die Tageszeitungen verantwortlich sind". So ist insbesondere der

Unterschied zwischen den vier überregionalen Tageszeitungen *Frankfurter Rundschau, Süddeutsche Zeitung, Frankfurter Allgemeine Zeitung* und *Die Welt,* die das politische Spektrum von ausgeprägt links, gemäßigt links, gemäßigt konservativ bis ausgeprägt rechts abbilden, in Bezug auf ihre Links-Rechts-Ausrichtung bedeutend. Nachfolgende Studien u.a. von Voltmer (1997), Eilders et al. (2004) und Siebel (2007) konnten diese politische Verankerung der großen Qualitätszeitungen mittels Inhaltsanalysen der Berichterstattung und Expertenbefragungen bestätigen.

Zusammenfassend lässt sich festhalten, dass Massenmedien speziell im Kommentar aufgrund des Trennungsgebots von Nachricht und Meinung ihrer Rolle als eigenständige Akteure nachkommen und eine Steuerungsfunktion in der öffentlichen Meinungsbildung und der Themenstrukturierung besitzen. Als wichtige Einflussfaktoren auf Inhalt und Struktur der Berichterstattung insbesondere in Konfliktsituationen werden das News Management der involvierten Akteure sowie die redaktionelle Linie der jeweiligen Zeitung identifiziert. Vor dem Hintergrund dieser beiden möglichen Einflussfaktoren soll die Berichterstattung über die Gaza-Kriege 2008/2009 und 2012 erfolgen.

# 4. Aktueller Forschungsstand

Zahlreiche Studien haben die Berichterstattung über den Nahostkonflikt inhaltsanalytisch untersucht und sind dabei zu durchaus widersprüchlichen Ergebnissen gekommen. Vor dem Hintergrund des Forschungsinteresses sollen einige der so erzielten Erkenntnisse gewürdigt werden. Häufig wird nach einer Bewertung der handelnden israelischen und palästinensischen Akteure gefragt und ihre Verortung als Aggressor oder Opfer vorgenommen.

So untersuchte das Institut für empirische Medienforschung (IFEM) 2002 das Bild vom Nahen Osten in den Hauptnachrichtensendungen *Tagesschau, heute, RTL aktuell* und *18:30* der vier größten deutschen Fernsehsender *ARD, ZDF, RTL* und *SAT.1.* Die Studie kommt zu dem Schluss, dass die neutrale Berichterstattung mit nur wenigen expliziten Bewertungen durch die Journalisten überwiegt. Wertungen der Konfliktgegner werden oftmals durch die kontroverse Darstellung beider Konfliktparteien „neutralisiert" (ebd., S. 46). Hinsichtlich der untersuchten Fernsehsender lassen sich lediglich Unterschiede zwischen den öffentlich-rechtlichen und den privaten Sendern feststellen: Während *ARD* und *ZDF* zurückhaltender, weniger dramatisch, „wesentlich umfangreicher", „politisch differenzierter und mit mehr Hintergrund berichten", ist dies bei *RTL* und *SAT.1* seltener der Fall (ebd.).

Die qualitative Diskursanalyse von Siegfried und Margarete Jäger (2003) sichtete die Wochen- und Tageszeitungen *Frankfurter Allgemeine Zeitung, Frankfurter Rundschau, Der Spiegel, Tagesspiegel, taz* und *Welt* zu vier besonderen Ereignissen. Die Analyse des Konfliktdiskurses zeigt, dass die israelische Konfliktpartei stark negativ charakterisiert wird und die palästinensische Seite zwar auch kritisiert, aber deutlicher in der Opferrolle präsentiert wird (vgl. ebd., S. 29). Vor allem hinsichtlich der Kritik an israelischen Akteuren wird deutlich, dass „sich Journalist*innen häufig hinter Zitaten in direkter und indirekter Rede oder/und auf Interviews zurückziehen und damit Kritik oder Sympathie stellvertretend zum Ausdruck bringen lassen (Israelis kritisieren Israelis)" (ebd., S. 30).

Aufbauend auf diesen Erkenntnissen analysierte Robert Beyer (2007) das News Bias und die Kritik an Israel in der Nahost-Berichterstattung der *Tagesschau* nach dem Ende der Zweiten Intifada. Beyer konstatiert, dass Israel vorwiegend in Verbindung mit negativen Entwicklungen in Erscheinung tritt (vgl. ebd., S. 4). Zudem verzichte die *Tagesschau* überwiegend auf explizite Wertungen, kritisiere die israelische Konfliktpartei aber implizit, „allerdings nicht über die Reduktion von Glaubwürdigkeit, Emotionalisierung oder Komplexanaphern" (ebd.). In Bezug auf die Aggressor- und Opfer-Rolle sowie die implizite Wertung ließ sich ein gemäßigtes News Bias zuungunsten der israelischen Konfliktpartei identifizieren (vgl. ebd., S. 107).

Irmgard Wetzstein (2011) untersuchte die Berichterstattung über den ersten Gaza-Krieg in der britischen Wochenzeitung *The Guardian Weekly*, im deutschen Nachrichtenmagazin *Der Spiegel*, der deutschen Wochenzeitung *Die Zeit* und im österreichischen Nachrichtemagazin *Profil* mittels einer qualitativen und quantitativen Inhaltanalyse. Zu den zentralen Erkenntnissen zählt, dass im *Spiegel* beide Konfliktparteien ausgeglichen dargestellt würden, während in der *Zeit* die palästinensische sowie in *Profil* und *Guardian Weekly* die Darstellung der israelischen Seite überwiege. Die Berichterstattung sei in allen vier Zeitschriften „hauptsächlich problem-orientiert" (ebd., S. 197). Die Lösungsorientierung und Zukunftsperspektiven des Nahostkonflikts spielten nur „eine untergeordnete Rolle" (ebd.), beziehen sich eher auf die territoriale Frage (vgl. ebd., S. 199) und weisen eine „eher negative Tendenz auf" (ebd.).

Aufbauend auf der Studie des IFEM (2002) untersuchte Matthias Galle (2010) die Bilder und Berichterstattung der linken deutschen Tageszeitungen *taz, Neues Deutschland* und *junge Welt* sowie der linksliberalen *Süddeutschen Zeitung* über den Gaza-Krieg 2008/2009 hinsichtlich ihrer Positionierung zu den Konfliktparteien. Galle resümiert, dass in der Nahostberichterstattung insgesamt die israelischen Akteure stärker zu Wort kommen (vgl. ebd., S. 40 f.). Zudem wird in allen Zeitungen überwiegend die israelische Konfliktpartei als Aggressor dargestellt, in der *taz* und der *jungen Welt* dabei stärker als im *Neuen Deutschland*. Während die *Süddeutsche Zeitung* die Rechtfertigungen der israelischen Seite stärker hervorhebt, stellen die drei linken Zeitungen sowohl die Motive der Hamas als auch die der israelischen Konfliktpartei dar (vgl. Galle 2010, S. 41). Wertungen durch die Journalisten fallen in allen vier – insbesondere den drei linken – Tageszeitungen vor allem zuungunsten Israels aus. Hinsichtlich der Wertungen in Zitaten wird deutlich, dass die zitierten Quellen in der *Süddeutschen Zeitung* die israelische Konfliktpartei kritischer beurteilen als die Quellen in den drei linken Tageszeitungen. Insgesamt stellt Galle fest, dass die *junge Welt* eine israelkritischere und pro-palästinensischere Haltung einnimmt als *taz* und *Neues Deutschland* (vgl. ebd., S. 42f.). Der Autor betont dabei die „ambivalente Positionierung der *taz*" (ebd., S. 43), die zwar die Aggressor-Rolle Israels und die Opferrolle der Palästinenser herausstellt und in Wertungen die israelische Konfliktpartei stärker kritisiert, aber gleichzeitig die israelischen Rechtfertigungen beschreibt und in Zitaten auch die Palästinenser kritisiert. Schließlich unterstreicht Galle die Asymmetrie des Gaza-Kriegs mit der übermächtigen israelischen Armee auf der einen und der „primitiv" (ebd., S. 44) ausgerüsteten Hamas auf der anderen Seite sowie die Behinderung der journalistischen Arbeit sowohl durch die israelische Armee mit der Einschränkung des Zugangs für Journalisten zum Gaza-Streifen als auch durch die Hamas, die kritische palästinensische Journalisten unter Druck setzte.

Markus Maurer und Wilhelm Kempf (2011) vergleichen Nachrichtentexte in den deutschen Qualitätszeitungen *Die Welt, Frankfurter Allgemeine Zeitung, Süddeutsche Zeitung, Frankfurter Rundschau* und *taz* während der Zweiten Intifada sowie während des ersten Gaza-Kriegs. Insgesamt konstatieren sie eine komplexe und differenzierte Berichterstattung: Es lässt sich kein anti-israelisches Bias identifizieren, da die untersuchten Qualitätszeitungen eine kritische Distanz gegenüber beiden Seiten einnehmen (vgl. ebd., S. 1). Die Israelis werden zunehmend in der Verteidigungsposition dargestellt, während die Bedrohung der Palästinenser häufiger während des ersten Gaza-Kriegs thematisiert wird. Ein Großteil der

Artikel kritisiert das Verhalten der israelischen Armee zwar, rechtfertigte dieses aber zugleich (vgl. ebd., S. 19). Auf palästinensischer Seite überwiegt in beiden Konflikten die Kritik gegenüber der Rechtfertigung. Im Hinblick auf Unterschiede zwischen den beiden Konflikten lässt sich eine Tendenz zur positiveren Berichterstattung über die israelische Konfliktpartei feststellen (vgl. ebd.). Bezüglich der Opferdarstellung verlagert sich die Opferrepräsentation zugunsten der Palästinenser, die jedoch durch die zunehmend Israel-freundliche Berichterstattung relativiert wird. Unterschiede zwischen den einzelnen Qualitätszeitungen werden nicht thematisiert.

Darauf aufbauend berücksichtigt Felix Gaisbauer (2012) in seiner quantitativen Inhaltsanalyse auch die Eigen-Viktimisierung der Palästinenser. Mit dem gleichen Untersuchungsmaterial wie Maurer und Kempf (2011) analysiert er die Darstellung „von israelischen und palästinensischen Opfern sowie die Verantwortlichkeitsdarstellung für diese Viktimisierung" (ebd., S. 1). Dabei arbeitet er latente Berichterstattungsmuster heraus und stellt zunächst analog zu Maurer und Kempf (2011) fest, dass die Darstellung palästinensischer, militärischer Opfer überwiegt, gleichzeitig aber auch häufiger palästinensische Handlungen als „Gewaltakte" (ebd., S. 22) thematisiert werden. Im Vergleich der beiden Konflikte findet eine Verschiebung der Täter-/Opferrolle statt: Während die israelische Konfliktpartei während der Zweiten Intifada in der Opferrolle dargestellt wird, nimmt diese Rolle im ersten Gaza-Krieg die palästinensische Seite stärker ein. Die identifizierten Bias-Formen lassen sich als „globale Phänomene der deutschen (Print-)Medienlandschaft" (ebd.) beschreiben. Damit können keine spezifischen Unterschiede zwischen den einzelnen Qualitätszeitungen identifiziert werden. Insgesamt konstatiert Gaisbauer einen „Wechsel in der Opferrolle und die Annäherung in der Verantwortlichkeitsdarstellung" von der Zweiten Intifada zum ersten Gaza-Krieg (ebd.).

Der Forschungsstand zur Darstellung des Nahostkonflikts in deutschen überregionalen Medien zeigt, dass es keine Längsschnittuntersuchung zum zweiten Gaza-Krieg gibt und die Berichterstattung über die beiden Gaza-Kriege bisher unzureichend untersucht wurde. Die vorliegende Studie bezieht sich auf die in der kommunikationswissenschaftlichen Literatur als relevant identifizierten Dimensionen *Darstellung der Aggressor- und Betroffenenrolle, Wertungen durch den Autor* bzw. *in Zitaten, Wichtigkeit der Akteure* sowie *Nennung von Rechtfertigungen, Kriegsursachen* und *Lösungsansätzen.*

# 5. Konkretisierung des Forschungsinteresses

In dieser Untersuchung liegt der Fokus auf der tatsachen- und meinungsbetonten Berichterstattung über die beiden Gaza-Kriege 2008/2009 und 2012 durch überregionale deutsche Tageszeitungen. Sie bilden ein breites politisches Spektrum ab und gelten als politisch mächtige Medien mit hoher journalistischer Qualität. Ein Schwerpunkt der Studie liegt auf der Positionierung der überregionalen Tageszeitungen im publizistischen Links-Rechts-Spektrum. Diese Analyse erscheint wichtig, da die empirischen Studien von Donsbach et al. (1996), Voltmer (1997), Eilders et al. (2004), Siebel (2007), Lüter (2008), Galle (2010) und Wetzstein (2011) auf Differenzierungen gemäß der redaktionellen Linie hindeuten. Allerdings haben die vorgestellten Untersuchungen auch deutlich gemacht, dass es hier widersprüchliche Erkenntnisse gibt (vgl. Gaisbauer 2012). Insofern erscheint vor dem Hintergrund der dargelegten Unterschiedlichkeit der Kriege und der Einflussnahme durch das News Management der israelischen Armee und der Hamas auch ein Fokus auf die Unterschiede der Berichterstattung im Zeitverlauf interessant.

Daraus resultierend lassen sich zwei forschungsleitende Fragen ableiten:

1. *Welche Entwicklungstendenzen lassen sich in der Berichterstattung über Israel und die palästinensischen Gebiete im Vergleich der Gaza-Kriege 2008/2009 und 2012 feststellen?*
2. *Lassen sich im Zeitverlauf Unterschiede zwischen den deutschen Qualitätszeitungen entsprechend ihrer Positionierung im publizistischen Links-Rechts-Spektrum feststellen?*

# 6. Methodisches Vorgehen

Diese Studie untersucht die Berichterstattung deutscher überregionaler Tageszeitungen über die Gaza-Kriege 2008/2009 und 2012 mittels einer quantitativen Inhaltsanalyse. Die Inhaltsanalyse dient der „systematischen, intersubjektiv nachvollziehbaren Beschreibung inhaltlicher und formaler Merkmale von Mitteilungen" (Früh 2007, S. 27) und ermöglicht durch eine Komplexitätsreduktion die Identifikation zentraler Muster in der Berichterstattung (vgl. Rössler 2005, S. 17). Die beiden Untersuchungszeiträume umfassen die Berichterstattung jeweils nach Ausbruch des ersten und zweiten Gaza-Kriegs bis einen Tag nach dem

Waffenstillstand.

Analysiert werden die *Frankfurter Allgemeine Zeitung (FAZ)* und die *tageszeitung (taz)*, die sich dem konservativ-liberalen bzw. linken publizistischen Spektrum zuordnen lassen. Beide gelten als deutsche Qualitätszeitungen mit ausgeprägter überregionaler Berichterstattung (vgl. Voltmer 1998, S. 89). Sie zählen zu den meist zitierten Medien in Deutschland: Die *taz* belegt im Ranking aller Medien 2013 Platz 30 und die *FAZ* Rang 7 (vgl. PMG Presse-Monitor 2013). Die wesentlichen Unterschiede zwischen *FAZ* und *taz* bestehen in ihrer redaktionellen Linie sowie in der Größe und Zusammensetzung ihrer Leserschaft. Die unterschiedliche Verortung im publizistischen Links-Rechts-Spektrum gewährleistet eine gewisse Varianz in der politischen Ausrichtung der Redaktionen und ihrer möglichen Einstellungen zum Nahostkonflikt.

Die Grundgesamtheit dieser Untersuchung bilden alle Artikel der überregional verbreiteten Ausgaben beider Zeitungen vom 27.12.2008 bis 19.01.2009 sowie vom 14.11.2012 bis 23.11.2012, die im Titel, Untertitel oder der Einleitung mindestens einen der Begriffe „Israel*", „Palästin*" oder „Gaza*" enthalten. Die Auswahl der Untersuchungseinheiten erfolgt über die digitale Suche in den Online-Archiven beider Zeitungen. Die Studie bezieht sich ausschließlich auf nachrichtliche Artikel und Kommentare. Artikel, in denen zwar das Aufgreifkriterium erfüllt ist, der Inhalt jedoch nicht von Israel und den palästinensischen Gebieten handelt, werden exkludiert. Eingeschlossen sind dagegen auch Artikel, in denen es nicht primär um konkrete Kampfhandlungen und gewalttätige Auseinandersetzungen im Gaza-Krieg geht. So soll festgestellt werden, wie viel Platz für welche Themen im Zusammenhang mit den Gaza-Kriegen geschaffen wird. Insgesamt werden auf diese Weise 302 Artikel identifiziert, die die Grundgesamtheit bilden.

Zur Analyse der medialen Darstellung der beiden Gaza-Kriege wurde anschließend eine Vollerhebung durchgeführt. Das hierfür erstellte Codebuch umfasst alle „Kriterien, anhand derer das Untersuchungsmaterial" analysiert wird, sowie „die konkreten Anweisungen für das Vorgehen der Codierer", um „bei wiederholter Anwendung auf dasselbe Material" die gleichen Ergebnisse zu erzielen und die intersubjektive Nachvollziehbarkeit der Ergebnisse sicherzustellen (Rössler 2005, S. 87). Zunächst werden im ersten Schritt die formalen Merkmale erfasst, und in einem zweiten Schritt die formal-inhaltlichen Variablen untersucht, zu denen das Sachgebiet, das Hauptthema, die geografische Verortung des Hauptthemas, die Aggressor- bzw. Betroffenenrolle sowie die drei erstgenannten Akteure zählen. Schließlich umfasst das Codebuch im dritten Schritt inhaltliche Elemente.

Dabei werden entlang der Frame-Definition von Entman (1993) Elemente in vier Dimensionen erhoben, die typischerweise Artikel inhaltlich strukturieren: *Bewertung, Ursachenbeschreibung, Problemdefinition* sowie *Lösungsansätze.* Die Variablen Handlungsbewertung, Wertungen durch den Autor bzw. in Zitaten und Rechtfertigungen sind der Dimension *Bewertung* zuzuordnen, die Kriegsursache den Dimensionen *Ursachen-beschreibung/Problemdefinition* sowie die Partei der Konfliktlösung und der Konfliktlösungsansatz der Dimension *Lösungsansätze.* Die einzelnen Variablen werden dabei deduktiv „aus der Forschungsliteratur theoretisch" abgeleitet bzw. im Fall der Variablen in den Dimensionen *Ursachen-beschreibung, Problemdefinition* und *Lösungsansätze* induktiv am Material überprüft und gegebenenfalls neu generiert (Matthes & Kohring 2004, S. 60).

Die Analyse der 302 Artikel wird durch die drei Forscherinnen durchgeführt. Die Zuverlässigkeit der Codierung überprüft anschließend die Berechnung der Inter- und Intracoder-Reliabilität. Die Intercoder-Reliabilität, die Übereinstimmung zwischen den Codiererinnen, kann mit einem Gesamtwert von R=0.84 als zufriedenstellend betrachtet werden. Zur Bestimmung wurden fünf zufällig ausgewählte Artikel von allen drei Codiererinnen analysiert. Die Codier-Schwächen lagen bei der Erhebung der Hauptursache der Gaza-Kriege (R=0.56) und den Wertungen (R=0.67).
Die Berechnung der Intracoder-Reliabilität, die Übereinstimmung der Codierungen einer Person zu zwei unterschiedlichen Zeitpunkten, erfolgt durch drei Artikel. Alle drei Codiererinnen erzielen mit mehr als 90 Prozent Übereinstimmung sehr gute Reliabilitätswerte. Die globalen Reliabilitätswerte von R=0.84 (Intercoder-Reliabilität) und R=0.97 (Intra-coder-Reliabilität) sprechen insgesamt für eine gute Reproduzierbarkeit der empirischen Untersuchung. Daher können die vorliegenden Daten zur Auswertung herangezogen werden.

# 7. Beschreibung und Interpretation der Ergebnisse

Im Zeitraum der Untersuchung werden 302 Artikel erfasst, von denen 172 Artikel auf die *FAZ* und 130 auf die *taz* entfallen. Zur Beantwortung der beiden Forschungsfragen werden aufgrund der nominalen Datenstruktur überwiegend deskriptive Kreuztabellen berechnet, mit Cramer's V als Zusammenhangsmaß. Zunächst wird ein Überblick über die Daten gegeben. Dann bilden analog zu den Forschungsfragen zunächst die nominalskalierte

Variable **Zeit** den Regressor und anschließend die beiden nominalskalierten Variablen **Zeitung** und **Zeit**. Bei der vorliegenden Studie handelt es sich um eine Vollerhebung, daher „werden keine statistischen Signifikanzen berechnet" (Wetzstein 2011, S. 145).

## *Überblick*

Zum allgemeinen Überblick über die empirischen Forschungsergebnisse wird der typische Artikel[2] der Grundgesamtheit von 302 Artikeln beschrieben. Dieser Artikel ist in der *FAZ* erschienen (n=172), mittellang (MW=484 Wörter), befasst sich mit dem ersten Gaza-Krieg 2008/09 (n=238), der Autor des Artikels ist Auslandskorrespondent (n=145), der Artikel ist in einer tatsachenbetonten Form geschrieben (n=232), er lässt sich dem Sachgebiet „Politik" zuordnen (n=258) und befasst sich thematisch mit „Kriegsführung/Kriegsverlauf" (n=81), wobei sich das Thema geografisch im Gaza-Streifen bzw. im Westjordanland verorten lässt (n=145). In der Berichterstattung lässt sich keine Darstellung der Aggressor-/Betroffenen-Rolle erkennen (n=126), der am häufigsten genannte Akteur[3] ist die israelische Regierung (n=195), vom Autor (n=209) sowie in Zitaten (n=165) wird keine Wertung vorgenommen, es werden keine Rechtfertigungen dargestellt (n=116) und es wird weder eine Hauptursache für die Gaza-Kriege (n=229) noch ein Lösungsansatz (n=201) oder eine Partei der Konfliktlösung (n=219) benannt.

## 7.1 Forschungsfrage 1: Unterschiede im Zeitverlauf

*Welche Entwicklungstendenzen lassen sich in der Berichterstattung über Israel und die palästinensischen Gebiete im Vergleich der Gaza-Kriege 2008/2009 und 2012 feststellen?*

### *Formales*

Die Intensität der Berichterstattung unterscheidet sich aufgrund der unterschiedlichen Dauer der beiden Gaza-Kriege stark: Im ersten Gaza-Krieg 2008/2009 wird mit 238 Artikeln deutlich intensiver über den Konflikt

---

[2] Aufgrund des hauptsächlich nominalen Skalenniveaus werden hier keine mathematischen Durchschnitte berechnet, sondern die jeweils häufigsten Ausprägungen (Modus) stellvertretend gewählt.
[3] Codiert wurden nicht alle Akteure, sondern die in der Überschrift und im Fließtext drei erstgenannten.

berichtet als während des zweiten Gaza-Kriegs 2012 mit lediglich 64 Artikeln.

Insgesamt fällt auf, dass bei beiden Zeitungen der Großteil der Artikel von Auslandskorrespondenten verfasst wird. Dabei handelt es sich insbesondere um Jörg Bremer (*FAZ*), Hans-Christian Rößler (*FAZ*) und Susanne Knaul (*taz*) in Israel sowie Rainer Hermann (*FAZ*), Markus Bickel (*FAZ*) und Karim El-Gawhary (*taz*) in Kairo. Im Hinblick auf den Zeitverlauf und die jeweilige Nachrichtenquelle zeigt sich, dass während des ersten Gaza-Kriegs stärker namentlich genannte Autoren (eher redaktionsinterne Analysten), die Redaktion sowie Gastautoren Urheber der Nachricht sind, im zweiten Gaza-Krieg häufiger die Auslandskorrespondenten direkt aus dem Krisengebiet berichten. Dies lässt sich insbesondere darauf zurückführen, dass die israelische Regierung während des ersten Gaza-Kriegs ein Einreiseverbot für ausländische Reporter in den Gaza-Streifen durchgesetzt hatte. Während des zweiten Gaza-Kriegs agiert die israelische Armee auskunftsfreudiger und weniger restriktiv, sodass eine höhere Anzahl an Korrespondenten- und Agenturberichten möglich ist. Die Veröffentlichung von Korrespondentenberichten suggeriert eine höhere Authentizität und Glaubwürdigkeit der Berichterstattung.

**Tabelle 1 – Kreuztabelle: Gaza-Kriege und Art des Autors (in Prozent)[4]**

|  | 1. Gaza-Krieg (n= 233) | 2. Gaza-Krieg (n= 63) |
|---|---|---|
| Namentlich genannte/r Autor/in | 36 | 18 |
| Korrespondent/in | 45 | 64 |
| Gastautor/in | 3 | 2 |
| Redaktion | 7 | 3 |
| Nachrichtenagentur und Autor/in | 1 | 6 |
| Nachrichtenagentur | 7 | 8 |

*Note. n= 296; V= .231. Die Differenz zwischen den untersuchten 296 Artikeln und der Grundgesamtheit (N = 302) kommt dadurch zustande, da in sechs Artikeln kein Autor benannt worden ist.*

## Sachgebiet und Themen

Hinsichtlich der Variable Sachgebiet wird deutlich, dass in der Berichterstattung über den zweiten Gaza-Krieg das Sachgebiet „Politik" häufiger thematisiert wird (84 bzw. 91 Prozent), während im ersten Gaza-

---

[4] Die Angaben zu Prozentwerten sind ohne Nachkommastelle gerundet.

Krieg zu einem geringen Anteil auch Soziales und Gesellschaft stärker thematisiert werden (8 bzw. 3 Prozent). Bei der differenzierten Themenanalyse fällt auf, dass allgemein über Themen wie Kriegsführung/Kriegsverlauf, Friedensverhandlungen/Diplomatie und Waffenstillstand/Waffenruhe vermehrt berichtet wird. Eine auffällige Veränderung im Zeitverlauf ist jedoch nicht erkennbar.

### Aggressor- und Betroffenen-Rolle

Aufschlussreich sind die Ergebnisse zur Darstellung der Aggressor- und Betroffenenrolle. Die auffälligste Entwicklungstendenz zeigt sich hinsichtlich der israelischen Konfliktpartei: Wird diese im ersten Gaza-Krieg noch in 28 Prozent der Artikel in der Aggressor-Rolle präsentiert, sinkt dieser Wert im zweiten Gaza-Krieg auf 11 Prozent. Dies lässt sich wahrscheinlich auf den schnellen und weniger opferreichen Kriegsverlauf sowie den positiven Effekt des News Managements der israelischen Armee zurückführen. Die Werte korrespondieren mit der Zunahme einer ausgeglichenen Darstellung beider Konfliktparteien, die im Zeitverlauf von 21 Prozent auf 33 Prozent steigt. Bemerkenswert ist darüber hinaus, dass es im ersten Gaza-Krieg in 39 Prozent der Artikel eine nicht-ausgeglichene Darstellung der Aggressor- bzw. Betroffenenrolle gibt, während dieser Wert im zweiten Gaza-Krieg auf 20 Prozent sinkt. Dieser Umstand spricht für eine insgesamt ausgewogenere Darstellung im zweiten Gaza-Krieg.

### Tabelle 2 – Kreuztabelle: Gaza-Kriege und Aggressor-/ Betroffenenrolle (in Prozent)

|  | 1. Gaza-Krieg (n= 238) | 2. Gaza-Krieg (n= 64) |
|---|---|---|
| Ausschließlich bis überwiegend israelische Konfliktpartei in der Aggressor-Rolle | 28 | 11 |
| Ausgeglichene Darstellung | 21 | 33 |
| Ausschließlich bis überwiegend palästinensische Konfliktpartei in der Aggressor-Rolle | 10 | 9 |
| Andere Akteure in der Aggressor-/ Betroffenen-Rolle | 1 | 0 |
| Keine Darstellung der Aggressor-/ Betroffenen-Rolle erkennbar | 40 | 47 |

*Note. N= 302; V= .186*

## *Akteure*

Bei der Untersuchung der wichtigsten Akteure in der Darstellung der beiden Gaza-Kriege zeigen sich mehrere Entwicklungstendenzen. Die beiden am häufigsten zu Beginn des Artikels genannten Gruppierungen sind über beide Kriege hinweg die israelische Regierung (23 Prozent) sowie die Hamas (19 Prozent). Aber auch das israelische Militär (9 Prozent), die ägyptische Regierung (6 Prozent), die palästinensische Zivilbevölkerung (6 Prozent) und die israelische Zivilbevölkerung (3 Prozent) werden häufig als erste drei Akteure genannt. Im Vergleich der Berichterstattung im Zeitverlauf ist eine größere Vielfalt an unterschiedlichen prominenten Akteuren während des zweiten Gaza-Kriegs erkennbar, denn nur 58 Prozent der Artikel benennen die sechs oben genannten Akteure an erster, zweiter oder dritten Stelle – während des ersten Gaza-Kriegs umfassen diese sechs Akteure dagegen 71 Prozent aller Artikel.

In der Berichterstattung über den ersten Gaza-Krieg ist die häufigere prominente Nennung der palästinensischen Zivilbevölkerung (8 Prozent) auffällig. Während des zweiten Gaza-Kriegs liegt der Fokus gleichermaßen auf der israelischen und der palästinensischen Zivilbevölkerung (jeweils 4 Prozent). Daraus lässt sich ableiten, dass die Berichterstattung über den ersten Gaza-Krieg 2008/2009 stärker auf die Situation der palästinensischen Zivilbevölkerung fokussiert war als im Jahr 2012, wo der Schwerpunkt auf der Berichterstattung über politische Akteurs-Eliten lag. Auch interessant ist, dass die deutsche Bundesregierung und die Europäische Union in der Berichterstattung lediglich während des ersten Gaza-Kriegs eine (wenn auch geringe) Vermittlungsrolle spielen (jeweils 4 Prozent), jedoch kaum noch im Jahr 2012 eine Bedeutung haben (1 bzw. 2 Prozent). In der Berichterstattung über den zweiten Gaza-Krieg dominieren klar die israelische Regierung (24 Prozent) und die Hamas (22 Prozent). Der Fokus liegt auf beiden Konfliktparteien gleichermaßen. Die Regierung Ägyptens wird im zweiten Gaza-Krieg wesentlich häufiger als einer der ersten drei Akteure genannt (9 Prozent). Dies ist nicht verwunderlich, beachtet man die wichtige Vermittlerrolle Ägyptens während des zweiten Gaza-Kriegs bei der Schließung des Waffenstillstandsabkommens.

## *Wertungen*

In der Berichterstattung sind überwiegend keine Wertungen vorhanden, was den Ergebnissen der IFEM-Studie (2002) entspricht. Analog zu den Ergebnissen von Jäger und Jäger (2003), Beyer (2007), Galle (2010) sowie

Maurer und Kempf (2011) zeigt sich im Zeitverlauf, dass die Kritik am Verhalten Israels während des ersten Gaza-Kriegs (12 Prozent) in der Berichterstattung zum zweiten Gaza-Krieg (3 Prozent) deutlich abnimmt. Im zweiten Gaza-Krieg gibt es eine deutlich ausgewogenere Kritik an beiden Akteuren (14 Prozent) als im ersten (8 Prozent). Ein ähnliches Resultat ergibt sich bei den Wertungen in Zitaten. Hier lassen sich keine besonderen Entwicklungstendenzen über die beiden Kriege hinweg identifizieren.

## Rechtfertigungen

Ein interessantes Ergebnis ist, dass in der Berichterstattung über den zweiten Gaza-Krieg tendenziell mehr Ziele, Rechtfertigungen und Begründungen genannt werden (70 Prozent) als im ersten (59 Prozent). Im Detail betrachtet bedeutet dies eine Zunahme der Nennung von Rechtfertigungen von beiden Konfliktparteien vom ersten (19 Prozent) zum zweiten Gaza-Krieg (28 Prozent). Hinzu kommt die Zunahme der Nennung von Rechtfertigungen anderer Parteien (4 bzw. 11 Prozent). Hier wäre z.B. Ägypten als mögliche dritte Partei denkbar, da das Land an den diplomatischen Verhandlungen um einen Waffenstillstand maßgeblich beteiligt war und eigene Forderungen in den Friedensvertrag einbrachte. Dies entspricht den Ergebnissen von Maurer und Kempf (2011), die eine starke Rechtfertigung der Position Israels im ersten Gaza-Krieg konstatieren.

## Hauptursache

Hinsichtlich der medialen Darstellung der Hauptursache lassen sich kaum Unterschiede zwischen dem ersten und zweiten Gaza-Krieg identifizieren. In mehr als drei Viertel der Artikel ist keine Ursache genannt. Es fällt auf, dass in der Berichterstattung über den ersten Gaza-Krieg leicht differenziertere Hauptursachen genannt werden, während im zweiten Gaza-Krieg ausschließlich die drei Ursachen Verteidigung/Sicherheit/Schutz, Provokation/Aggression und Historie vorkommen. Bei der Nennung der in beiden Kriegen meistgenannten Hauptursache Verteidigung/Sicherheit/Schutz ist analog zur Studie von Maurer und Kempf (2011) eine deutliche Zunahme von 2008/2009 (11 Prozent) zu 2012 (17 Prozent) zu beobachten. Dies lässt sich mit dem professionellen News Management der israelischen Armee begründen, sodass eine stärkere Durchsetzung der israelischen Interpretation der Hauptursache des Konflikts in der Berichterstattung konstatiert werden kann.

**Tabelle 3 – Kreuztabelle: Gaza-Kriege und Hauptursache des Kriegs (in Prozent)**

|  | 1. Gaza-Krieg (n= 238) | 2. Gaza-Krieg (n= 64) |
|---|---|---|
| Territoriale Ansprüche | 1 | 0 |
| Religion | 0 | 0 |
| Terrorismus | 3 | 0 |
| Verteidigung, Sicherheit, Schutz | 11 | 17 |
| Provokation, Aggression | 6 | 5 |
| Historie | 1 | 2 |
| Holocaust | 0 | 0 |
| Bedrohung | 0 | 0 |
| Sonstige Hauptursache | 1 | 0 |
| Keine Hauptursache | 76 | 77 |

*Note. N= 302; V= .139*

## Konfliktlösung

Hinsichtlich der Konfliktlösung lässt sich konstatieren, dass während des ersten Gaza-Kriegs eine Lösung als aussichtslos dargestellt wird, während im zweiten Gaza-Krieg eine diplomatische Lösung adäquat erscheint. 2012 wird die Hauptursache Verteidigung/Sicherheit/Schutz stärker in den Vordergrund gestellt und auch häufiger ein konkreter Lösungsansatz benannt (48 Prozent) als 2008/2009 (29 Prozent). Eine Lösung des Konflikts durch einen Militäreinsatz wird im ersten Gaza-Krieg am Rande erwähnt (4 Prozent) und kommt in der Berichterstattung zum zweiten Gaza-Krieg nicht mehr vor. Stattdessen wird eine diplomatische Lösung angeregt (41 Prozent). Insgesamt wird im zweiten Gaza-Krieg die Lösung des Konflikts über den diplomatischen Weg suggeriert, wobei beide Parteien – dabei die Palästinenser stärker als die Israelis aufgrund der als legitim empfundenen Verteidigungsposition der israelischen Regierung – und auch die ägyptische Regierung gleichermaßen zur Verantwortung gezogen werden. Hier war aus israelischer Sicht das News Management der Regierung erfolgreich.

**Tabelle 4 – Kreuztabelle: Gaza-Kriege und Lösungsansatz für die Kriege (in Prozent)**

|  | 1. Gaza-Krieg (n= 238) | 2. Gaza-Krieg (n= 64) |
|---|---|---|
| Militäreinsatz | 4 | 0 |
| Diplomatie | 21 | 41 |
| Truppenabzug | 0 | 0 |
| Kapitulation | 0 | 0 |
| Strategiewechsel | 2 | 5 |
| Anderer Lösungsansatz | 2 | 3 |
| Kein Lösungsansatz genannt | 71 | 52 |

*Note. N= 302; V= .222*

Insgesamt wird während des zweiten Gaza-Kriegs häufiger überhaupt eine Partei der Konfliktlösung genannt (42 Prozent), als dies 2008/2009 der Fall ist (23 Prozent). Drei wesentliche Ergebnisse lassen sich im Detail darstellen: Zum einen wird im zweiten Gaza-Krieg vermehrt beiden Parteien die Lösung des Konflikts zugeschrieben. 2012 ist Ägypten häufiger als Konfliktlöser genannt, was auf die Vermittlerrolle des Landes zurückgeführt werden kann. Interessant ist darüber hinaus, dass die israelische Regierung im ersten Gaza-Konflikt immerhin in 6 Prozent der Artikel als Konfliktlöser bezeichnet wird, 2012 jedoch von dieser Verantwortung freigesprochen wird. Hier ist ein Einfluss des News Managements der israelischen Regierung zu vermuten, das die Verantwortung für die Konfliktlösung auf beide Parteien, Ägypten als Vermittler sowie die Palästinenser allein verschiebt.

**Tabelle 5 – Kreuztabelle: Gaza-Kriege und Partei der Konfliktlösung (in Prozent)**

|  | 1. Gaza-Krieg (n= 238) | 2. Gaza-Krieg (n= 64) |
|---|---|---|
| Israel | 6 | 0 |
| Palästinenser | 0 | 3 |
| Beide Parteien | 8 | 17 |
| Andere Partei | 6 | 6 |
| Ägypten | 3 | 16 |
| Keine Partei genannt | 77 | 58 |

*Note. N= 302; V= .336*

## Zwischenfazit zur Berichterstattung über die Gaza-Kriege 2008/2009 und 2012

Zusammenfassend lässt sich feststellen, dass die Berichte und Kommentare während des zweiten Gaza-Kriegs 2012 deutlich Israel-freundlicher sind als 2008/2009. Dies lässt sich insbesondere auf das erfolgreiche News Management der israelischen Armee und den weniger opferreichen Kriegsverlauf durch die israelische Luftoffensive zurückzuführen. Eine zunehmend Israel-freundliche Berichterstattung haben Maurer und Kempf bereits 2011 beim Vergleich der Zweiten Intifada mit dem ersten Gaza-Krieg festgestellt. Die 2012 vorherrschende Israel-freundlichere bzw. ausgeglichenere Berichterstattung schlägt sich nieder in dem Bezug auf beide Konfliktparteien hinsichtlich der Rolle als Aggressor, der Wertungen, Rechtfertigungen, der Hauptursache Verteidigung/Sicherheit/Schutz sowie der antizipierten Konfliktlösung. Darüber hinaus kommt im zweiten Gaza-Krieg Ägypten als Vermittler stärker die Rolle des Konfliktlösers zu. Abschließend sei erwähnt, dass 2012 ein Lösungsansatz auf diplomatischem Weg fast doppelt so häufig erwähnt wird wie 2008/2009. So wird deutlich, dass sich die israelische Regierung im zweiten Gaza-Krieg verteidigt (Hauptursache, Rechtfertigung) und daher die Verantwortung für die Konfliktlösung stärker bei beiden Konfliktparteien bzw. einem dritten Vermittler über Diplomatie gesucht wird, was als Erfolg des News Managements und der Militärstrategie Israels im Jahr 2012 gewertet werden kann.

## 7.2 Forschungsfrage 2: Unterschiede bezüglich der publizistischen Positionierung

*Lassen sich im Zeitverlauf Unterschiede zwischen den deutschen Qualitätszeitungen entsprechend ihrer Positionierung im publizistischen Links-Rechts-Spektrum feststellen?*

### Formales

Die Intensität der Berichterstattung unterscheidet sich in den beiden überregionalen Tageszeitungen stark: Während des ersten Gaza-Kriegs veröffentlicht die *FAZ* insgesamt 131 Artikel und die *taz* 107 Artikel. Aufgrund des kürzeren Zeitraums und möglicherweise auch aufgrund der veränderten Kriegführung mit weniger Opfern und einer besseren PR-Strategie der israelischen Armee erscheinen 2012 zum zweiten Gaza-Krieg lediglich 23 Artikel in der *taz* und 41 Artikel in der *FAZ*. Es wird deutlich, dass die *FAZ* insgesamt intensiver über den Konflikt berichtet als die *taz*. Mit Blick auf die Abbildungen 1 und 2 ist jedoch darauf zu verweisen, dass sich das Verhältnis der Berichterstattung im Zeitverlauf bei beiden Zeitungen insgesamt weitestgehend ähnelt. Auffällig ist, dass die *FAZ* während des ersten Gaza-Kriegs zwischen dem 06. und 10. Januar 2009 deutlich mehr Artikel publiziert hat als die *taz* (Abbildung 1). Zwei Tage zuvor, zu Beginn der israelischen Bodenoffensive, kam es in deren Folge zu schweren Zusammenstößen, was den Nachrichtenfluss bei der *FAZ* durch die Zunahme des Faktors *Schaden/Konflikt* verstärkt haben könnte.

**Abbildung 1 – Erster Gaza-Krieg: Artikelanzahl im Zeitverlauf**

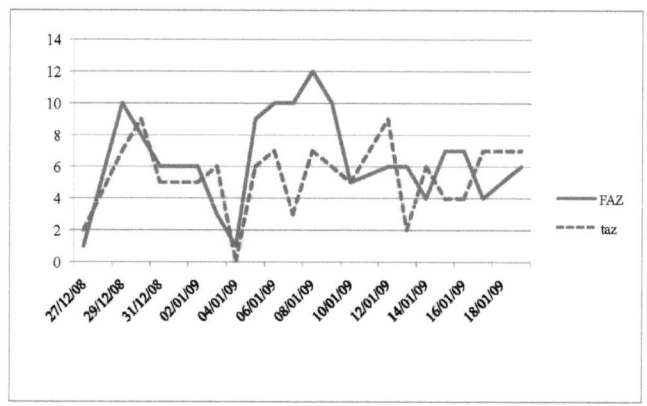

**Abbildung 2 – Zweiter Gaza-Krieg: Artikelanzahl im Zeitverlauf**

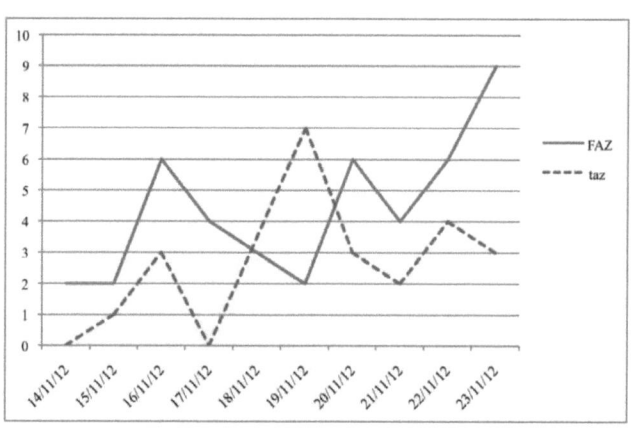

Anhand von Abbildung 2 zeigt sich, dass die *FAZ* und die *taz* einen ähnlichen Output an Artikeln über den Zeitraum des zweiten Gaza-Kriegs hinweg vorweisen, wobei die Intensität der Berichterstattung in der *taz* im Anschluss an die Vereinbarung des Waffenstillstands (ab 22.11.2012) abnimmt. In der *FAZ* steigt hingegen die Anzahl der publizierten Artikel an. Dies zeigt, dass sich die *FAZ*-Journalisten auch an den darauffolgenden Tagen ausführlich mit dem Nahostkonflikt auseinandersetzen und dessen unmittelbarer Reflexion so eine höhere Relevanz beimessen als die *taz*.

### *Aggressor- und Betroffenen-Rolle*

Bezüglich der Aggressor- bzw. Betroffenen-Rolle sind bei beiden Zeitungen Unterschiede zwischen dem ersten und zweiten Gaza-Krieg erkennbar, denn die zeitliche Entwicklungstendenz verläuft teilweise konträr. Im ersten Gaza-Krieg wird in der *taz* die israelische Konfliktpartei verhältnismäßig stärker in der Aggressor-Rolle dargestellt (30 Prozent) als in der *FAZ* (26 Prozent), wobei in der *FAZ* auch die palästinensische Konfliktpartei als Aggressor wahrgenommen wird (15 Prozent). Im zweiten Gaza-Krieg werden dagegen in der *taz* die israelische Konfliktpartei (17 Prozent) und in der *FAZ* die palästinensische Konfliktpartei (12 Prozent) im Verhältnis stärker als Aggressoren beschrieben, wobei in der *taz* eine ausgewogenere Darstellung beider Konfliktparteien vorherrscht (39 Prozent). Zugenommen hat in beiden Medien die ausgeglichene Darstellung der Aggressor- und Betroffenen-Rolle, in der *taz* (plus 18 Prozent) jedoch deutlich stärker als in der *FAZ* (plus 8 Prozent), wobei in der *FAZ* 2012 auf die Darstellung dieser Rollen weitestgehend verzichtet wird (51 Prozent, plus 15 Prozent).

**Tabelle 6 – Aggressor-/Betroffenen-Rolle nach Zeitungen im Zeitverlauf (in Prozent)**

| | 1. Gaza-Krieg | | 2. Gaza-Krieg | |
|---|---|---|---|---|
| | *FAZ* (n=131) | *taz* (n=107) | *FAZ* (n=41) | *taz* (n=23) |
| israelische Konfliktpartei in der Aggressor-Rolle | 26 | 30 | 7 | 17 |
| Ausgeglichene Darstellung | 21 | 21 | 29 | 39 |
| palästinensische Konfliktpartei in der Aggressor-Rolle | 15 | 4 | 12 | 4 |
| Andere Akteure in der Aggressor-/Betroffenen-Rolle | 2 | 0 | 0 | 0 |
| Keine Darstellung der Aggressor-/Betroffenen-Rolle | 36 | 46 | 51 | 39 |

*Note. N= 302; $V_{FAZ}$= .230; $V_{taz}$= .176*

## *Wertungen*

Die Wertung durch den Autor ist von enormer Wichtigkeit, um eine mögliche Verortung beider Zeitungen entsprechend des Links-Rechts-Spektrums zu identifizieren. Insgesamt nimmt die *FAZ* seltener Wertungen vor als die *taz*, insbesondere während des zweiten Gaza-Kriegs. Während des ersten Gaza-Kriegs wertet die *FAZ* im Vergleich zur *taz* stärker zuungunsten der Palästinenser (11 Prozent) und die *taz* stärker als die *FAZ* zuungunsten Israels (22 Prozent). Auch im zweiten Gaza-Krieg urteilt die *FAZ* häufiger zuungunsten der Palästinenser (10 Prozent), während in der *taz* eine negative Wertung gegenüber beiden Konfliktparteien vorherrscht (30 Prozent). Die negative Bewertung der Israelis ist im zweiten Zeitraum bei beiden Zeitungen deutlich geringer – bei der *FAZ* zugunsten der Wertungsenthaltung und bei der *taz* hin zu einer ausgeglichenen Wertung. Es lässt sich also die Tendenz feststellen, dass die Bewertung der israelischen Konfliktpartei in beiden Zeitungen während des zweiten Gaza-Kriegs nicht mehr so negativ ist wie noch 2008/2009. Dies lässt sich auf das News Management der israelischen Regierung und den veränderten Kriegsverlauf zurückführen.

Die Analyse der Wertungen in direkten Zitaten zeigt, dass bei der *taz* häufiger Wertungen in Zitaten verwendet werden, insbesondere in der Berichterstattung zum zweiten Gaza-Krieg. Während des ersten Gaza-Kriegs sind die Wertungen der beiden Konfliktparteien ähnlich, jedoch bewertet die *taz* in den Zitaten deutlich negativer als die *FAZ* und die *FAZ* im zweiten Gaza-Krieg extremer als die *taz*. Während des zweiten Gaza-Kriegs fallen die Wertungen in den Zitaten der *FAZ* deutlich zuungunsten der Palästinenser aus (17 Prozent), während in der *taz* stärker zuungunsten Israels argumentiert wird (39 Prozent). Dies stimmt in etwa mit den Autoren-Wertungen ein, mit der Ausnahme, dass die *taz* im zweiten Gaza-Krieg in Zitaten Personen zu Wort kommen lässt, die sich deutlich kritischer gegenüber Israel äußern als dies in den Autoren-Wertungen der Fall ist.

**Tabelle 8 – Wertungen durch den Autor [und in Zitaten] nach Zeitungen im Zeitverlauf (in Prozent)**

| | 1. Gaza-Krieg | | 2. Gaza-Krieg | |
|---|---|---|---|---|
| | *FAZ* (n=131) | *taz* (n=107) | *FAZ* (n=41) | *taz* (n=23) |
| Ausschließlich zuungunsten Israels | 1 [5] | 10 [11] | 0 [10] | 4 [4] |
| Überwiegend zuungunsten Israels | 12 [19] | 12 [15] | 5 [10] | 0 [35] |
| Ausgeglichene Wertung | 7 [8] | 9 [10] | 5 [5] | 30 [9] |
| Überwiegend zuungunsten der Palästinenser | 9 [12] | 2 [8] | 10 [10] | 0 [4] |
| Ausschließlich zuungunsten der Palästinenser | 2 [0] | 1 [3] | 0 [7] | 0 [0] |
| Keine Wertung erkennbar | 69 [56] | 66 [53] | 80 [58] | 65 [48] |

*Note. N= 302; V$_{FAZ}$= .138; V$_{taz}$= .286 [Note. N= 302; V$_{FAZ}$= .273; V$_{taz}$= 215.]*

## Konfliktlösung

Von Relevanz für die Beurteilung einer möglichen Rechts-Links-Tendenz in *FAZ* und *taz* ist auch die Frage nach der Darstellung des Konfliktlösers. Eine Lösung scheint im zweiten Gaza-Krieg wahrscheinlicher als im ersten – sowohl in der *FAZ* (44 Prozent) als auch in der *taz* (39 Prozent), aber nur durch das Zusammenwirken beider Parteien und mit Unterstützung der ägyptischen Regierung. Die israelische Regierung wird im ersten Krieg noch durch *FAZ* (7 Prozent) und *taz* (6 Prozent) als möglicher alleiniger Konfliktlöser wahrgenommen. Zur Beilegung des zweiten Gaza-Kriegs wird der israelischen Regierung jedoch nicht mehr allein die Verantwortung zur Konfliktlösung zugeschrieben, sondern in Zusammenarbeit mit den Palästinensern. Diese Einschätzung ist vor allem in der *taz* vorherrschend (26 Prozent); In der *FAZ* wird auch ein besonderes Augenmerk auf Ägypten als Konfliktlöser gelegt (20 Prozent). Auffällig ist, dass in der *FAZ* zudem die Palästinenser als alleinige Konfliktlöser des zweiten Gaza-Kriegs in einigen Artikeln benannt (5 Prozent) und offensichtlich zur Verantwortung gezogen werden. Insgesamt erwartet die *FAZ* eine Lösung des Konflikts 2012 hauptsächlich durch Mithilfe anderer Parteien, insbesondere Ägyptens, wohingegen die *taz* eine Lösung durch die Zusammenarbeit von Israelis und Palästinensern proklamiert.

## Tabelle 9 – Partei der Konfliktlösung nach Zeitungen im Zeitverlauf (in Prozent)

| | 1. Gaza-Krieg | | 2. Gaza-Krieg | |
|---|---|---|---|---|
| | *FAZ* (n=131) | *taz* (n=107) | *FAZ* (n=41) | *taz* (n=23) |
| Israel | 7 | 6 | 0 | 0 |
| Palästinenser | 0 | 0 | 5 | 0 |
| Beide Parteien | 6 | 11 | 12 | 26 |
| Andere Partei | 8 | 5 | 7 | 4 |
| Ägypten | 2 | 4 | 20 | 9 |
| Keine Partei | 78 | 75 | 56 | 61 |

*Note. N= 302; $V_{FAZ}$= .419; $V_{taz}$= .212*

### *Zwischenfazit zur Berichterstattung der Zeitungen über die beiden Gaza-Kriege*

Zusammenfassend kann festgehalten werden, dass im Hinblick auf die Berichterstattung über die Gaza-Kriege 2008/009 und 2012 nur bedingt eine klare Verortung von *FAZ* und *taz* im publizistischen Links-Rechts-Spektrum festzustellen ist. Auffälliger sind die Unterschiede zwischen den beiden Kriegen als zwischen den redaktionellen Linien der Zeitungen. Gemäß Gaisbauer (2012, S. 22) kann hier von einem globalen Phänomen der deutschen Printmedien gesprochen werden.

Dennoch lassen sich einige leichte Tendenzen identifizieren, die in Zusammenhang mit der redaktionellen Linie von *FAZ* und *taz* stehen. Während in der *taz* 2008/2009 und 2012 die israelische Konfliktpartei deutlich häufiger als Aggressor dargestellt wird (vgl. auch Galle 2010), sind dies in der *FAZ* verhältnismäßig häufiger die Palästinenser. Hinsichtlich der Wertungen durch den Autor bewertet die *taz* noch im ersten Gaza-Krieg stärker zuungunsten Israels (vgl. auch Galle 2010) und im zweiten Gaza-Krieg häufiger zuungunsten beider Konfliktparteien, wobei diese ausgeglichene Wertung durch einen stärkeren Fokus der Zitate auf Kritik an der israelischen Politik relativiert wird. In der *FAZ* herrscht dagegen im Verhältnis zur *taz* eine kritischere Haltung gegenüber den Palästinensern über beide Kriege hinweg, sowohl in den Bewertungen von Autoren als auch in direkten Zitaten. Als mögliche Konfliktlöser werden im zweiten Gaza-Krieg von der *taz* beide Konfliktparteien dargestellt; In der *FAZ* wird die Verantwortung für die Lösung des Konflikts hingegen stärker bei Ägypten und auch bei den Palästinensern gesucht.

# 8. Fazit und Ausblick

Ziel dieser Studie war, Unterschiede in der Berichterstattung der beiden deutschen überregionalen Qualitätszeitungen *FAZ* und *taz* über die Gaza-Kriege 2008/2009 und 2012 zu identifizieren. Es wurde angenommen, dass sich insbesondere das veränderte News-Management der israelischen Armee während der beiden Kriege auf die Berichterstattung auswirken müsste, gleichzeitig wurde diese aber auch mit der redaktionellen Linie der Zeitungen abgeglichen, um eine valide Interpretation zu ermöglichen.

Es zeigt sich, dass die Berichterstattung über den zweiten Gaza-Konflikt 2012 insgesamt eine Israel-freundlichere Haltung einnimmt als noch 2008/2009. Dies wird deutlich hinsichtlich der ausgeglicheneren Darstellung beider Parteien als Aggressoren, den Wertungen zuungunsten beider Konfliktparteien, der Präsentation von Rechtfertigungen von Palästinensern und Israelis sowie der häufigeren Nennung der Israel legitimierenden Hauptursache Verteidigung/ Sicherheit/ Schutz. Diese Tendenzen lassen sich mit hoher Wahrscheinlichkeit auf positive Effekte des israelischen News Managements 2012 zurückführen, wie z.B. die gelockerten Bestimmungen für ausländische Journalisten durch die israelische Regierung. Zudem standen im zweiten Gaza-Krieg vor allem Eliten als Akteure im Vordergrund wie Ägypten, die israelische Regierung oder die Hamas, die eine diplomatische Lösung des Konflikts herbeiführen sollen. Die palästinensische Zivilbevölkerung tritt im ersten Gaza-Krieg hingegen deutlich häufiger auf als im zweiten Krieg. Offensichtlich war die Berichterstattung über den ersten Gaza-Krieg stärker auf die Situation der palästinensischen Zivilbevölkerung fokussiert als 2012. Dies wiederum wäre mit der katastrophalen humanitären Situation während des ersten Konflikts zu begründen, die sich über einen größeren Zeitraum erstreckte, als im Zeitraum des zweiten Kriegs. Der Krieg in Form eines quasi-chirurgischen Eingriffs verlagerte so offensichtlich die mediale Aufmerksamkeit hin zu einer Betrachtung der Mechanismen und Eliten-Handlungen.

Bezüglich der in der Berichterstattung aufgeführten Partei der Konfliktlösung zeigt sich im zweiten Gaza-Krieg auch die Tendenz, eine mögliche Lösung eher beiden Parteien zuzuschreiben. Die israelische Regierung wird in einer legitimen Verteidigungsposition dargestellt, daher wird die Verantwortung für die Lösung des Konflikts deutlich bei beiden Konfliktparteien bzw. einem dritten Vermittler gesucht. Zudem wird 2012 ein Lösungsansatz auf diplomatischem Weg fast doppelt so häufig erwähnt wie

2008/2009. Die Suche nach einer diplomatischen Lösung, die von den in- und ausländischen politischen Eliten sicherlich auch angesichts der verheerenden Opferzahlen während des ersten Gaza-Kriegs vorangetrieben wurde, wird entsprechend auch von den deutschen Medien gespiegelt und erscheint 2012 wahrscheinlicher als noch 2008/2009.

Die identifizierten Unterschiede im Zeitverlauf sind eindeutig und werden durch die redaktionelle Linie von *FAZ* und *taz* kaum moderiert. Angenommen wurde, dass das publizistisch-konservative Lager der *FAZ* eher zugunsten der Israelis bzw. zuungunsten der Palästinenser berichtet. Die Berichterstattung der linken *taz* würde demnach eine eher negative Tendenz gegenüber der israelischen Konfliktpartei aufweisen. Auch wenn vorangegangene Studien Differenzierungen gemäß der redaktionellen Linie nachweisen (vgl. Donsbach et al. 1996; Voltmer 1997; Eilders et al. 2004; Siebel 2007; Lüter 2008; Galle 2010; Wetzstein 2011), so kann in der vorliegenden Studie kaum ein Einfluss konstatiert werden. Es wird festgestellt, dass die *FAZ* deutlich häufiger als die *taz* zuungunsten der Palästinenser wertet und diese häufiger als die *taz* in der Aggressor-Rolle darstellt. Dennoch ist ein überwiegend kritischer Ton gegenüber den Israelis in beiden Zeitungen feststellbar, der in der Berichterstattung zum zweiten Gaza-Krieg abnimmt. Zudem wird in der *FAZ* die Verantwortung für die Konfliktlösung stärker bei Ägypten und auch bei den Palästinensern gesucht als in der *taz*, die die Palästinenser und Israelis gleichermaßen zur Verantwortung zieht. Eine klare Verortung von *taz* und *FAZ* entsprechend ihrer links- bzw. rechts-orientierten Position ist demnach in dieser Untersuchung nicht nachzuvollziehen. Auffälliger sind die Unterschiede zwischen beiden Gaza-Kriegen als zwischen den untersuchten Zeitungen.

Im Zusammenhang mit der vorliegenden Studie wäre ein Vergleich der Ergebnisse mit einer qualitativen Expertenbefragung von Journalisten in den Heimatredaktionen und den Auslandskorrespondenten sinnvoll, um abzugleichen, welche konkreten Einflussfaktoren für die diagnostizierten Veränderungen in der Verlaufsperspektive der beiden Gaza-Kriege eine Rolle gespielt haben. Ob die aufgezeigten Tendenzen in der Berichterstattung über die beiden Gaza-Kriege zu einer negativeren oder positiveren Wahrnehmung Israels bzw. der palästinensischen Gebiete führen und die Darstellung tatsächlich einen Einfluss auf die Wahrnehmung der Leser hat, könnte mittels einer anschließenden Leserbefragung und eines experimentellen Designs ermittelt werden. Darüber hinaus wäre es relevant, einen Vergleich von verschiedenen Mediengattungen hinsichtlich der Tendenz ihrer Berichterstattung vorzunehmen. So zeichnet sich das Fernsehen durch eine starke visuelle Komponente aus, die in dieser Studie nicht zum Tragen kam.

# Bibliografie

Amnesty International (2009). *Operation 'Cast Lead': 22 Days of Death and Destruction.* www.amnesty.org/en/library/asset/MDE15/ 015/2009/en/8f299083-9a74-4853-860f-0563725e633a/mde15015009en.pdf.

BBC (2009). *Gaza crisis: key maps and timeline.* http://news.bbc.co.uk/2/hi/middle_east/ 7812290.stm.

Beyer, R. (2007). *Hamburg schaut nach Tel Aviv – News Bias und Israelkritik in der Nahost-Berichterstattung der Tagesschau. Eine Inhaltsanalyse aus kommunikation-swissenschaftlicher und linguistischer Perspektive.* Jena: Magisterarbeit am Institut für Medienwissenschaft der Friedrich-Schiller-Universität.

Cohen, Y. & White, J. (2009). *Hamas in Combat. The Military Performance of the Palestinian Islamic Resistance Movement.* Washington: Institute for Near East Policy.

Donsbach, W., Wolling, J. & Blomberg, C. von (1996). Repräsentation politischer Positionen im Mediensystem aus der Sicht deutscher und amerikanischer Journalisten. In W. Hömberg & H. Pürer (Hrsg.), *Medien-Transformation. Zehn Jahre dualer Rundfunk in Deutschland* (S. 343-356). Konstanz: UVK.

Eilders, C. (2008). Massenmedien als Produzenten öffentlicher Meinungen – Pressekommentare als Manifestation der politischen Akteursrolle. In B. Pfetsch & S. Adam (Hrsg.), *Massenmedien als politische Akteure. Konzepte und Analysen* (S. 27-51). Wiesbaden: VS.

Eilders, C., Neidhardt, F. & Pfetsch, B. (2004). *Die Stimme der Medien: Pressekommentare und politische Öffentlichkeit in der Bundesrepublik.* Wiesbaden: VS.

Entman, R. M. (1993). Framing: Toward Clarification of a Fractured Paradigm. *Journal of Communication,* 43(4), S. 51–58.

Früh, W. (2007). *Inhaltsanalyse: Theorie und Praxis* (6., überarb. Aufl.). Konstanz: UVK.

Gaisbauer, F. (2012). Darstellungen von Viktimisierung und Verantwortlichkeit während der Zweiten Intifada und dem Gazakrieg in deutschen Qualitätstageszeitungen. *conflict & communication online,* 11(2), http://www.cco.regener-online.de/2012_2/pdf/ gaisbauer_engl.pdf

Galle, M. (2010). *Die Berichterstattung der linken deutschen Tageszeitungen zum Gazakrieg 2009 und ihre Positionierung zu den Konfliktparteien.* Dresden: Bachelorarbeit am Institut für Kommunikationswissenschaft der Technischen Universität Dresden.

Hahn, O., Rosenwerth, K. K. & Schröder, R. (2006). News Management zwischen Europa-PR und EU-Journalismus. In W. R. Langenbucher & M. Latzer (Hrsg.), *Europäische Öffentlichkeit und Medialer Wandel: Eine Transdisziplinäre Perspektive.* (S. 286-295). Wiesbaden: VS.

Human Rights Council (2009). *Human Rights in Palestine and other occupied Arab Territories. Report of the United Nations Fact Finding Mission on the Gaza Conflict,* 2009. http://www.unrol.org/files/UNFFMGC_Report.pdf.

Institut für empirische Medienforschung (IFEM) (2002). *Nahostberichterstattung in den Hauptnachrichten des deutschen Fernsehens.* Bonn: Bundeszentrale für politische Bildung. www.bpb.de/shop/lernen/weitere/37357/nahostberichterstattung-in-den-hauptnachrichten-des-deutschen-fernsehens.

Israel Ministry of Foreign Affairs (2012). *Israel under fire – November 2012.* www.mfa.gov.il/MFA/ForeignPolicy/Terrorism/Pages/Israel_under_fire-November_2012.aspx.

Jäger, S. & Jäger, M. (2003). *Die Nahost-Berichterstattung zur Zweiten Intifada in deutschen Printmedien unter besonderer Berücksichtigung des Israel-Bildes. Analyse diskursiver Ereignisse im Zeitraum von September 2000 bis August 2001.* Duisburg: Institut für Sprach- und Sozialforschung. www.diss-duisburg.de/Internetbibliothek/Artikel/ DEUTSCH%20Kurzfassung%20Israel%20Studie.pdf.

Johannsen, M. (2011). A Balance of Fear: Asymmetric Threats and Tit-for-Tat Strategies in Gaza. *Journals of Palestine Studies, 41(1)*, S. 45-56.

Kepplinger, H. M. (1989). Instrumentelle Aktualisierung. Grundlagen einer Theorie publizistischer Konflikte. In M. Kaase & W. Schulz, *Massenkommunikation. Theorien, Methoden, Befunde. Kölner Zeitschrift für Soziologie und Sozialpsychologie Sonderheft, 30* (S. 199-220). Opladen: Westdeutscher.

Koltermann, F. (2010). *Der Gaza-Krieg im Bild.* Bonn: Internationales Konversionszentrum. www.bicc.de/uploads/tx_bicctools/Occ_paper_VI.pdf.

Landeszentrale für politische Bildung Baden-Württemberg (2009). *Der Nahost-Konflikt.* www.lpb-bw.de/nahostkonflikt.html.

Leonard, M., & Stead, C., & Smewing, C. (2002). *Public Diplomacy.* London: The Foreign Policy Center.

Lüter, A. (2008). *Die Kommentarlage: Profilbildung und Polyphonie in medienöffentlichen Diskursen.* Wiesbaden: VS.

Matthes, J. & Kohring, M. (2004). Die empirische Erfassung von Medien-Frames. *Medien und Kommunikationswissenschaft, 52(1)*, 56-75.

Maurer, M. & Kempf, W. (2011). Israelkritik und Antisemitismus? Eine vergleichende Analyse der deutschen Presseberichterstattung über 2. Intifada und Gaza-Krieg. *conflict & communication online, 10(2)*. http://www.cco.regener-online.de/2011_2/pdf/maurer-kempf.pdf.

Ostrowski, D. (2010). *Die Public Diplomacy der deutschen Auslandsvertretungen weltweit. Theorie und Praxis der deutschen Auslandsöffentlichkeitsarbeit.* Wiesbaden: VS.

Pfetsch, B. (1999). *Government News Management – Strategic Communication in Comparative Perspective.* Discussion Paper FS III 99-101. Berlin: Wissenschaftszentrum Berlin für Sozialforschung.

Pfetsch, B. & Adam, S. (2008). Die Akteursperspektive in der politischen Kommunikationsforschung: Fragestellungen, Forschungsparadigmen und Problemlagen. In B. Pfetsch & S. Adam (Hrsg.), *Massenmedien als politische Akteure. Konzepte und Analysen* (S. 9-16). Wiesbaden: VS.

PMG Presse-Monitor (2013). *PMG Zitate – Ranking 1. Halbjahr 2013. Ergebnisse im Überblick.* http://www.presseportal.de/pm/32453/2507745/pmg-zitate-ranking-bild-ueberholt-den-spiegel-knapp-im-ersten-halbjahr-2013.

Ronneberger, F. (1974). Die politischen Funktionen der Massenkommunikation. In W. Langenbucher (Hrsg.), *Zur Theorie der politischen Kommunikation* (S. 193-205). München: Piper.

Rössler, P. (2005). *Inhaltsanalyse.* Konstanz: UVK.

Salloum, R. (2012). *PR im Gaza-Konflikt: Israels Kampf um die Weltmeinung.* www.spiegel.de/politik/ausland/israels-neue-medienstrategie-im-gaza-konflikt-a-868409.html.

Schönbach, K. (1977). *Trennung von Nachricht und Meinung. Empirische Untersuchung eines journalistischen Qualitätskriteriums.* Freiburg: Alber.

Schulz, W. (1993). *Massenmedien im politischen Prozess.* Manuskript zur Veröffentlichung im Jahrbuch für Politik. Nürnberg: Friedrich-Alexander-Universität Erlangen-Nürnberg.

Siebel, F. (2007). *Mythos von der Amerikanisierung. Über die Leistungen und die zwiespältige Rolle von Qualitätsmedien in mediatisierten Wahlkämpfen.* Dortmund: Dissertation am Institut für Journalistik der Technischen Universität Dortmund.

Stein, Y. (2013). *Human Rights Violations during the Operation Pillar of Defense14-21 November 2012.*
B'Tselem.www.btselem.org/download/201305_pillar_of_defense_operation_eng.pdf.

Thomaß, B. (2008). Das Ende der Eindeutigkeiten. Aporien und Dilemmata journalistischer Ethik in einer global vernetzten Mediengesellschaft. In Pörksen, B. et al. (2008): *Paradoxien des Journalismus. Theorie – Empirie – Praxis* (S. 297-312). Wiesbaden: VS.

84

United Nations Information System on the Question of Palestine (2012). *Chronological Review of Events Relating to the Question of Palestine. Monthly media monitoring review November* *2012.* http://unispal.un.org/UNISPAL.NSF/0/837A0E96B24E32A485257AF4006DC3FA.

Voltmer, K. (1997). Ideologische Parallelstrukturen zwischen Medien und politischen Parteien. Eine empirische Analyse politischer Analysen im Agendavergleich. In H. Schatz, O. Jarren & B. Knaup (Hrsg.), *Machtkonzentration in der Multimediagesellschaft? Beiträge zu einer Neubestimmung des Verhältnisses von politischer und medialer Macht* (S. 157-175). Opladen: Westdeutscher.

Voltmer, K. (1998). *Medienqualität und Demokratie: Eine empirische Analyse publizistischer Informations- und Orientierungsleistungen in der Wirtschaftskommunikation.* Baden-Baden: Nomos.

Weber, M. (2012). *Vision gescheitert? Über die Unabhängigkeit von Al Dschasira.* http://www.3sat.de/page/?source=/ kulturzeit/themen/166293/index.html.

Wetzstein, I. (2011). Mediativer Journalismus. Konstruktive Konfliktbearbeitung in der qualitätsjournalistischen Auslandsberichterstattung. Wiesbaden: VS.

# Israel-Solidarität in *Welt* und *Jungle World:* Die Grenzen des Links-Rechts-Spektrums

## Anja Hempel, Sebastian Bähr & Melanie Neumann

## 1. Einleitung

Für die deutsche Linke war und ist der Springer-Konzern auch teilweise heute noch „so etwas wie ihr Erzfeind" (Kraushaar 2011). Dennoch besteht zwischen der antideutschen Strömung innerhalb der radikalen Linken und dem Springer-Verlag eine zentrale ideologische Schnittstelle: Sie vertreten eine klar pro-israelische Position. Diese manifestiert sich in der medialen Berichterstattung zu Israel und dem Nahostkonflikt, die für Zeitungen des Springer-Verlages wie *Bild* oder *Welt* und die linke Publikation *Jungle World* Parallelen aufweist (ebd.). In ihrer bedingungslosen Israel-Solidarität stehen diese ideologisch gegensätzlichen Publikationen gemeinsam dem Mainstream deutscher Medien entgegen.

Die vorliegende Studie hat Gemeinsamkeiten und Unterschiede in der Israel-Berichterstattung der *Welt* und *Jungle World* mithilfe einer Inhaltsanalyse untersucht. Die zentrale Frage der Analyse ist, inwiefern sich die geteilte Israel-Solidarität in ähnlichen inhaltlichen Rahmungen und sprachlicher Gestaltung ihrer Artikel widerspiegelt und welche Unterschiede sich im Hinblick auf die Behandlung verschiedener Themen ergeben. Zur Einordnung der historischen Hintergründe und Formulierung einer Forschungsfrage werden zunächst wichtige Aspekte in der Beziehung zwischen Deutschland und Israel präsentiert. Darauf aufbauend werden die komplexe Beziehung der deutschen Linken zu Israel sowie das besondere Verhältnis zu Israel von Axel Springer und seinem Unternehmen dargestellt. Anschließend wird die Untersuchungsmethode, ein trianguliertes Design aus quantitativer und qualitativer Inhaltsanalyse, erläutert und die Kategorienbildung für die empirische Analyse aus dem derzeitigen Forschungsstand heraus begründet. Basierend auf den Ergebnissen der quantitativen und qualitativen Untersuchung werden Parallelen in der Berichterstattung der beiden Zeitungen diskutiert und Perspektiven für zukünftige Forschung offeriert.

## 2. Historischer Hintergrund: Deutschland und Israel

Die deutsche Außenpolitik ist wesentlich durch die Bewältigung der nationalsozialistischen Vergangenheit geprägt. Als zentrale Normen ergeben sich daraus „die Anerkennung der Rechtsnachfolge des Deutschen Reichs einschließlich der daraus entstehenden Wiedergutmachungsverpflichtungen, insbesondere im Verhältnis zu Israel [...]" (Maull 2006, S. 423).

Ein wichtiger Moment in der deutsch-israelischen Geschichte war Adenauers Bekenntnis im Bundestag zur Schuld und Verantwortung des deutschen Volkes an den NS-Verbrechen sowie zu einer prinzipiellen Verpflichtung gegenüber Israel und dem jüdischen Volk im September 1951 (Weingardt 2002, S. 442). Dennoch existierten trotz der verlässlichen Reparationszahlungen der Bundesrepublik keine offiziellen diplomatischen Beziehungen, da die Bundesrepublik diese, begründet durch die Hallstein-Doktrin[1], seit 1955 kontinuierlich ablehnte. Der Premierminister Israels, Ben Gurion, forderte am 27. Juni 1957 erstmals öffentlich die Bundesrepublik auf, „normale, diplomatische Beziehungen zu Israel aufzunehmen" (zit. in Kloke 2005, S. 2). Doch erst im März 1965 bot Adenauer Israel diese offiziell an (Weingardt 2002, S. 157ff).

In den folgenden Jahren versuchte Deutschland sich als neutraler Akteur im Nahen Osten zu etablieren, sich nicht in Konflikte einzumischen und offiziell Positionen der Europäischen Wirtschaftsgemeinschaft zu vertreten (Belkin 2007, S.6). Dies führte jedoch zu einer ambivalenten Nahost-Außenpolitik der Bundesrepublik, die zwischen aktiver Unterstützung für Israel durch ökonomische, militärische und geheimdienstliche Zusammenarbeit und Nichteinmischung bis Distanz, beispielsweise während des Jom-Kippur Kriegs 1973, schwankte (ebd.).

Als erster amtierender Bundeskanzler besuchte Willy Brandt Israel und nannte die Diplomatie zwischen beiden Ländern eine „normale Beziehung mit besonderem Charakter" (zit. in Kloke 2005, S. 4). Dass dies nicht stimmte, bewies 1981 ein Fernsehinterview des damaligen Bundeskanzlers Helmut Schmidt, der verschiedene europäische Völker nannte, deren Leid im Zweiten Weltkrieg eine „moralische Last für die deutsche Außenpolitik" darstellte, ohne dabei auf das Leid der Juden zu verweisen (ebd.). Für

---

[1] Die Bundesrepublik hatte Angst, dass die traditionell guten wirtschaftlichen und politischen Beziehungen zu den arabischen Staaten darunter leiden würden und diese als Reaktion die DDR völkerrechtlich anerkennen würden, womit der Alleinvertretungsanspruch der Bundesrepublik für Deutschland gebrochen wäre (Weingardt 2002, S. 108ff).

Befremden sorgten in den 1980er Jahren auch ein Besuch von Bundeskanzler Helmut Kohl, der für sich die „Gnade der späten Geburt" in Anspruch nahm, sowie Besuche von Politikern der Grünen, die israelische Politiker über den Nahostkonflikt belehrten und damit wie Kohl in den Augen vieler Israelis nach einer „Schlussstrich"-Mentalität handelten (ebd.). In jüngster Vergangenheit wurde eine Rede der Bundeskanzlerin Angela Merkel 2008 in Jerusalem wohlwollend aufgenommen, denn sie versicherte, die Sicherheit Israels gehöre zur „deutschen Staatsräson" (Bundesregierung 2008).

Dennoch gibt es in der israelischen Gesellschaft Befürchtungen im Hinblick auf steigende neonazistische Aktivitäten, die zunehmend israelkritische Haltung in Deutschland, das wachsende deutsche Engagement für den Aufbau staatlicher palästinensischer Strukturen sowie die deutsche Kritik an US-amerikanischen Interventionen im Nahen Osten (Belkin 2007, S. 10).
Ein gegenwärtiges Problem in der Beziehung von Israel und Deutschland entsteht durch Deutschlands Verhältnis zum Iran. Während Deutschland einen eher „kritischen Dialog" befürwortet, sieht man in Israel hauptsächlich die eigene Existenzbedrohung durch das iranische Atomprogramm und schließt neben wirtschaftlichen und politischen Sanktionen auch ein militärisches Vorgehen nicht aus (ebd.).

# 3. Politische Positionierungen gegenüber Israel

## 3.1. Die deutsche Linke und Israel

Im Folgenden wird die Entwicklung der BRD-Linken in Bezug zu ihrem Israelverhältnis untersucht. Verschiedene Ausprägungen des Antisemitismus wie Antizionismus innerhalb linker Gruppierungen werden aufgezeigt sowie Gegenbewegungen und die Reflexion über diese Problematik in innerlinken Debatten. Es wird letztlich herausgearbeitet, welche Prozesse und historischen Gegebenheiten zur Gründung der Zeitung *Jungle World* geführt haben und welche Rolle sie damals und heute innerhalb der linken Diskurse einnimmt.
Wie Ullrich (2012, S. 315) beschreibt, liegt das Besondere in dem Umstand, dass die traditionelle Links-Rechts-Positionierung in keiner Weise in der deutschen politischen Linken bei der Betrachtung des Nahostkonflikts funktioniert. Normalerweise legt eine linke Selbstbeschreibung bestimmte Sichtweisen und Handlungsoptionen bei gesellschaftlichen Konflikten nahe.

Das Verhältnis der deutschen Linken zu Israel allerdings schlägt sich in „militanter Palästinasolidarität, über verschiedene abwägende und auf Vermittlung setzende Positionen bis hin zu militanter Israelsolidarität" (Ullrich 2012, S. 315) nieder.

### 3.1.1 Die Antisemitismus- und Antizionismusdebatte vor 1989

Moishe Postone, ehemaliger Mitarbeiter des Frankfurter Instituts für Sozialforschung, veröffentlichte 1979 in der Bundesrepublik den Text „Antisemitismus und Nationalsozialismus" und sorgte mit seinen Thesen für heftige Diskussionen innerhalb der bundesdeutschen Linken. Postone beschäftigte sich in seinem Text mit den Reaktionen der 1968er-Bewegung auf den Nationalsozialismus und den Holocaust. Er stellt fest, dass die Neue Linke sich in ihrer Auseinandersetzung hauptsächlich mit der Geschichte der deutschen Arbeiterbewegung in den Zwischenkriegsjahren und dem Widerstand gegen das Nazi-Regime befasste und dabei die Vernichtungspolitik der Nationalsozialisten sowie das Phänomen des Antisemitismus vernachlässigte. Zudem hätten sich durch den Sechs-Tage-Krieg 1967 vormals starke philosemitische und prozionistische Einstellungen auf einmal in ihr Gegenteil gewandelt (Postone 1979). Postone sah den Kampf der Neuen Linken gegen den Zionismus als einen Kampf gegen die eigene Vergangenheit und Verantwortung.

Der linke Flügel der Antiraketenbewegung setzte sich in der Folgezeit mit den Thesen Postones auseinander. Es kam zur Herausbildung einer antideutschen Strömung, die „auch in der Antisemitismusdebatte den antizionistischen Grundkonsens der linken Bewegungen der 80er Jahre durchbrach" (Nowak 2013, S. 12).

Eine wirkliche Antisemitismusdebatte begann 1988 aufgrund einer Parole in der damals besetzten Hafenstraße in Hamburg. Die Parole lautete „Boykottiert „Israel"! Waren, Kibbuzim und Strände! Palästina – Das Volk wird dich befreien. Revolution bis zum Sieg." Nowak (2013, S. 14) erläutert, dass die Boykottparole als Versuch zu sehen war, unabhängig der verschiedenen Kontexte „die Verteidigung der Hafenstraße mit den Ereignissen in Palästina kurz zu schließen", wo seinerzeit die Intifada begann. Nowak weist darauf hin (2013, S. 14), dass der Streit innerhalb der Linken sich zwar um die Form, nicht aber um die Legitimität einer Israelkritik drehte. Während der große Teil der Linken eine propalästinensische Perspektive vertrat, gab es nun auch Kritiker dieser

Parolen, welche von einer Solidaritätsposition mit der israelischen Linken aus argumentierten.

Vor 1989 spielte die Nahost-Problematik auch in kleinen Zirkeln, welche militanten Gruppen wie den *Revolutionären Zellen* nahe standen, eine Rolle. Der RZ-Aussteiger Hans-Joachim Klein erklärt seinen Austritt aus den militanten Strukturen mit deren antiisraelischer Orientierung (Nowak 2013, S. 19). Nowak (2013, S. 20) weist auf die Problematik hin, dass in den damaligen Medien der radikalen Linken kaum die Möglichkeit bestand, kritische Debatten über diese Thematik zu führen. Erst Jahre später wird in einem anonym verfassten Text (zitiert in Nowak 2013, S. 23) die Verdrängung des Holocausts zugunsten einer palästinensischen Perspektive selbstkritisch eingestanden. Der Text kritisiert, dass die Auswirkungen der deutschen Geschichte auf die eigene Parteinahme ignoriert worden wären. Eine durch den Vietnamkrieg geprägte antiimperialistische Sichtweise sei auf den palästinensischen Befreiungskampf übertragen worden und man hätte Israel nicht mehr aus der Perspektive der nationalsozialistischen Vernichtung, sondern lediglich aus dem Blickwinkel seiner Siedlungs-geschichte betrachtet.

### 3.1.2 Antisemitismus- und Antizionismusdebatte nach 1989

Während sich nach dem Fall der Berliner Mauer eine nationalistische Stimmung in Deutschland verbreitete, bildete sich die linke Kampagne „Nie-Wieder-Deutschland", welche sich mit den Opfern des Nationalsozialismus auseinandersetzte. Sie bewertete den bisherigen linken Umgang mit der Shoah als unzureichend und übte Kritik „an Volkstümelei, Unterschätzung des eliminatorischen deutschen Antisemitismus und einer regressiven Israelkritik" (Nowak 2013, S. 24). Auschwitz wurde zum Ausgangspunkt des Denkens dieser politischen Bewegung.
Mit dem zweiten Golfkrieg wurde nun speziell eine Positionierung zu Israel Teil der Antisemitismusdebatte. Während das durch eine internationale Kriegsallianz bedrängte Baath-Regime unter Saddam Hussein Scud-Raketen auf Israel schoss, um andere arabische Staaten hinter sich zu vereinen, bildete sich in Deutschland eine breite Antikriegsbewegung, die jedoch die Bedrohung Israels nicht thematisierte. Dies wurde von der „Nie-Wieder-Deutschland"-Bewegung, die sich auf Seiten Israels positionierte, heftig kritisiert. Wie Nowak (2013, S. 35) beschreibt, kann dies als der Beginn der israel-solidarischen Bewegung in der deutschen Linken nach 1989 gesehen

werden. Anders als vor 1989 löste dieser Konflikt nun eine große innerlinke Debatte aus. Debatten in der linken Monatszeitschrift *konkret* zwischen Kriegsbefürwortern und Kriegsgegnern stellen die erste bundesweite Antisemitismusdebatte in der linken Szene dar. Nowak (2013, S. 38) stellt das Besondere heraus: „Es ging um die Frage, wann Israelkritik in Antisemitismus kippt und erstmals wurde auch gegen einen regressiven Antizionismus argumentiert".

Durch die zweite Intifada, den Libanonkrieg sowie den 11. September 2001 kam es zu einer Neuorientierung vieler Linker und einige linke Gruppen platzierten nun die Solidarität mit Israel ganz oben auf ihrer Agenda. Die deutschen israel-solidarischen Gruppen konzentrierten sich nun in ihrer Arbeit auf den Islamismus als globale reaktionäre und antisemitische Bewegung. Friedensbemühungen wurden von israel-solidarischen Gruppen als Appeasement-Politik gegenüber dem Islamismus gesehen und es wurden Parallelen zur Politik westeuropäischer Staaten gegenüber dem NS-Regime in den 1930er Jahren gezogen. Linke, Liberale und Pazifisten wurden dafür kritisiert, die reaktionäre Gefahr des Islamismus nicht zu erkennen. Ein Teil der israel-solidarischen Strömung sah sich auch nicht mehr als explizit links an und positionierte sich an der Seite israelischer und US-amerikanischer Konservativer. Die Rolle des nationalsozialistischen Deutschlands nahm für viele israel-solidarische Gruppen nun der Islamismus ein und es gab auch theoretische Versuche, die Fortsetzung der "deutschen Ideologie mitsamt dem Antisemitismus" im Islamismus neu zu verorten (Nowak 2013, S. 56).
Es dauerte weitere Jahre, bis vermittelnde Positionen wieder an Einfluss gewannen. Ullrich beschreibt (2008, S. 13), wie ein Großteil des linken Diskurses nicht eine Auseinandersetzung *mit* dem Nahostkonflikt, sondern eine *über den Umgang* mit dem Nahostkonflikt wurde. Ein Großteil des Wandels vollzog sich im Wechsel der politischen Generationen. Der innerlinke Konflikt spiegelte sich dabei auch in den linken Mediendiskursen wider. Speziell in den 1990er Jahren wurden antideutsche beziehungsweise israel-solidarische Positionen vermehrt von Medien wie der Monatszeitschrift *konkret*, der Zeitschrift *Phase 2* oder der Wochenzeitung *Jungle World* aufgegriffen und konnten eine bedeutende Wirkungsmacht in linken Debatten erzielen.

## 3.1.3 Die Entstehung der Jungle World

Die Wochenzeitung *Jungle World* gründete sich 1997 durch eine Abspaltung von der antiimperialistischen Tageszeitung *Junge Welt*, welche in der DDR das Zentralorgan der Jugendorganisation FDJ war. Der Geschäftsführer der *Jungen Welt* Dietmar Koschmieder entließ den damaligen Chefredakteur Klaus Behnken, um gegen den Willen der Redaktion die Blattlinie zu verändern. Die Sicht auf den Nahostkonflikt spielte bei dieser Auseinandersetzung eine nicht unwesentliche Rolle, aber „der Antisemitismusstreit war nicht die dominierende Triebfeder der Trennung" (Nowak 2013, S. 45). Somit zeigte sich auch in den Redaktionsräumen der innerlinke Konflikt jener Tage zwischen einem eher traditionell antiimperialistischen Blickwinkel und der neuen antideutschen und israel-solidarisch geprägten Sichtweise. Die Mehrheit der Redakteure solidarisierte sich mit ihrem Chefredakteur und besetzte für zwei Wochen die Redaktionsräume der *Jungen Welt*. Es wurde eine Streikzeitung produziert, aus welcher die *Jungle World* hervorging.

Nach ihrem Selbstverständnis sah sich die Zeitung als undogmatisches Medium, in dem verschiedene linke Positionen Platz finden sollten. Ein Grundkonsens gegen Antisemitismus, Antizionismus und Anti-Amerikanismus war jedoch seit der Gründung wesentliches Fundament der Zeitung, wie Mitherausgeber Ivo Bozic betont (Weinthal 2007). Somit bot die *Jungle World* von Anfang an ausgiebig antideutscher und israel-solidarischer Berichterstattung Raum und hoffte, auf diese Weise in die linken Diskurse intervenieren zu können. Auch wurden mit verschiedenen Diskussionsbeiträgen zum Nahostkonflikt weitreichende innerlinke Debatten entfacht. Das Bundesfamilienministerium verortete die Zeitung 2012 als dem „antideutschen linksextremistischen Spektrum" zugehörig (Yücel 2012).

## 3.2 Axel Springer und Israel

### 3.2.1 Die Person Axel Springer und sein Verhältnis zu Israel

Axel Springer wird als „die wahrscheinlich umstrittenste Persönlichkeit der deutschen Nachkriegsgeschichte" (zit. in Kellerhoff 2011) beschrieben. Unbestritten sind jedoch sein persönliches und politisches Engagement für Israel und das jüdische Volk (Kellerhof 2011).

In den fünfziger Jahren entsprach der Umgang Axel Springers und seiner Blätter mit den nationalsozialistischen Verbrechen an den Juden noch der gängigen Einstellung in Deutschland (Kruip 1999, S. 183). Zunächst waren das allgemeine Bekenntnis zu Demokratie und Unterstützung der Wiedergutmachungszahlungen an die Juden und Israel für Springer ausreichend. Damit bekundete er Distanz zu der nationalsozialistischen Ideologie und akzeptierte eine Kollektivschuld (ebd., S. 187). Doch Mitte der sechziger Jahre entwickelte Axel Springer nach seinem ersten Israelbesuch eine persönlichere Beziehung zu Israel. Er wurde zu einem „hingebungsvolle[n] Freund Israels", dessen „Engagement gegen Antisemitismus und für den Staat Israel eine tragende Säule seiner politischen und persönlichen Identität bildete" (Herzinger 2012). Er wurde zum Vorkämpfer für eine konsequente Aufarbeitung der deutschen Verbrechen im Nationalsozialismus gegen die Juden und trat ein „für ein klares Bekenntnis der Deutschen zu ihrer nationalen Schuld" (ebd.). Als Konsequenz sah er zwangsläufig eine deutsche Verantwortung „für eine gesicherte Zukunft jüdischen Daseins" und ging mit dieser Forderung „weit über den offiziellen Konsens der politischen Eliten der Bundesrepublik hinaus" (ebd.).

Avi Primor, Israels Botschafter in den 1990er Jahren in der Bundesrepublik, sagte einmal, dass "[d]ie NS-Verbrechen [...] Springers Patriotismus [verletzten]" (zit. in Kellerhoff 2011). Seine Unterstützung für Israel und das jüdische Volk könne folglich als seine ganz persönliche Lehre verstanden werden, die er aus dem moralischen und politischen Absturz Deutschlands in der NS-Zeit zog (Kellerhoff 2011).

Springers Religiosität sieht Dmitrij Belkin, Historiker und Kurator der Ausstellung „Axel Springer und die Juden", als einen weiteren Aspekt für Springers Verhältnis zu Israel. Er bezeichnet Springer als religiösen Menschen, „für den die Frage der Schuld, aber andererseits auch die Frage der Versöhnung auch eine eindeutig christlich gefärbte, religiöse Frage war" (zit. in Heilwagen 2012). Als weiteren Grund nennt Belkin die politische Dimension:

> " [...] Axel Springer verstand [...] wie man sich auch der Linie der jeweiligen Regierung anpassen kann. Seine Zeitungen, seine Blätter waren eindeutig auf dieser Linie: Wiedergutmachung, diplomatische Beziehungen mit Israel" (zit. in Heilwagen 2012).

## 3.2.2 Das Unternehmen Axel Springer und Israel

Ein Jahr nach seinem ersten Israelbesuch wurde Springers persönliches Anliegen der Unterstützung Israels in den Unternehmenszielen und Unternehmensgrundsätzen festgeschrieben. So bezieht sich der zweite von fünf Unternehmensgrundsätzen[2] ganz explizit auf das Verhältnis zwischen Deutschland und Israel: „Das Herbeiführen einer Aussöhnung zwischen Juden und Deutschen, hierzu gehört auch die Unterstützung der Lebensrechte des israelischen Volkes" (Axel Springer AG 2001). Dieser Grundsatz prägt bis heute die Berichterstattung der Springer-Zeitungen über Israel. Dementsprechend kann die Berichterstattung seit Mitte der sechziger Jahre als nicht ausgewogen bezeichnet werden (Kruip 1999, S. 189).

In unterschiedlichen Situationen zeigte sich, dass die Solidarität mit Israel für die Springer-Blätter nicht verhandelbar ist (Halbinger 2012, S. 98). Der Sechs-Tage-Krieg im Juni 1967 stellte einen Wendepunkt des Israelbilds in Deutschland und den deutschen Medien dar und zeigte zum ersten Mal deutlich die dem Mainstream entgegengesetzte Israel-Solidarität der Springer-Blätter (Heilwagen 2012). Nach diesem Krieg erschien Israel, das bis dahin als Zufluchtsort der Opfer des Holocausts gesehen wurde, vielen als Aggressor und Eroberer. Die Zeitungen des Springer-Konzerns hingegen stellten sich „an die Spitze der plötzlich als hundertprozentige Philosemiten in Erscheinung tretenden konservativen und deutsch-nationalen Kräfte" (Kloke 1990, S. 70).

Weitere Ereignisse machen die besondere Verbundenheit der Springer-Blätter mit Israel ebenso deutlich. So wurde über den Eichmann-Prozess 1960 und die 1963 begonnenen Frankfurter Auschwitz-Prozesse in *Bild* und *Welt* bei weitem „mehr und intensiver" berichtet als beispielsweise im *Stern* oder der *Zeit* (Herzinger 2012). Zudem traten die Springer-Medien für eine emphatische Identifikation mit den jüdischen Opfern und „gegen das grassierende "Schlussstrich"-Gerede (sic!)" ein (ebd.). Damit nahmen sie eine zu jener Zeit „keineswegs [populäre]" Position ein (ebd.).

Auch in Situationen, in denen einzelne Israelis konkret bedroht oder zu Opfern wurden, wichen Berichte der Springer-Blätter von denen anderer deutscher Medien ab. Ein Beispiel war die Berichterstattung über die Ermordung israelischer Sportler durch palästinensische Terroristen während der Olympischen Spiele in München 1972. Die *Bild*-Zeitung berichtete im Gegensatz zum Nachrichtenmagazin *Spiegel* eingehend über die Opfer und ihr Leben (Halbinger 2012, S. 98).

---

[2] Als einziges unabhängiges Medienunternehmen besitzt Axel Springer eine Unternehmensverfassung. Die darin enthaltenen Grundsätze sind Grundlage der publizistischen Ausrichtung und definieren gesellschaftspolitische Grundüberzeugungen. Die fünf gesellschaftspolitischen Unternehmensgrundsätze, 1967 von Axel Springer formuliert, nach der Wiedervereinigung 1990 geändert und 2001 ergänzt, sind Bestandteil der Unternehmenssatzung.

Eine weitere Abgrenzung der Springer-Blätter ist schließlich die Betonung der „demokratische[n] und wirtschaftliche[n] Aufbauleistung des Staates Israel oder die existentielle Bedrohung durch feindliche Nachbarn", die in anderen deutschen Medien eher vernachlässigt wird (Kraushaar 2011).

## 4. Einordnung von *Welt* und *Jungle World* im massenmedialen Diskurs

### 4.1 Das Israelbild in deutschen Medien

Die deutsche Medienberichterstattung über Israel und den Nahostkonflikt war und ist geprägt vom Kontext des Nationalsozialismus und der Shoah. Daraus resultiert einerseits eine besondere Aufmerksamkeit gegenüber dem jüdischen Staat. Andererseits ist nicht zu leugnen, dass Ratlosigkeit im Umgang mit Israel sowie antisemitische und antizionistische Vorurteile in deutschen Medien zu finden sind.
Eine Inhaltsanalyse des Duisburger Instituts für Sprach- und Sozialforschung (2002) benennt als wesentliche Merkmale der Nahost-Berichterstattung die „hoffnungslos unterlegen dargestellten Palästinensern", die, wenn auch nicht unkritisch betrachtet, so dennoch in der Rolle der Opfer erscheinen (ebd., S. 29). Außerdem erfolgt laut der Studie eine Individualisierung der palästinensischen Opfer, die das Mitgefühl mit ihnen verstärkt und darüber hinaus eine Identifikation ermöglicht. Demgegenüber stehe die abstrakte Darstellung israelischer Akteure, die nur im Kontext von Gewalt und Militär thematisiert werden (ebd., S. 16f).

Des Weiteren werden Israel und den Israelis stark negative Charakterisierungen zugeschrieben, vor allem bei der Thematisierung des ungleichen Kräfteverhältnisses „zwischen der als martialisch charakterisierten israelischen Armee auf der einen, und den als hoffnungslos unterlegen dargestellten Palästinensern auf der anderen Seite" (Jäger & Jäger 2003, S. 357). Zu diesem Ergebnis kommt auch Behrens (2003) nach einer Inhaltsanalyse des Nachrichtenmagazins *Der Spiegel*.
Jäger und Jäger (2003) haben in ihrer Diskursanalyse deutscher Qualitätszeitungen allerdings generell festgestellt, dass insgesamt ein sehr negatives Bild sowohl der Israelis als auch der Palästinenser gezeichnet wird. Die negativen Zuschreibungen knüpfen dabei gemäß der Analyse an antisemitische und antiislamische Vorurteile an (S. 342). Kritisch merken die Autoren an, dass der Versuch einer ausgewogenen Berichterstattung vor

dem Hintergrund der deutsch-israelischen Vergangenheit misslingt (S. 351).

## 4.2 Das Israelbild in *Welt* und *Jungle World*

Im Gegensatz zu dieser ambivalenten, jedoch überwiegend israelkritischen Haltung in deutschen Medien stehen *Welt* und *Jungle World*, wie erste empirische Studien belegen.

Die Diskursanalyse von Jäger und Jäger (2003) hat Merkmale der Israel-Berichterstattung der *Welt* herausgearbeitet.[3] Sie beschreibt die Kontrastierung der verhandlungsbereiten Israelis mit den gewalttätigen Palästinensern (S. 231, 234) sowie eine Pauschalisierung aller arabischen Völker (S. 129). Weiterhin stellen die Autoren fest, dass die *Welt* die palästinensische Führung als Hauptproblem im Konflikt darstellt und dagegen deutliche Schuldzuweisungen gegenüber Israel vermeidet (S. 175). Ferner konstatiert die Analyse, dass der Nahostkonflikt in der *Welt* als „internationales Problem" begriffen und dabei die Vielfalt der involvierten Akteure thematisiert wird (S. 288).

Die Berichterstattung in linken deutschen Printmedien zum diskursiven Ereignis Gaza-Konflikt 2008/2009 hat Maier (2011) untersucht. Er kommt zu dem Ergebnis, dass der linke Diskurs weitgehend durch antizionistische Stereotype geprägt ist. Dabei werde Israel häufig das Recht auf Selbstbestimmung abgesprochen, indem militärische Interventionen von außen gefordert und das Existenzrecht im Allgemeinen hinterfragt würden. Außerdem beschreibt er die Etablierung von doppelten Standards (v.a. durch das Absprechen des Rechts auf Verteidigung), das Vorkommen antisemitischer Stereotype („Ratten", „Brunnenvergifter", jüdische Weltverschwörung, Schlachten von Kindern), die verallgemeinernde Gleichsetzung von Juden und Israelis sowie geschichtsrevisionistische Elemente, die die Opferrolle der Juden aus der NS-Zeit mit ihrer neuen „Täterrolle" in Beziehung setzen (S. 156ff.). Die *Jungle World* bezeichnet Maier als Gegenstück zu diesem antizionistischen Diskurs der Linken (S. 160).

Als Hauptkritikpunkt im Gegendiskurs der *Jungle World* beschreibt Maier (2011) die Israelfeindschaft der deutschen und europäischen Linken (S. 106).

---

[3] Es ist zu beachten, dass die verschiedenen Elemente jeweils in Bezug auf bestimmte diskursive Ereignisse festgestellt worden sind. Sie werden also von den Autoren nicht als repräsentativ für die Berichterstattung der *Welt* beschrieben, sind aber zur folgenden Operationalisierung von Israel-Solidarität hilfreich.

Die oben aufgeführten antizionistischen und antisemitischen Diskurselemente werden folglich abgelehnt und auf einer metasprachlichen Ebene kritisiert. Im Gegensatz zu den Erkenntnissen von Jäger und Jäger (2003) zur homogenen Darstellung der arabischen Akteure, beobachtet Maier für die *Jungle World* eine Differenzierung, insbesondere bezüglich der verschiedenen Strömungen innerhalb der Hamas (S. 113). Die Darstellung der israelischen Gesellschaft basiere auf Attributen wie „selbstreflexiv, pluralistisch und verhandlungsbereit" (S. 118). Das Land werde „als Bestandteil des (antifaschistisch grundierten) Eigenbildes wahrgenommen" (S. 160). Weiterhin beobachtet der Autor, dass Antisemitismus als „irrationales" Phänomen herausgestellt und oft mit dem Vorwurf der Täter-Opfer-Umkehr in Verbindung gebracht wird (S. 117). Ein weiterer Kernpunkt ist nach Maier die Kritik am Islamismus, wobei die islamistische Ideologie zu diesem Zweck häufig sprachbildlich mit dem Nationalsozialismus in Verbindung gesetzt werde (S. 122).

## 4.3 Ableitung der Forschungsfrage

Die Ergebnisse empirischer Studien stehen im Einklang mit den historischen Rahmenbedingungen, die für die Herausbildung von *Welt* und *Jungle World* in Abschnitt 3 diskutiert worden sind. Als gemeinsames Merkmal der Berichterstattung kann eine einseitige Israel-Solidarität angenommen werden, die im Gegensatz zu dem ambivalenten Israelbild der deutschen Mainstream-Medien steht.

Hinsichtlich der verschiedenen Hintergründe und ersten Erkenntnissen von Jäger und Jäger (2003) sowie Maier (2011) können aber auch verschiedene Formen dieser Solidarität vermutet werden. Während die linke Israel-Solidarität zu großen Teilen eine selbstreflexive Debatte über innerlinken Antisemitismus einschließt, scheint die Positionierung der *Welt* stärker auf die in den Unternehmensgrundsätzen verankerte Aussöhnung und Verantwortung für die Sicherheit Israels ausgerichtet.

Anti-arabische Stereotype können für beide Medien vermutet werden, allerdings legt die Studie von Maier (2011) nahe, dass in der *Jungle World* insgesamt trotz allem eine stärkere Differenzierung der Akteure stattfindet.

Des Weiteren könnte aufgrund der bestehenden Ergebnisse angenommen werden, dass die *Welt* stärkeres Gewicht auf die globale Bedeutung des Nahostkonflikts legt, während die *Jungle World* auf eine Identifizierung mit der israelischen Gesellschaft setzt.

Da ein Vergleich der beiden Medien jedoch bislang in der Forschung nicht vorliegt, wurde ein exploratives Design gewählt, das sich der folgenden

Forschungsfrage zuwendet:

> *Welche Gemeinsamkeiten und Unterschiede lassen sich in israel-*
> *solidarischen Meinungsbeiträgen der konservativen Welt und der*
> *linken Jungle World identifizieren?*

Um diese Frage zu untersuchen, wurden zunächst Frames der Israel-Solidarität durch eine quantitative Inhaltsanalyse definiert, dann das Vorhandensein dieser Frames zwischen *Welt* und *Jungle World* verglichen und schließlich einzelne Aspekte mittels einer qualitativen Inhaltsanalyse vertieft.

## 5. Methodisches Vorgehen

## 5.1 Forschungsdesign: Quantitative Inhaltsanalyse

Gegenstand der Inhaltsanalyse waren Meinungsartikel im online-Archiv der Webseiten der *Welt* sowie der *Jungle World*.[4] Die Grundgesamtheit wurde auf die journalistische Stilform des Kommentars begrenzt, „weil sie den öffentlichen Standpunkt der Zeitung zum Ausdruck bringen und einen Kontext für die Dekodierung der Nachrichten herstell[t]" (Dente Ross 2003, S. 25).

Um Artikel mit Hauptaugenmerk auf Israel zu selektieren, wurden zunächst alle Artikel im Untersuchungszeitraum durch den Suchbegriff „israel*" gefiltert. Als Zugriffskriterium wurde weiterhin definiert, dass im Teaser, in der Überschrift oder im ersten Absatz des Artikels die Begriffe „Israel", „Nahost", „Antisemitismus" oder „Antizionismus" beziehungsweise israelische Akteure genannt werden mussten. Ausgenommen von der Analyse wurden Interviews und Rezensionen.

Insgesamt wurden 128 Meinungsbeiträge aus dem Zeitraum vom 1. Januar 2012 bis zum 31. Dezember 2012 für die Analyse ausgewählt. Der Untersuchungszeitraum wurde bewusst ereignisunabhängig ausgewählt. Da die Forschung sich bisher stark auf den Israel-Palästina-Konflikt, insbesondere die beiden Intifadas, konzentriert (Hafez 2002, S. 15), wurde

---

[4] Im Gegensatz zur *Welt* werden in der *Jungle World* nur sehr wenige Artikel explizit als Kommentar deklariert. Da die Wochenzeitung *Jungle World* ihrem Selbstverständnis nach als systemkritisches Medium der Gegenöffentlichkeit gilt, wurden im Rahmen dieser Arbeit alle Artikel unabhängig der Ressort-Klassifizierung als Meinungsartikel interpretiert.

dabei versucht, ein umfassenderes medial vermitteltes Israelbild zu rekonstruieren, das auch andere Konfliktpunkte – innen- sowie außenpolitisch – einschließt.

Um die Güte der Messung zu garantieren, wurde im Vorfeld der Datenerhebung ein Reliabilitätstest durchgeführt. Die Inter-Codierer-Übereinstimmung nach Holsti ergab 95%. Allerdings ist dieses sehr gute Ergebnis neben der binären Codierung sicher auch auf die insgesamt große Variablenanzahl mit diversen Unterkategorien zurückzuführen, da einzelne Differenzen zwischen den Codierern durch eine große Anzahl generell nicht vorkommender Elemente relativiert wurden.

## 5.2 Frame-Bestimmung durch hierarchische Cluster-Analyse

Die Vorgehensweise zur Ermittlung der Frames orientierte sich an einem von Matthes und Kohring (2008) entwickelten Verfahren zur Analyse von Frames. Um eine hohe Reliabilität und Inhaltsvalidität zu gewährleisten, schlagen die Autoren vor, keine kompletten Frames, sondern einzelne Frame-Elemente zu codieren und diese anschließend durch eine Clusteranalyse zu gruppieren (S. 262ff.).

Ziel der Cluster-Analyse ist es, Fälle mit ähnlicher Variablenstruktur zu vereinigen. Als Fusionsalgorithmus wurde für die vorliegende Untersuchung das Ward-Verfahren gewählt, welches sich im Vergleich mit anderen Verfahren bewährt hat und deshalb in der Praxis häufig Anwendung findet (Backhaus et al. 2011, S. 431f.). Beim Ward-Verfahren werden Fälle und Gruppen so zusammengefasst, dass die Streuung für die Gesamtheit der Variablen innerhalb einer Gruppe möglichst wenig erhöht wird (ebd., S. 426). Für alle Merkmale wurde mit einem binären Code ihr Vorkommen (=1) beziehungsweise Nicht-Vorkommen (=2) codiert. Aufgrund dieser Variablenstruktur wurde als Distanzmaß die binäre Euklidische Distanz ausgewählt (ebd., S. 401).

Als aktive Klassifizierungsvariablen für die Clusterbildung mit dem Statistikprogramm SPSS wurden nur Variablen einbezogen, die für mehr als 5% der Fälle codiert wurden (also mindestens für 7 Fälle). Da das Ward-Verfahren eine weitgehende Unkorreliertheit der Variablen voraussetzt (Backhaus et. al. 2011, S. 431), wurden weiterhin Variablen ausgeschlossen, die stark (r>0,5, auf 0,01-Niveau signifikant) miteinander korrelieren.

## 6. Ansatz zur Operationalisierung von Israel-Solidarität

Im Hinblick auf die Israel-Berichterstattung wird untersucht, welche Aspekte durch *Welt* und *Jungle World* ähnlich oder unterschiedlich stark hervorgehoben werden und welche möglichen Interpretationen dadurch beim Leser forciert werden. Frames werden dabei als „Interpretationsmuster" verstanden, „mit denen sich Informationen sinnvoll einordnen und effizient verarbeiten lassen" (Matthes & Kohring 2004, S. 30).

Nach Entman besteht ein Frame aus den folgenden vier Komponenten: „a particular problem definition, causal analysis, remedy proposal, or moral judgement" (2004, S. 26). Unter Berücksichtigung dieser Frame-Bestandteile wurde ein Kategorienschema entwickelt, das die Hervorhebung beziehungsweise Ausblendung verschiedener Aspekte (Matthes 2007, S. 17) in der Israelberichterstattung im Hinblick auf folgende Kernfragen erfasst:

- Welche Probleme werden im Hinblick auf den Staat Israel thematisiert?
- Welche Ursachen werden für diese Probleme genannt?
- Welche moralischen Bewertungen nimmt der Autor gegenüber Israel und in Beziehung stehenden Akteuren vor?
- Welche Lösungsvorschläge nennt der Autor für die thematisierten Problemfelder?

Die entsprechenden Frame-Elemente, die als Kategorien fungierten und später zur Framebildung herangezogen wurden, sind deduktiv aus der bestehenden Forschungsliteratur abgeleitet worden.[5] Als Quellen dienten dazu die in Abschnitt 4 beschriebenen qualitativen Studien zum Israelbild in den deutschen Medien, allgemeine Framing-Studien zum Nahostkonflikt und Auslegungen von Israel-Solidarität in wissenschaftlichen und journalistischen Texten.

---

[5] Die Vorgehensweise entspricht dabei Matthes und Kohring (2008).

## 6.1 Framing-Studien zum Nahostkonflikt[6]

Gamson (1992, S. 243ff.) identifiziert in einer Inhaltsanalyse der Berichterstattung zu ausgewählten diskursiven Ereignissen des Nahostkonflikts in US-amerikanischen Medien fünf verschiedene Frames:

*Feuding neighbors* – Gewaltspirale, beiderseitige Sturheit, Gefahr für Weltfrieden
*Strategic interest* – Region im Zentrum weltpolitischer Machtkämpfe (Kalter Krieg)
*Arab intransigence* – fehlende Anerkennung des Existenzrechts Israels durch arabische Welt, Unterstützung Israels als moralische Pflicht für den Westen
*Israeli expansionism* – Israels Territorialinteressen, Werkzeug des Westens zum Machterhalt in Nahost
*Dual liberation* – Kompromisslösung, legitime Interessen beider Konfliktparteien

Allgemein beschreibt Gamson eine Abhängigkeit der Ausprägung der Frames vom historischen Kontext, insbesondere eine Schuldumkehr von *Arab intransigence* zu *Israeli expansionism* infolge des Libanon-Kriegs 1982 sowie eine konstante Dominanz des *Feuding neighbors*-Frame (S. 55). Da Gamsons Publikation ein ausführliches Codebuch zur Operationalisierung der einzelnen Frames beinhaltet, sind viele unserer Kategorien daraus entlehnt.

Mittels Experteninterviews und einer Inhaltsanalyse von Überschriften hat Wolfsfeld (1997) zwei rivalisierende Medienframes während der ersten Intifada in den Jahren 1987/88 gegenübergestellt. Er resümiert, dass die Palästinenser den „cultural contest" gewonnen hätten, da die amerikanischen Journalisten hauptsächlich den *Injustice and defiance*-Frame übernahmen. Der *Law and order*-Frame, der die israelische Perspektive wiedergibt, sei dagegen in der israelischen Presse präsent gewesen (S. 167).

Deprez und Raeymaeckers (2010) haben eine tiefergehende Operationalisierung der durch Wolfsfeld eingeführten Frames vorgenommen. Sie formulieren die diametralen Problemdefinitionen als den

---

[6] Die von Ullrich (2012, S. 329) benannten Frames (siehe Abschnitt 3.3) werden an dieser Stelle nicht näher beleuchtet, da sie nicht aus inhaltsanalytischen Erkenntnissen extrahiert, sondern anhand von Interviews interpretiert worden sind. Trotzdem spielt insbesondere die theoretische Arbeit von Ullrich für die Operationalisierung im folgenden Abschnitt eine Rolle.

Kampf der Palästinenser gegen die israelische Besatzung einerseits gegenüber dem Schutz Israels vor gesetzesbrecherischen und gewalttätigen Palästinensern andererseits. Der Grad der Opferpersonalisierung, Akteursbezeichnungen (Terrorist vs. Märtyrer; Verteidiger vs. Besatzer), Verantwortlichkeitszuschreibungen und Lösungsvorschläge werden ferner herangezogen, um zwischen den Frames zu differenzieren (S. 20).

Dente Ross (2003) hat das Framing in Editorials der *New York Times* untersucht. Aufbauend auf Gamson nutzt sie den *Strategic interest* Frame und fasst die weiteren Frames als Gerechtigkeitsframe auf der einen und als Aggressionsframe auf der anderen Seite zusammen, je nachdem ob eher konflikt- oder eher lösungsorientierte Argumente betont werden. Ferner unterscheidet sie, ob die ungerechte Behandlung beziehungsweise das aggressive Verhalten der Israelis, Palästinenser oder beider Parteien gleichwertig thematisiert werden (S. 28).

Neben den klar „pro-israelischen" Frames (*Arab intransigence, Law and order, Palestinian Aggression*) eignen sich auch die ausgewogeneren Frames (*Feuding neighbors, Strategic interest, Dual liberation, Dual justice, Dual Aggression*) prinzipiell, um Frame-Elemente für das Codebuch abzuleiten. Letztlich können auch die „pro-palästinensischen" Frames (*Israeli expansionism, Injustice and defiance, Israeli racism, Israeli Aggression*) herangezogen werden, um Kategorien abzuleiten, die implizierte Vorwürfe vom israel-solidarischen Standpunkt widerlegen oder eine Rechtfertigung entgegensetzen.

## 6.2 Überlegungen zur Israel-Solidarität

Insgesamt gibt es für den Solidaritäts-Begriff eine Vielzahl an unterschiedlichen Definitionen in den Sozial- und Geisteswissenschaften. Relevant für die Betrachtung von Israel-Solidarität ist die Begriffsbestimmung als „Bereitschaft, sich für gemeinsame Ziele oder Ziele anderer einzusetzen, die man als bedroht und gleichzeitig als wertvoll und legitim ansieht" (Wildt 1995, S. 1004). Folgt man dieser Definition, so beinhaltet eine israel-solidarische Position die Unterstützung für die Ziele des Landes, die als gefährdet und schützenswert erachtet werden.

Die Vorstellungen von „Israel-Solidarität" unterscheiden sich zwischen verschiedenen Akteuren allerdings immens. Meist wird weniger darauf eingegangen, welche Handlungen oder Einstellungen mit dem Solidaritäts-Begriff tatsächlich verbunden sind, als welche moralischen und historischen

Ursachen ein Sonderverhältnis zu Israel rechtfertigen.

Zum einen wird Israels Schutzbedürftigkeit allgemein aus seiner Rolle als Zufluchtsstätte vor Antisemitismus abgeleitet. Zum anderen wird vor allem die besondere Verantwortung Deutschlands aus der historischen Schuld am Holocaust heraus begründet (Pfeifer 2012, S. 108). Pfeifer (2012) hat das Sonderverhältnis Deutschland-Israel anhand einer Untersuchung von wissenschaftlichen Auseinandersetzungen und konkreten Politikeraussagen operationalisiert. Sie unterscheidet dabei in die moralisch-historische Argumentation, die aus der Verantwortung und Schuld Deutschlands für den Holocaust ein Sonderverhältnis als Staatsräson ableitet, sowie in die solidarisch-freundschaftliche Dimension, die die Existenzsicherung und Sicherheit des Staates Israel beinhaltet (S. 46).

Eine besonders radikale Sicht hält Solidarität und Kritik am Staat Israel generell für inkompatibel (Wengst 2008). Mehrheitlich wird aber kein absoluter Kritikverzicht gefordert, sondern die Bekämpfung unangemessener Kritik. Zum Beispiel beschreiben die Jusos Berlin (2012) Israelkritik als „antisemitisch und bekämpfenswert, wenn sie Israel delegitimiert, dämonisiert beziehungsweise doppelte Standards für die Politik Israels anwendet, die kein anderer demokratischer Staat erfüllen könnte".

## 6.3 Ableitung der Frame-Elemente

Vor dem Hintergrund dieser Auslegungen von Israel-Solidarität wurden gezielt Frame-Elemente aus den bestehenden Studien extrahiert, die Israel viktimisieren, eine klare Schuldzuweisung an die „Feinde" Israels vornehmen, israelkritische Positionen hinterfragen, Unterstützung für Israel einfordern oder Lösungsvorschläge unter Berücksichtigung israelischer Interessen unterbreiten. Dabei wurde nach Entman (2004) eine Zuordnung zu den Aspekten Problemdefinition, Ursachenzuschreibung, moralische Bewertung und Lösungsvorschläge vorgenommen.[7] Wichtig ist, dabei auch zu beachten, dass die ausschließlich auf den Israel-Palästina-Konflikt bezogenen Studienergebnisse aus der vorhandenen Literatur herangezogen wurden, um ein weiteres Verständnis von Israel-Solidarität zu operationalisieren, das zusätzliche innen- und außenpolitische Themenfelder einschließt.

---

[7] Es muss an dieser Stelle darauf hingewiesen werden, dass diese Zuordnung nicht für alle Variablen eindeutig trennscharf erfolgen konnte. Fast alle Problem- und Ursachenbeschreibungen implizieren auch automatisch eine moralische Wertung und umgekehrt. Allerdings hatte diese Form der Sortierung keine Auswirkungen auf die Clusterbildung, die alle Variablen gleichrangig heranzieht.

## 6.3.1 Problemdefinition

Zunächst galt es zu identifizieren, welche Probleme israel-solidarische Positionen in Nahost beschreiben. Entsprechend wurden Frame-Elemente abgeleitet, die eine Viktimisierung Israels beinhalten.

Israel-Solidarität als „Einstehen nicht nur für das Existenzrecht, sondern auch für die sichere Zukunft Israels" (Bundesregierung 2010) begreift den Antizionismus als zentrale Bedrohung. Nach Jäger und Jäger (2003) wird definiert: „Anti-Zionismus liegt vor, wenn dem Staat Israel das Existenzrecht bestritten wird beziehungsweise zionistische Politik generell abgelehnt wird, oder auch, wenn der Staat Israel als jüdischer Staat in Frage gestellt wird" (S. 29). Demzufolge wurde das kritische Herausstellen von antizionistischen Einstellungen und Handlungen als eine Variable festgelegt.

Wird ausdrücklich die fehlende Anerkennung des israelischen Existenzrechts (Gamson 1992, S. 245) oder die Rolle Israels als „Einzelgänger (lone western state), among Muslim countries" (Deprez et al. 2010, S. 8) thematisiert, wurde dies in gesonderten Kategorien ebenfalls erhoben.

Wie aus den Vorgängerstudien hervorgeht, beklagen israel-solidarische Positionen häufig die Gefahren, die vom arabischen Terrorismus, insbesondere den Selbstmordattentaten, ausgehen (Ullrich 2005, S. 239; Deprez et al. 2008, S. 9). Neben dem Element „Bedrohung Israels durch Terrorismus" wurde auch eine Variable konstruiert, die misst, ob israelisches Leid in Folge von Gewalteinwirkung thematisiert wird (Dente Ross 2003, S. 31).

Schließlich liegt ein weiteres Problem in der Heterogenität der Akteure begründet. Laut Jäger und Jäger (2003) wird dem individualisierten Westen die arabische Welt häufig „als amorphe Masse" gegenübergestellt (S. 128). Durch die Inhaltsanalyse sollte erhoben werden, inwiefern unterschiedliche Positionen in der israelischen und der arabischen Gesellschaft thematisiert werden und ob ihnen Kompromissfähigkeit zugestanden wird (vgl. Maier 2011, S. 113).

## 6.3.2 Ursachenzuschreibung

In einer Analyse des linken Nahostdiskurses kommt Ullrich (2012) zu dem Schluss, dass Israel-Solidarität mit einer ausgeprägten Sensibilität für Antisemitismus einhergeht (S. 328). Auch wenn der Zusammenhang von

Antizionismus und Antisemitismus häufig als untrennbar herausgestellt wird (Maier 2011, S. 48; Ullrich 2005, S. 236), sollte Antisemitismus als „Judenfeindschaft aus kulturalistischen und biologischen Vorurteilen" (Kreis 2005, S. 17) im Rahmen dieser Arbeit bewusst als unabhängige Ursache codiert werden.

Ullrich (2005) beschreibt außerdem ein dominantes Verständnis von Israel als Folge der Shoah innerhalb der Antideutschen (S. 238). Die Thematisierung des Holocausts als Ursache für die derzeitige Rolle Israels im Nahen Osten wurde daher als eine weitere Variable erhoben.

Gemäß dem Motto „Der Feind meines Feindes ist mein Freund" (Botsch et al. 2012, S. 179) richtet sich Israel-Solidarität gegen die Gegner des jüdischen Staates (Ullrich 2012, S. 74). Sie kann sich in Misstrauen gegenüber Arabern und Muslimen äußern (Deprez & Raeymaeckers 2010, S. 8). Bei der Codierung dieser Problemursache wurde unterschieden, ob die von der arabischen Welt ausgehende Gefahr in Zusammenhang mit religiösem Fanatismus (Jäger & Jäger 2003, S. 348) und/oder mit kulturellen Attributen gebracht wurde, zum Beispiel wenn der politische Islam „als Gegenideologie zur Politik der Moderne, das heißt zu Demokratie, Menschenrechten, Emanzipation und wissenschaftlich-technischem Fortschritt" porträtiert wurde (Hafez 2002, S. 225). Diese Variable der Rückständigkeit umfasste auch anti-islamische, rassistische Zuschreibungen wie „fanatisch, fundamentalistisch, hysterisch, atavistisch, heuchlerisch, zurückgeblieben, kindlich, militant, schmutzig, gewalttätig, dunkel, schwarzhaarig, vermummt, unheimlich" (Jäger & Jäger 2003, S. 29).[8] Analog konnte auch das Unterstreichen der Position Israels als „einzige Demokratie im Nahen Osten" (Ullrich 2005, S. 243) oder „representative of the West" (Deprez & Raeymaeckers 2010, S. 8) codiert werden, was sich in der Betonung westlicher Werte wie Pluralismus, Gleichberechtigung von Mann und Frau, Toleranz, Rechtsstaatlichkeit, etc., äußerte.

Letztlich wurden basierend auf Gamsons *Strategic interest*-Frame (1992, S. 244) auch Interessen von Drittstaaten als Ursache erhoben, wenn diese im Zusammenhang mit ihrer Israelpolitik hervorgehoben wurden.

---

[8] Für eine detaillierte Auseinandersetzung mit dem westlichen Blick auf die arabische Welt siehe Said (1981).

## 6.3.3 Moralische Bewertung

Eine entscheidende Komponente für das moralische Framing ist die Legitimierung israelischen Handelns und israelischer Akteure. Eine Begründungsstrategie kann sich der Geschichte bedienen und die archetypische Opfer-Rolle der Juden thematisieren (Deprez & Raeymaeckers 2010, S. 8). Die „Historische Legitimation" wurde folglich als Variable ins Codebuch aufgenommen.

Eine weitere Begründung wurde aus Gamsons *Dual liberation* Frame entlehnt, der sich normativ auf das Recht eines jeden Volkes auf ein selbstbestimmtes Leben in Frieden bezieht (1992, S. 245).

Pro-palästinensische Frames sehen vor allem die Besatzung und den Siedlungsbau als Problem (Ullrich 2012, S. 329; Deprez & Raeymaeckers 2010, S. 9). Erfolgte in den untersuchten Artikeln eine Rechtfertigung oder Relativierung des Siedlungsbaus, wurde dies codiert. Ein weiterer Aspekt moralischer Wertung wurde dadurch beschrieben, inwiefern israelische Gewalt als Reaktion auf vorhergehende Provokation beziehungsweise Gefährdung der israelischen Bevölkerung legitimiert wird (Dente Ross 2003, S. 31).

Bezüglich der deutschen Sonderrolle gegenüber Israel ließen sich mit dem Codebuch sowohl Referenzen auf die deutsche Verantwortung zur Existenzsicherung als auch auf die freundschaftliche Zusammenarbeit in Gesellschaft und Wirtschaft erheben (Pfeifer 2012, S. 46f.).

Ein wichtiger Aspekt für die Codebucherstellung war außerdem der Umgang mit israelkritischen Positionen. Dazu wurde zum einen erhoben, welche politischen, zivilen und medialen Akteure kritisiert werden und aus welchem Grund ihre „Israelkritik" als unrechtmäßig zurückgewiesen wird. Codiert wurden hierbei der Vorwurf der Dämonisierung und der Anwendung doppelter Standards (Ullrich 2012, S. 329) sowie die kausale Verknüpfung zu Antisemitismus (ebd., S. 11; Kreis 2005, S. 19; Hafez 2002, S. 156). Auch der journalistische Umgang mit den „Feinden" Israels ist stark moralisch aufgeladen. Ullrichs Analyse der antideutschen Ideologie beschreibt folgende Sicht auf den Islam: „eine Form des Faschismus, autoritär, antimodern, antiwestlich, antiindividualistisch, irrational und gekennzeichnet durch bedingungslose Unterordnung bei absoluter Selbstaufgabe des Individuums" (2005, S. 239). Das Codebuch ermöglichte daher die Erhebung dieser Zuschreibungen sowie von Vergleichen mit gegenwärtigen beziehungsweise vergangenen faschistischen Systemen. Als Sonderfall wurden dabei explizite Bezüge und Parallelen zum deutschen Nationalsozialismus erfasst.

## 6.3.4 Lösungsvorschläge

Für den Bereich Lösungen gibt es in den bestehenden Studien kaum Elemente, die im Einklang mit israel-solidarischen Positionen stehen. Deshalb wurden an dieser Stelle als Variablen im Codebuch auch Vorschläge zur Lösung des Nahostkonflikts von den Jusos Berlin aufgenommen, die sich explizit als israel-solidarisch bezeichnen. Die Jugendorganisation fordert keine Verhandlung mit der Hamas, eine Zwei-Staaten-Lösung sowie die Stärkung der progressiven Kräfte in der arabischen Welt (Jusos CW 2012).

Jäger und Jäger (2003) haben für die *Welt* entsprechende Argumente für die Isolierung der Islamisten durch Kooperation mit den gemäßigten Palästinensern ebenfalls identifiziert (S. 175). Dabei wurde ebenso die Forderung nach einer friedlichen, einvernehmlichen Lösung deutlich, wie sie auch im *Dual liberation* (Gamson 1992, S. 245) und *Dual justice* Frame (Dente Ross 2003, S. 28) artikuliert wird. Die Betonung einer gewaltfreien Konfliktlösung wurde folglich auch als Variable aufgenommen.

In der Studie von Jäger und Jäger (2003) werden außerdem Forderungen nach militärischem oder diplomatischem Eingreifen Dritter beschrieben (S. 237, 324). Als Variablen wurden entsprechend definiert: Forderungen nach diplomatischem Druck gegenüber Palästina beziehungsweise anderen arabischen Staaten, nach Sanktionen sowie Wohlwollen gegenüber Waffenlieferungen oder Militäreinsätzen.

Letztlich wurde auch erhoben, ob der Konflikt als unlösbar dargestellt wird, indem die ständige Gewaltspirale von Vergeltungsschlägen und Unnachgiebigkeit herausgestellt wird (Gamson 1992, S. 244).

Da unsere Untersuchungseinheiten thematisch nicht auf den Gaza-Konflikt beschränkt waren, konnten sich alle Lösungskomponenten auch auf anderweitige Unterstützung der Sicherheit Israels beziehen, zum Beispiel im Konflikt mit dem Iran oder die Gefährdungen durch den Krieg in Syrien.

Die folgende Tabelle fasst die Frame-Elemente zusammen, die für die quantitative Inhaltsanalyse als Variablen deduziert worden sind.

**Tabelle 1: Operationalisierung von Israel-Solidarität in Frame-Elementen nach Entman**

| Problem-definition | Ursachenzu-schreibung | Moralische Bewertung | Lösungs-vorschläge |
|---|---|---|---|
| Antizionismus | Antisemitismus | Legitimation der israelischen Akteure | Zwei-Staaten-Lösung |

| Existenzrecht | Islamismus, religiöser Fanatismus | Israel als Folge der Shoah | Auswegslosigkeit |
|---|---|---|---|
| Feindliche Umgebung | Rückständigkeit der arabischen Welt | Bejahung historische Verantwortung der BRD | Frieden, Ausgewogenheit |
| Terrorismus | Israel als Vorposten westlicher Demokratie | Befürwortung Israel-BRD Sonderbeziehung | Sturz Islamisten |
| Israelisches Leid | Strategische Interessen von Drittstaaten | Negative Bewertung Israel-Kritik, Palästina-Solidarität | Stärkung progressiver Kräfte |
| Akteurshetero genität | | Unrechtmäßigkeit Israel-Kritik | Unterstützung Israels (diplomatisch, militärisch) |
| Kompromiss-bereitschaft | | Kritik an israelfeindlicher Propaganda | |
| | | Gleichsetzung Islamismus=Faschismus | |

# 7. Frame-Analyse: Auswertung

## 7.1 Formale Beschreibung

Von den insgesamt 128 codierten Meinungsbeiträgen zum Thema „Israel" entfielen 80 auf die *Welt* und 48 auf die *Jungle World*. Im Jahresverlauf betrachtet, sind die meisten Artikel im November (19,2%) und im April (16,4%) veröffentlicht worden. Sie fielen also mit den diskursiven Ereignissen „Raketenbeschuss in Israel/Operation Wolkensäule"[9] (November 2012) und „Grass Gedicht"[10] (Veröffentlichung am 4.4.2012) zusammen.

Bei einer ersten thematischen Gruppierung fiel auf, dass das Thema „Israelbild/ Antisemitismus in Deutschland" (14,8%) in den Meinungs-artikeln dominierte, gefolgt von den Themen „Nahostkonflikt" (14,1%) und „Iranisches Atompro-gramm" (13,3%). Vergleicht man die Themen-strukturen beider Medien, stellt man fest, dass in der *Welt* die Themen

---

[9] Die „Operation Wolkensäule" bezeichnet eine Militäroperation der israelischen Armee gegen die Hamas und andere islamistische Gruppen im Gaza-Streifen.
[10] In mehreren Zeitungen wurde das Gedicht „Was gesagt werden muss" des deutschen Schriftstellers Günter Grass veröffentlicht, in welchem er Israel und seine Atomwaffen als Bedrohung für den Weltfrieden beschreibt.

„Nahostkonflikt" und „Iranisches Atomprogramm" am präsentesten waren, wohingegen in der *Jungle World* ein stärkerer Fokus auf das Israelbild in und außerhalb von Deutschland sowie die israelische Innenpolitik gelegt wurde. Während die *Jungle World* stärker auf Antisemitismus und Israelkritik in der deutschen Bevölkerung einging, stand in der *Welt* die politische Dimension der Israel-Deutschland-Beziehung im Vordergrund.

**Abb.1: Themenstruktur *Welt* und *Jungle World*, 2012**

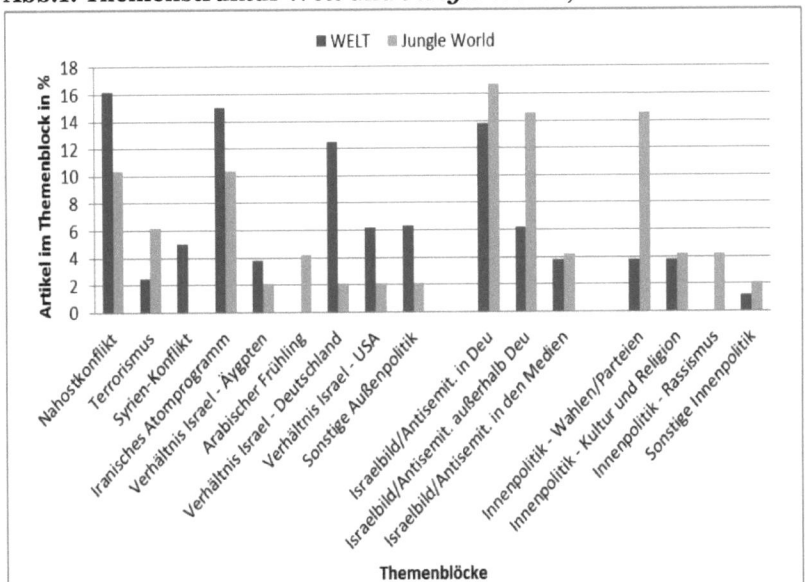

## 7.2 Ermittlung der Frames

Mithilfe des „Elbow-Kriteriums" wurde die optimale Clusteranzahl bestimmt (siehe Backhaus et al., S. 436f.). Zwischen dem 125. und 126. Vereinigungsschritt kommt es zu einem überproportionalen Anstieg der Fehlerquadratsumme. Entsprechend wurde die Clusterfusionierung an dieser Stelle beendet und eine 4-Cluster-Lösung gewählt.

Um zu überprüfen, ob die gewählte Clusterlösung den Gütekriterien einer internen Clusterhomogenität entspricht, wurden die F-Werte für alle Variablen in allen Clustern berechnet (Backhaus et al., S. 446). Zwar können die ermittelten Cluster nicht als vollkommen homogen bezeichnet werden, da einige der F-Werte größer als 1 sind, doch stellen Homogenitätsanforderung und die Handhabbarkeit der Cluster generell einen Zielkonflikt und somit ein spezifisches Problem der Clusteranalyse dar (ebd., S. 399). Daher wurde der Homogenitätsgrad der 4-Cluster-Lösung auch aufgrund der großen Anzahl an Variablen insgesamt als zufriedenstellend angenommen.

Im nächsten Schritt mussten die vier Cluster inhaltlich erfasst werden. Zur Charakterisierung der Cluster wurden die Variablen herangezogen, deren Mittelwerte sich für die verschiedenen Cluster signifikant voneinander unterschieden.

### Cluster 1: Konfliktlösung und Strategische Interessen

Das erste Cluster umfasste 27 Fälle und war geprägt durch eine überdurchschnittliche Ausprägung der Variablen „Strategische Interessen", „Heterogenität der arabischen Akteure" und „Friedliche Lösung". Es wurden kaum moralische Bewertungen oder Schuldzuweisungen an vermeintlich antizionistische oder antisemitische „Feinde Israels" codiert. Zwar wurde in den Artikeln auf die Gefährdung Israels durch fanatische Terroristen eingegangen, dennoch wurden in mehr als der Hälfte der Artikel die unterschiedlichen Interessen und Gesinnungen arabischer Akteure (Hamas, Fatah, Muslimbrüder, Hisbollah, Sunniten, Schiiten, etc.) herausgestellt. Es wurde dabei kein homogener islamischer Block als Feind suggeriert, sondern die gemäßigten Gruppen als potenzielle Verhandlungspartner beschrieben, was letztendlich eine friedliche Konfliktlösung in Aussicht stellte.

Des Weiteren wurden in 60% der Fälle strategische Interessen von Staaten im Zusammenhang mit ihrer Israel- beziehungsweise Nahostpolitik beschrieben, zum Beispiel das weltweite Interesse am Ölpreis, die finanzielle Abhängigkeit Ägyptens von den USA oder die Bedeutung des „jewish vote" für die amerikanische Präsidentschaftswahl.

Der erste Frame thematisiert folglich Israels weltpolitische Bedeutung im Nahen Osten, weitgehend aus westlicher Perspektive, und stellt die Notwendigkeit und Möglichkeit einer friedlichen Lösung des Nahostkonflikts heraus.

### Cluster 2: Islamistische Bedrohung und Terrorismus

In Cluster 2 (34 Fälle) wurden als Probleme die feindliche Umgebung Israels, die Bedrohung durch Terrorismus und Antizionismus, fast ausschließlich ausgehend vom Iran und der Hamas, definiert. Als wichtigste Ursache wurde der religiöse Fanatismus der arabischen und iranischen Akteure betont. Auch wurde Israels Fortschrittlichkeit überdurchschnittlich oft mit der Rückständigkeit der arabischen Welt kontrastiert.[11] Islamische Akteure wurden dazu in fast der Hälfte der Artikel mit faschistischen Systemen verglichen.

Angesichts dieser konstatierten Bedrohung wurde Kritik an der israelischen Politik als unrechtmäßig und dämonisierend abgelehnt. Entsprechend wurde Israels Recht auf Verteidigung in fast 80% der Artikel thematisiert und in 40% der Artikel ein diplomatisches oder militärisches Eingreifen der USA und/oder Europas gefordert.

Charakteristisch für den zweiten Frame ist also eine Viktimisierung Israels aufgrund der islamistischen Bedrohung, die moralisch aufgeladen eine Unterstützung für Israel einfordert.

### Cluster 3: Akteursvielfalt in Israel

Das größte Cluster (54 Fälle) zeichnete sich durch eine Hervorhebung der Heterogenität israelischer Akteure aus. Eine Themenanalyse bestätigte, dass sich die meisten Artikel in diesem Cluster (34%) innenpolitischen Fragestellungen, zum Beispiel den Parlamentswahlen, oder kulturpolitischen Themen, zum Beispiel der Beschneidungsdebatte, zuwenden. Es kann angenommen werden, dass Israel-Solidarität sich nicht nur in den von uns deduzierten Kategorien äußert, sondern auch eine ausgeprägte Sensibilität für die verschiedenen politischen und sozialen Strömungen im Land beinhaltet.

Allerdings bedeutet der hohe Restanteil anderer Themen (zum Beispiel Israelkritik/Antisemitismus in Deutschland), die in diesem Cluster subsumiert wurden, dass in der vorliegenden Analyse eventuell auch wichtige Variablen zur Beschreibung von Israel-Solidarität fehlen und dieses Cluster in Folgeuntersuchungen noch stärker differenziert werden müsste.

### Cluster 4: Antisemitismus und deutsche Verantwortung

Das kleinste der vier Cluster umfasste 13 Fälle und ging vom weltweiten Antizionismus, aber im Vergleich zu Cluster 2 vor allem vom deutschen Antizionismus als Grundproblem aus. In 11 der 13 Fälle wurde dies auf den Antisemitismus in der deutschen Gesellschaft zurückgeführt, in den restlichen beiden Fällen auf Antisemitismus in der deutschen Linken oder in der intellektuellen Elite. In diesem Cluster wurde auch überdurchschnittlich oft auf die Shoah als Existenzberechtigung Israels rekurriert. Folglich wurde die Verantwortung Deutschlands für die Existenzsicherung Israels bejaht

---

[11] Zwar sind die Mittelwertunterschiede für diese Variablen nicht signifikant, dennoch fügen sie sich logisch sinnvoll in die Interpretation ein und sollten deshalb noch einmal an einer größeren Stichprobe überprüft werden.

und Israelkritik durch die Linke, Intellektuelle und die deutschen Medien als dämonisierend beziehungsweise antisemitisch abgelehnt. Auch in diesem Cluster werden Parallelen zwischen Faschismus und Islamismus gezogen. Im Gegensatz zu Cluster 2 werden aber keinerlei Lösungsmöglichkeiten thematisiert.

Cluster 4 stellt folglich vor allem die Ursachen für eine notwendige deutsche Israel-Solidarität in den Vordergrund und verurteilt gegenteilige Positionen in der deutschen Bevölkerung.

## 7.3 Intermedialer Vergleich des Framings

Um zu vergleichen, ob *Welt* und *Jungle World* in ihrer Berichterstattung die gleichen Frames verwenden, wurde eine Kreuztabelle erstellt, die die Häufigkeit der Frames pro Medium prozentual ausgibt (siehe Tabelle 2).

**Tabelle 2: Verteilung der Artikel in *Welt* und *Jungle World* auf die vier Cluster**

| | | Quelle des Beitrags | | |
|---|---|---|---|---|
| | | *Welt* | *Jungle World* | Gesamt |
| **Cluster** | **CLU1: Konfliktlösung und Strategische Interessen** | 20 25,0% | 7 14,6% | 27 21,1% |
| | **CLU2: Islamistische Bedrohung und Terrorismus** | 26 32,5% | 8 16,7% | 34 26,6% |
| | **CLU3: Akteursvielfalt in Israel** | 26 32,5% | 28 58,3% | 54 42,2% |
| | **CLU4: Antisemitismus und dt. Verantwortung** | 8 10,0% | 5 10,4% | 13 10,2% |
| | **Gesamt** | 80 100% | 48 100% | 128 100% |

Es wurde deutlich, dass *Welt* und *Jungle World* grundlegende Unterschiede im Framing ihrer Artikel aufweisen. Während die *Welt* in fast einem Drittel ihrer Artikel den Frame „Islamistische Bedrohung und Terrorismus" verwendete, kam er nur in 16,7% der *Jungle World*-Artikel vor. Auch der Frame „Konfliktlösung und Strategische Interessen" war in der *Welt* mit einem Viertel der Beiträge deutlich häufiger vertreten als in der *Jungle World* mit rund 15%. In den Artikeln der *Jungle World* dominierte klar der Frame „Akteursvielfalt in Israel", der in fast 60% der Beiträge genutzt wurde. Lediglich der Frame „Antisemitismus und deutsche Verantwortung" war in beiden Medien mit 10% gleich häufig vertreten.

Im letzten Schritt sollte überprüft werden, wie sich das Framing in *Welt* und *Jungle World* hinsichtlich bestimmter Themen gestaltete. Dazu wurden die fünf häufigsten Themenblöcke „Nahostkonflikt", „Iranisches Atomprogramm", „Israelbild/Antisemitismus in Deutschland", „Israelbild/Antisemitismus außerhalb Deutschlands" und „Innenpolitik – Wahlen/Parteien" betrachtet. Die folgende Abbildung 2 zeigt für jeden Themenblock die Anzahl der Beiträge in den vier Clustern für *Welt* und *Jungle World*.

**Abb. 2: Übersicht über die Anteile der Cluster je Themenfeld und Medium**

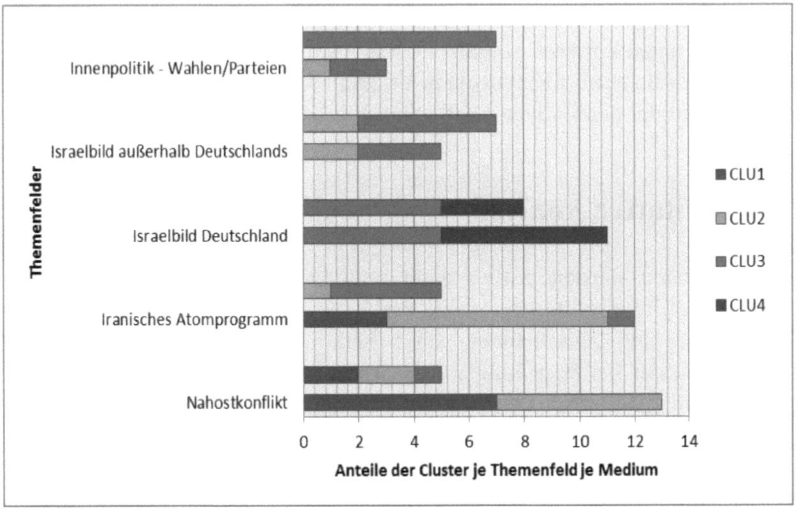

Auch wenn aufgrund der geringen Fallzahl eine weitere Aufsplittung in Cluster und Themen keine repräsentativen Ergebnisse liefern konnte, ließen sich dennoch erste Tendenzen ableiten, die in Folgeuntersuchungen bestätigt werden müssen.

Zur Kommentierung des Nahostkonflikts benutzten beide Medien im gleichen Verhältnis den Lösungs- und den Terrorismusframe, das heißt, sie beschrieben entweder das weltpolitische Interesse an einer Einigung oder sie thematisierten die islamistische Gewalt als Kernpunkt des Konflikts. Auch beim Thema Innenpolitik glichen sich die beiden Medien in der Nutzung des Frames „Akteursvielfalt in Israel".[12]

Markante Unterschiede zeigten sich in Bezug auf das Thema „Iranisches Atomprogramm". Während die *Welt* den Lösungsframe und vor allem den Terrorismusframe verwendete, spielte in der *Jungle World* auch der Frame „Akteursvielfalt in Israel" eine Rolle. Vermutlich bedeutet dies, dass eine weniger starke Dämonisierung des Irans als Gefährdung für Israel und den Weltfrieden stattfindet, und stattdessen die unterschiedlichen Positionen in der israelischen Gesellschaft zu dieser Bedrohung und zu einem möglichen Militäreinsatz thematisiert werden. Auch wenn das Israelbild inner- und außerhalb Deutschlands diskutiert wurde, war bei der *Jungle World* der Akteursheterogenitäts-Frame verhältnismäßig stärker vertreten als bei der *Welt*. Daraus könnte geschlussfolgert werden, dass auch in diesen Themenfeldern weniger Antizionismus, Antisemitismus und Israelkritik problematisiert werden, sondern der Fokus auf der internationalen Wahrnehmung der unterschiedlichen israelischen Interessen liegt.

In der quantitativen Inhaltsanalyse wurde bisher lediglich das Vorhandensein eines Elements geprüft, nicht jedoch seine Gewichtung. Dies soll nun mit der qualitativen Analyse noch präzisiert werden.

# 8. Qualitative Analyse

Im Folgenden werden mittels einer qualitativen Inhaltsanalyse einzelne ausgewählte repräsentative Artikel der *Welt* und *Jungle World* detailliert untersucht und miteinander verglichen. Aufgrund der explorativen Konzeption der Untersuchung wurde beschlossen, die quantitative Analyse durch eine qualitative Betrachtung zu ergänzen und so nicht nur das Vorhandensein einzelner Frame-Elemente, sondern ihre konkrete sprachliche Ausgestaltung zu erfassen.

Durch die qualitative Analyse wurden gezielt Argumentationsmuster, Vergleiche, Bezüge zum Nationalsozialismus, Metaphern, Akteursbezeichnungen und Kollektivsymboliken untersucht, welche als vorhandene Kategorien durch die quantitative Analyse nur oberflächlich erfasst wurden.

---

[12] Aufgrund der geringen Fallzahl können die Abweichungen in Form eines Artikels nicht berücksichtigt werden.

Speziell fokussiert sich diese Analyse auf die Frames „Islamistische Bedrohung und Terrorismus" sowie „Antisemitismus und deutsche Verantwortung", da hier die vertretenen Positionen und die ideologischen Muster der zwei Zeitungen vor den historischen Hintergründen zur Israel-Solidarität am deutlichsten zu erfassen sind.

## 8.1 Frame 2: Islamistische Bedrohung und Terrorismus

Als für die qualitative Inhaltsanalyse nützliche und für ihre jeweilige Zeitung repräsentative Artikel wurden in diesem Frame die Texte „As time goes by" der *Jungle World* (Thomas von der Osten-Sacken 08.03.2012) und „Militärschlag muss in Israel entschieden werden" der *Welt* (Lord George Weidenfeld 13.03.2012) ausgewählt. Beide Texte beschreiben die Bedrohung Israels durch den Iran und die Konsequenzen, die sich aus dieser Situation ergeben. Der *Jungle World*-Redakteur von der Osten-Sacken schreibt neben der *Jungle World* und der linken israel-solidarischen Zeitschrift *Konkret* ebenfalls für die *Welt* über Entwicklungen in Nahost und Afrika. Dies zeigt bereits eine ideologische Kompatibilität beider politischer Denkmuster auf. Der britische Verleger Weidenfeld ist Kolumnist bei der *Welt* und war früher israelischer Regierungsberater.

Die *Jungle World* zeigt in ihrem Artikel den Iran als aggressiven und irrationalen Akteur, der eine unmittelbare Bedrohung für den israelischen Staat darstellt. Dabei benutzt sie emotional aufgeladene Begriffe wie „Auslöschung" und „verheerender Krieg", die Assoziationen zum Nationalsozialismus wecken und den rücksichtslosen Fanatismus und Hass bezeugen sollen:

> „Weitgehende Einigkeit herrscht im jüdischen Staat nämlich, dass es dem iranischen Regime wirklich um die Auslöschung Israels gehe. Um dieses Ziel zu erreichen, seien die Machthaber in Teheran bereit, weitere Sanktionen, ja sogar einen verheerenden Krieg zu riskieren."

Auch werden gezielt Vergleiche zu den Taten der Nationalsozialisten im Zweiten Weltkrieg gezogen, um nun im islamistischen Iran deren Antisemitismus neu zu verorten. Dazu wird das Wort „Vernichtung" gewählt und es wird explizit vom „fanatischen" Antisemitismus gesprochen. Es wird ein direkter Bezug zur Shoah hergestellt:

> „Die Vernichtung des europäischen Judentums dagegen hat die Israelis gelehrt, wie es enden kann, wenn man darauf vertraut, dass fanatische

Antisemiten von irgendwelchen rationalen Motiven geleitet werden."

Darüber hinaus wird angesichts der iranischen Bedrohung eine alternativlose Situation konstruiert und daraus folgernd eine bellizistische Position in die Debatte eingebracht:

> „Während Obama und sein Stabschef es offenbar darauf ankommen lassen wollen, wird es, sollten sie Unrecht haben, für Israel nämlich keine zweite Chance geben, das iranische Nuklearprogramm zumindest temporär zu neutralisieren. [...] Deshalb gilt für Israel: jetzt oder nie."

Die *Welt* benutzt bei derselben Thematik eine eher populistische Sprache:„ Die grimme Frage, ob, wie oder wann man Teherans atomare Aufrüstung mit Gewalt verhindern könnte, beschäftigt Eingeweihte und Beobachter in der freien Welt." Der Terminus „Freie Welt"[13] soll hierbei in einer binären Logik die Abgrenzung zum „islamistischen, autoritären Iran" deutlich machen.

Es wird folgend eine dramatische Situation konstruiert, welche akuten Entscheidungs- und Handlungszwang mit sich bringt:

> „Eine existenzielle Entscheidung muss im Lande selbst getroffen werden. [...] Das Schreckensszenario einer panikartigen allgemeinen atomaren Aufrüstung in den Krisenherden des Nahen Ostens erschüttert weite Kreise."

Die „existenzielle Entscheidung" spielt auf die durch den Iran bedrohte Existenz des jüdischen Staates an.

Im Gegenzug zum assoziativen Geschichtsvergleich der *Jungle World* zieht Weidenfeld einen expliziten Bezug zur Geschichte des Holocausts. Er berichtet, wie 1944 der Jüdische Weltkongress die US-Regierung bat, das entdeckte Vernichtungslager Auschwitz zu bombardieren, was aber aus kriegsstrategischen Gründen von der US-Regierung abgelehnt wurde:

> „Tatsächlich waren die Alliierten in der Endphase des Zweiten Weltkriegs beflissen, die Gräueltaten gegen Juden in Europa nicht zu sehr publik zu machen. Denn in London und Washington wollte man die Befürworter eines unabhängigen jüdischen Staates in Palästina nicht unterstützen. [...] Es gibt gewisse Parallelen zu der gegenwärtigen Krise in Syrien. Das lange Zögern bei der Behandlung brutaler Regime, mit denen man auf lange Sicht nicht in

---

[13] Der Begriff „Freie Welt" wurde hauptsächlich im Kalten Krieg als (Selbst-)Bezeichnung der westlichen Länder in Abgrenzung zur Sowjetunion verwendet (Vgl. Winkler 2009).

Frieden leben kann, verstärkt nur menschliches Leiden."

Die fehlende Unterstützung durch die Alliierten überträgt er auf die heutigen Verhältnisse. Hierbei wird ein dichotomes Weltbild zwischen „freier Welt" und „brutalen Regimes" aufgezeigt, wobei Demokratien, welche „brutalen Regimes" keinen Einhalt bieten, als „schwach" bezeichnet werden. Es wird somit auch hier für eine bellizistische Position geworben.

In beiden Artikeln wird der Iran als Quelle der Gefahr und als Existenzbedrohung Israels dargestellt. Es wird ein akutes Bedrohungsszenario konstruiert, welches eine politische Entscheidung zum Handeln erfordert. Beide Artikel werben bei dieser Entscheidung für eine bellizistische Position. Während die *Jungle World* analytischer und dekonstruierender argumentiert, wählt die *Welt* eine emotionalere und plakativere Sprache, welche auch stärker zu einem dichotomen Weltbild tendiert. In beiden Zeitungen werden NS-Vergleiche zur Bedrohung durch den Iran gezogen, wobei die *Welt* direkter und die *Jungle World* eher assoziativer vorgeht. Die *Welt* appelliert an die internationale Gemeinschaft, während in der *Jungle World* ein israelischer Militärschlag verteidigt wird.

## 8.2 Frame 4: Antisemitismus und deutsche Verantwortung

Für diesen Frame wurden die für die Thematik des deutschen Antisemitismus repräsentativen Texte „Natürlich darf man hierzulande Israel kritisieren" (Clemens Wergin 07.04.2012) der *Welt* und „Mittelweg in den Abgrund" (Matthias Küntzel 21.06.2012) der *Jungle World* ausgewählt. In beiden Artikeln geht es um das umstrittene Günter Grass-Gedicht „Was gesagt werden muss" und die Reaktionen der deutschen Mehrheitsgesellschaft sowie der Medienwelt darauf. Küntzel ist Politikwissenschaftler, war früher Redaktionsmitglied der antideutschen Zeitschrift *Bahamas* und arbeitet hauptsächlich zu den Themen Nahost, Antisemitismus und NS-Vergangenheit. Wergin arbeitete bereits in seiner Jugend in einem israelischen Kibbuz und schrieb vor der Welt für den *Tagesspiegel* und die *taz*.

In dem Artikel der *Jungle World* wird einleitend ebenfalls ein Schreckensszenario durch den Iran konstruiert, das in einer ausweglosen Situation mündet und einen Militäreinsatz als unausweichliche beziehungsweise einzig realistische Position bestimmt:

> „[...] entweder die iranische Bombe oder die Bombardierung des Iran. [...] Es müsste also schon ein Wunder geschehen, sollte es tatsächlich noch gelingen,

die Gefahr einer militärischen Eskalation zu reduzieren und den Iran durch nicht-militärischen Zwang zur Räson zu bringen."

Im Anschluss wird eine Verbindung zur Nahostpolitik der Bundesregierung hergestellt, welche sich nach Auffassung des Autors nicht deutlich genug gegen die Politik des Irans stellt:

> „[...] hier das Versprechen, die iranische Atombombe nicht zu akzeptieren, dort der Vorsatz, auf harte Maßnahmen gegen das Regime zu verzichten. [...] Auf diese Weise nahm Deutschland die iranische Atombombe in Kauf. [...] Von Anbeginn hatte Deutschland die Gefahr der iranischen Atombombe kleingeredet."

Die deutsche Linke wird ebenfalls als unfähig und unsensibel gegenüber der antisemitischen Bedrohung durch den Iran kritisiert:

> „Das Schweigen der Linken, ihr historisches Versagen, auf die iranische Drohung angemessen zu reagieren, trug dazu bei, dass in Deutschland die Diskussion über die Bedeutung des iranischen Atomprogramms randständig blieb."

Auch werden wieder direkte Bezüge zum Nationalsozialismus und der Shoah artikuliert, wobei die „Weltgemeinschaft" ihre moralische Verantwortung erkennen und die „Vernichtungsambition" ernst nehmen soll:

> „Jahrelang mussten sie [Juden] erleben, dass man sie und ihren Staat im NS-Jargon mit einem »Krebsgeschwür« verglich. [...] Die Tatsache, dass die »Weltgemeinschaft« 70 Jahre nach der Shoa erneut versagt, dass sie sich immer noch weigert, die Vernichtungsambition des Antisemitismus ernst zu nehmen und ihn zu bekämpfen– das ist die Katastrophe unserer Zeit."

Hierbei wird der Bogen nun zum deutschen Antisemitismus und der speziell deutschen Verantwortung gezogen. Grass wird Verdrängung und Täter-Opfer-Umkehr sowie die Verwendung von doppelten Standards zum Zwecke der eigenen Rehabilitierung vorgeworfen:

> „So hat man mit einem Federstrich die eigene Geschichte vor der Tür der Opfer entsorgt. Gleichzeitig nimmt Grass ein Regime in Schutz, das jenen Hass auf die Juden mobilisiert, den Grass aus seiner Zeit als Mitglied der Waffen-SS bestens kennt: Nicht vor der iranischen Diktatur müsse die Welt sich fürchten, betont sein Gedicht, sondern vor der israelischen Demokratie."

Auch einem Teil der deutschen Medien wird ebendiese Doppelmoral und

Sympathie mit einigen Behauptungen von Grass vorgeworfen: „Zahllose Kommentatoren verurteilten zwar einzelne Aspekte von Grass' Gedicht, um jedoch dessen Warnung vor einem israelischen Präventivschlag umso vehementer zu bekräftigen."
Es wird nun die gesamte deutsche Gesellschaft in Form eines „antisemitisch aufgeladenen Massenbewusstseins" in Verantwortung genommen und Grass nur mehr als ihre Manifestation gesehen:

> „Seit langem wird Israel nicht aufgrund der nachprüfbaren Faktenlage, sondern nach dem unsichtbaren Drehbuch der »Protokolle der Weisen von Zion« zum globalen Übel stilisiert. Schon lange existiert mithin in Deutschland ein äußerst boshaftes, antisemitisch aufgeladenes Massenbewusstsein, dem Günter Grass lediglich besonders prägnant Ausdruck verliehen hat."

Letztlich wird an die „besondere historische Verantwortung Deutschlands" appelliert und eine eindeutige Positionierung gegen den Iran und zugunsten von Israel gefordert:

> „Nötig wäre das Gegenteil: den Mittelkurs zwischen Iran und Israel abzubrechen und »der besonderen historischen Verantwortung Deutschlands für die Sicherheit Israels« in dessen Auseinandersetzung mit Iran endlich gerecht zu werden."

Auch der Artikel der *Welt* wirft Grass vor, seine Positionen als Folge einer Verdrängung und Projektion seiner eigenen NS-Vergangenheit, einer „Entlastung von der Schuld", heraus zu vertreten:

> „In der Causa Günter Grass haben sich viele blamiert. In erster Linie der Dichter selbst, dessen Drang nach Entlastung von der Schuld der Nazizeit offenbar im Alter so stark geworden ist, dass für ihn Werte wie moralische Integrität und intellektuelle Aufrichtigkeit dagegen verblassten."

Bei der Bewertung des Medienechos wird dabei auf Begriffe wie „Hetzschrift", „Propagandastück" und „Persilschein"[14] zurückgegriffen, um Deutungsmuster zu aktivieren, die einen Bezug zum Nationalsozialismus konstruieren:

> „Auch der italienischen "Repubblica" muss man zugutehalten, dass sie eine

---

[14] Insbesondere in der Nachkriegszeit bedeutete der Begriff „Persilschein", dass nationalsozialistische Straftäter durch Aussagen von Opfern entlastet werden konnten (Vgl. Klee 1992).

Hetzschrift erkennt, wenn sie sie sieht. [...] Ihren Lesern offerierten die Münchner erst am Folgetag eine Einordnung. Die stellte Grass einen Persilschein aus. [...] Der Text von Thomas Steinfeld windet sich und weicht aus um nicht das Offensichtliche feststellen zu müssen: dass Grass ein Propagandastück abgeliefert hatte."

Auch in der *Welt* wird im weiteren Verlauf des Artikels die gesamtdeutsche Bevölkerung in Verantwortung genommen und Grass' Argumentation und Geschichte als symptomatisch beschrieben. Die Israelis würden als „Neue Nazis" gesehen, was die Last der eigenen, deutschen Schuld erträglicher mache:

„Und wegen eines offenbar immer noch nicht verarbeiteten Schuldkomplexes scheint es weiter das dringende Bedürfnis in der deutschen Gesellschaft zu geben, die historische Schuld von sich zu weisen, indem man die Israelis als Verbrecher hinstellt. Als neue Nazis, die zu allem fähig sind, auch zu einem atomaren Erstschlag gegen den Iran".

Allerdings wird auch hier den Medien eine Mitverantwortung für den latenten Israelhass gegeben und ihre gefühlte Einseitigkeit kritisiert:

„Dass die ARD am Folgetag Günter Grass noch einmal ein Forum offerierte, seine Hetzschrift vor Millionenpublikum vorzutragen und danach nicht einmal wirklich kritisch nachfragte, rundet dieses Bild nur ab. [...] Baut die tiefe Abneigung gegen Israel doch letztlich auf der Berichterstattung vieler Medien auf, die gerne die Schuld an allem, was in Nahost falsch läuft, Israel zuschieben [...]. Für solche Zuschreibungen gibt es hierzulande eine Nachfrage beim Publikum, die von manchen Medien bereitwillig beliefert wird."

Zum Abschluss wird als Konsequenz sowohl die Lieferung deutscher U-Boote gefordert sowie im Angesicht der iranischen Bedrohung auch für eine bellizistische Option geworben:

„Eine Bedrohung, die deutsche U-Boote helfen zu begrenzen, weil sie Israel – das mit wenigen Atombomben gänzlich vernichtet werden könnte – eine abschreckende Zweitschlagkapazität ermöglichen [...] Es gibt sehr gute Gründe gegen einen israelischen Militärschlag auf das iranische Nuklearprogramm [...]. Es gibt allerdings auch sehr gute Gründe, die für solch einen Angriff sprechen."

In beiden Artikeln kommt es zu einer Problematisierung des deutschen Antisemitismus. *Welt* und *Jungle World* sind sich einig in ihrer Kritik an Günter Grass, dem Verdrängung, Projektion und eine fehlende

Auseinandersetzung mit der eigenen Schuld vorgeworfen werden. Kritisiert werden in beiden Artikeln auch einzelne Medien sowie die deutsche Mehrheitsgesellschaft, in der die *Jungle World* ein antisemitisches Massenbewusstsein und die *Welt* einen noch nicht aufgearbeiteten Schuldkomplex verorten. Kritik gibt es von der *Jungle World* ebenfalls an der deutschen Linken, der eine Ignoranz gegenüber dem Antisemitismus vorgeworfen wird, sowie an der Bundesregierung, von der diffus eine stärkere Positionierung gegen den Iran gefordert wird. Die *Welt* fordert dagegen direkt die Lieferung von deutschen Waffen an Israel.

# 9. Fazit

Die vorliegende Studie hat eine differenzierte Gegenüberstellung der Israelberichterstattung von *Welt* und *Jungle World* geliefert. Nach eingehender Betrachtung der Hintergründe zur ideologischen Kompatibilität von rechts-konservativen und linken Denkmustern in Hinblick auf den Staat Israel wurde ein Codebuch für die quantitative Analyse erstellt. Ergänzend dazu wurde eine qualitative Analyse ausgewählter Artikel durchgeführt.
Die explorative Studie hat herausgearbeitet, dass es über den ideologischen Fixpunkt der Israel-Solidarität zu Annäherungen des linken an den rechten Mediendiskurs kommen kann, was sich auch empirisch anhand der Verwendung ähnlicher Frames nachweisen lässt. Dennoch wurden auch Unterschiede in der Israeldarstellung von *Welt* und *Jungle World* identifiziert. Ergebnisse der Analyse werden im Folgenden in Hypothesenform zusammengefasst.

H1: Die *Welt* nimmt eine stärkere Einordnung der Rolle Israels für das politische Weltgeschehen vor als die *Jungle World*.

H2: Die *Jungle World* thematisiert in ihren Meinungsbeiträgen viel stärker die Heterogenität der israelischen Akteure als die *Welt*.

H3: Die *Welt* wählt für ihre Kommentare zu Israel eine stärker emotional konnotierte Sprache. Dabei werden auch NS-Vergleiche expliziter geäußert als in der *Jungle World*.

H4: Der Frame „Antisemitismus und deutsche Verantwortung" dominiert weder die Kommentare der *Welt* noch der *Jungle World* im Hinblick auf Israel.

Die ersten drei Hypothesen entsprechen den Annahmen, die sich aus dem historischen und politischen Hintergrund sowie bestehenden Analysen ableiten ließen. Hypothese 4 hingegen stellt eine unerwartete Beobachtung dar. Es kann vermutet werden, dass Annahmen über die deutsche Verantwortung den Artikeln eher implizit zugrunde liegen, aber explizit andere Muster aufnehmen, sich aber in unterschiedlichen inhaltlichen und vor allem sprachlichen Rahmungen von Israel-Solidarität ausdrücken. Folglich stellt gerade diese Hypothese einen interessanten Punkt für weitere Untersuchungen dar.

Insgesamt bestehen neben dem Grundproblem der Reliabilität einer quantitativen Inhaltsanalyse für die vorliegende Studie einige Limitationen hinsichtlich des Codebuchs und der Untersuchungsanlage.

Die Frames sind durch eine statistische Clusteranalyse rechnerisch ermittelt worden und zeigen sinnvolle Gruppierungen der zuvor aus der Literatur deduzierten Frame-Elemente auf. Allerdings sprechen eine nicht durchgängig befriedigende Homogenität innerhalb der Cluster und die große Anzahl an Fällen im unklar definierten Cluster 3 dafür, dass die Frame-Bildung an einer größeren Stichprobe überprüft werden sollte und es Optimierungsbedarf hinsichtlich der erhobenen Variablen gibt.

Die untersuchte Stichprobe stellt zwar einen Querschnitt der Meinungsartikel für ein gesamtes Jahr dar, ist aber mit 128 Artikeln zu klein, um repräsentative Aussagen hinsichtlich der Kommentar-Frames zu treffen. Insbesondere für eine Untersuchung von Zusammenhängen zwischen Medium, Frames und Themen, stellte die Aufsplittung der Fälle ein Problem dar, da teilweise eine bestimmte Merkmalskombination nur auf einen Artikel zutraf.

Vor dem historischen Hintergrund der Israel-Solidarität der *Welt* und *Jungle World* wurde bei der Erstellung des Codebuches besonderer Fokus auf das deutsch-israelische Sonderverhältnis gelegt und sehr differenzierte Kategorien zur Erhebung von Kritik an Antisemitismus beziehungsweise Palästina-Solidarität/Israelkritik entwickelt. Allerdings ergab die Analyse, dass viele der Kategorien kaum beziehungsweis gar nicht codiert wurden, insbesondere die vermutete Selbstbeobachtung der Linken spielte eine untergeordnete Rolle.

Auch die Fülle an behandelten Themen im Untersuchungsmaterial ließ sich durch das Codebuch nur schwer abdecken und erschwerte die Clusterbildung. So wäre es einerseits sinnvoll, in Folgestudien die Auswahlgesamtheit thematisch einzugrenzen, zum Beispiel eine thematische Fokussierung auf den Nahostkonflikt zu legen. Andererseits könnte das

Codebuch auch durch weniger konfliktorientierte Frame-Elemente ergänzt werden, um gerade innenpolitische Themen differenzierter erfassen zu können.

Eine weitere formale Einschränkung der Studie besteht darin, dass Artikel einer Tageszeitung (*Welt*) mit denen einer Wochenzeitung (*Jungle World*) verglichen wurden. Auch wurden explizit als Kommentare gekennzeichnete Artikel der Welt mit Artikeln der *Jungle World* ohne offensichtliche Zuordnung der journalistischen Darstellungsform gegenübergestellt.

Unter Beachtung dieser Einschränkungen, kann die politische Medienforschung auf theoretisch fundierte Operationalisierungsvorschläge und erste Erkenntnisse dieser Studie für weiterführende Fragestellungen zurückgreifen, die vor dem Hintergrund des Phänomens Israel-Solidarität traditionelle Grenzen des Links-Rechts-Spektrums hinterfragen.

# Bibliografie

axelspringer AG (2001). *Unternehmensgrundsätze.* http://www.axelspringer.de/artikel/ Unternehmensgrundsaetze_1186997.html.

Backhaus, K., Erichson, B., Plinke, W. & Weiber, R. (2011). *Multivariate Analysemethoden: Eine anwendungsorientierte Einführung.* Heidelberg: Springer.

Behrens, R. (2003). *Raketen gegen Steinewerfer' - das Bild Israels im 'Spiegel': Eine Inhaltsanalyse der Berichterstattung über Intifada 1987 - 1992 und 'Al-Aqsa-Intifada' 2000-2002.* Münster: LIT.

Belkin, P. (2007). Germany's Relations with Israel: Background and Implications for German Middle East Policy. In *CRS report for congress.* Congressional research service. http://www.fas.org/sgp/crs/row/RL33808.pdf.

Beyer, R. & Leuschner, E. (2010). Aktion und/oder Reaktion – funktionale Konvergenz von medialen Diskursen und antisemitischen Äußerungsformen. In: M. Schwarz-Friesel, E. Friesel & J. Reinharz (Hrsg.), *Aktueller Antisemitismus – Ein Phänomen der Mitte* (S. 133-162). Berlin: De Gruyter.

Botsch, G., Glöckner, O., Kopke, C. & Spieker, M. (2012). *Islamophobie und Antisemitismus – ein umstrittener Vergleich.* Berlin: De Gruyter.

Bundesregierung (2008). *Rede von Bundeskanzlerin Angela Merkel vor der Knesset, 18.3.2008.* http://www.bundesregierung.de/Content/DE/Bulletin/2008/03/26-1-bk-knesset.html.

Bundesregierung (2010). *Pressestatements von Bundeskanzlerin Merkel und Premierminister Netanyahu,* 18.1.2010. http://www.bundesregierung.de/Content/DE/Mitschrift/Pressekonferenzen/2010/01/2 010-01-18-deutsch-israelische-regierungskonsultationen.

Dente Ross, S. (2003). Framing of the Palestinian-Israeli conflict in thirteen months of New York Times editorials surrounding the attack of September 11, 2001. *Conflict & communication online,* 2(2), 21-35.

Deprez, A. & Raeymaeckers, K. (2010). Framing the First and Second Intifada: A Longitudinal Quantitative Research. *European Journal of Communication,* 25(1), 2-23.

Deutscher Bundestag (2012). *Etwa jeder fünfte Deutsche ist latent antisemitisch.*

http://www.bundestag.de/dokumente/textarchiv/2012/37499490_kw04_antisemitismu sbericht/index.html.

Duisburger Institut für Sprach- und Sozialforschung (2002). *Die Nahost-Berichterstattung zur Zweiten Intifada in deutschen Printmedien, unter besonderer Berücksichtigung des Israel-Bildes. Analyse diskursiver Ereignisse im Zeitraum von September 2000 bis August 2001.* Kurzfassung. http://www.dissduisburg.de/Internetbibliothek/ Artikel/DEUTSCH%20KurzfassungIsrael%20Studie.pdf.

Entman, R. M. (2004). *Protections of power: Framing news, public opinion and U.S. foreign policy.* Chicago: The University of Chicago Press.

Gamson, W. A. (1992). *Talking politics.* Cambridge: Cambridge University Press.

Hafez, K. (2002). *Die politische Dimension der Auslandsberichterstattung.* Band 2. Baden Baden: Nomos.

Halbinger, M. (2012). Auf Seiten Israels – zu einer grundsätzlichen Position der Springer-Zeitungen. In F. Backhaus, D. Belkin & R. Gross (Hrsg.), *Bild dir dein Volk! Axel Springer und die Juden.* (S. 96-100). Frankfurt am Main: Wallstein Verlag.

Heilwagen, O. (2012). Bedingungslose Solidarität mit Israel. Ausstellung in Frankfurt beleuchtet das Verhältnis des Verlegers Axel Springer zu Israel und den Juden. *Deutschlandradio Kultur.* http://www.dradio.de/dkultur/sendungen/fazit/1705017/.

Herzinger, R. (2012). Der Verleger und die Juden. Springer forderte früh deutsches Schuld-Bekenntnis. *Die Welt,* 17.03.2012.

Jäger, S. & Jäger, M. (2003). *Medienbild Israel: Zwischen Solidarität und Antisemitismus.* Münster: LIT Verlag.

Jusos Charlottenburg-Wilmersdorf (2012, 28.3.). *Damals wie heute: Solidarität mit Israel.* http://jusos-cw.de/2012/03/resolution-israel.

Kellerhoff, S. F. (2011). Israel, Axel Springer und die deutsche Linke. *Die Welt,* 29.03.11. http://www.welt.de/kultur/article13000440/Israel-Axel-Springer-und-die-deutsche-Linke.html.

Klee, E. (1992). *Persilscheine und falsche Pässe. Wie die Kirchen den Nazis halfen.* Frankfurt am Main: Fischer-Taschenbuch-Verlag.

Kloke, M. W. (1990). *Israel und die deutsche Linke. Zur Geschichte eines schwierigen Verhältnisses.* Frankfurt am Main: Haag + Herchen.

Kloke, M. (2005, 7.7.): 40 Jahre deutsch-israelische Beziehungen. *Info aktuell.* Bundeszentrale für politische Bildung: Bonn. http://www.bpb.de/izpb/25044/40-jahre-deutsch-israelische-beziehungen?p=1.

Kraushaar, W. (2011). *Dauerstreit um Israel: Das prekäre Verhältnis zwischen Axel Springer und der Linken.* http://www.kulturstiftung-des-bundes.de/cms/de/mediathek/magazin/ magazin18/kraushaar/.

Kreis, G. (2005). Israelkritik und Antisemitismus – Versuch einer Reflexion jenseits von Religion und Nationalität. *Tel Aviver Jahrbuch für deutsche Geschichte,* Jg. 32, 17-32.

Kruip, G. (1999). *Das „Welt"-„Bild" des Axel Springer Verlags. Journalismus zwischen westlichen Werten und deutschen Denktraditionen.* München: R. Oldenbourg Verlag.

Maier, M. (2011). *Krieg als Projektion: Das Israelbild linker deutscher Printmedien zur Zeit des Gaza-Konflikts 2008/2009.* Frankfurt am Main: Peter Lang.

Matthes, J. (2007). *Framing-Effekte: Zum Einfluss der Politikberichterstattung auf die Einstellung der Rezipienten.* München: Verlag Reinhard Fischer.

Matthes, J. & Kohring, M. (2004). Die empirische Erfassung von Medien-Frames. *Medien & Kommunikationswissenschaft,* 52(4), 56-75.

Matthes, J. & Kohring, M. (2008). The content analysis of media frames: Toward improving reliability and validity. *Journal of Communication,* 58(2), 258-279.

Maull, H. W. (2006). Die prekäre Kontinuität. Deutsche Außenpolitik zwischen Pfadabhängigkeit und Anpassungsdruck. In M.G. Schmidt & R. Zohlnhöfer (Hrsg.), *Regieren in der Bundesrepublik Deutschland.* (S. 421-445). Wiesbaden: VS.

Nowak, P. (2013). *Kurze Geschichte der Antisemitismusdebatte in der deutschen Linken*. Münster: Edition assemblage.

Pfeifer, H. (2012). *Dilemmata wertegebundener Außenpolitik am Beispiel der deutsch-israelischen Beziehungen. Eine Betrachtung des Gazakrieges*. Magisterarbeit. LMU München. Geschwister-Scholl-Institut für Politikwissenschaft.

Postone, M. (1979). Antisemitismus und Nationalsozialismus. *Diskus*, 3-4. http://www.copyriot.com/sinistra/reading/postone1.html.

Said, E. (1981). *Orientalismus*. Berlin: Ullstein.

Ullrich, P. (2005). Antisemitismus etc.: Bedingungen und Grenzen der (linken) Solidarität mit Palästina/Israel. *UTOPIE kreativ*, 173, 233-242.

Ullrich, P. (2008). *Die Linke, Israel und Palästina: Nahostdiskurse in Großbritannien und Deutschland*. Berlin: Dietz.

Ullrich, P. (2012). Kulturvergleich, diskursive Gelegenheitsstrukturen und linke Nahostdiskurse. Entwurf einer wissenssoziologischen und diskurstheoretischen Perspektive für die Protestforschung. In R. Keller & I. Truschkat (Hrsg.), *Methodologie und Praxis der wissenssoziologischen Diskursanalyse. Band 1: Interdisziplinäre Perspektiven*. (S. 315-337). Wiesbaden: VS.

Weingardt, M. A. (2002). *Deutsche Israel- und Nahostpolitik: Die Geschichte einer Gratwanderung seit 1949*. Frankfurt: Campus.

Weinthal, B. (2007). Freunde von links. Jede Woche seit zehn Jahren: die „Jungle World". *Jüdische Allgemeine*. http://www.juedische-allgemeine.de/article/view/id/4079.

Wengst, K. (2008). Was geht Christinnen und Christen der Staat Israel an? Theologische Annäherungen an ein schwieriges Thema. *Compass Online-extra*, 70. http://www.compass-infodienst.de/Klaus_Wengst__Was_geht_Christinnen_ und_Christen_der_Staat_Israel_an.5207.0.html.

Wildt, A. (1995). Solidarität. In J. Ritter & K. Gründer (Hrsg.), *Historisches Wörterbuch der Philosophie. Band 9*. Basel: Schwabe Verlag.

Winkler, H. A. (2009). *Geschichte des Westens. Band 1. Von den Anfängen in der Antike bis zum 20. Jahrhundert*. München: C. H. Beck.

Wolfsfeld, G. (1997). *Media and political conflict. News from the Middle East*. Cambridge: Cambridge University Press.

Yücel, D. (2012). Kristina Schröder und Linksextremismus. Die Ministerin weiß von nichts. *taz*, 09.01.2012. http://www.taz.de/Kristina-Schroeder-und-Linksextremismus/!85237/.

# Israelische Public Diplomacy und ihre Wahrnehmung durch deutsche Journalisten

## Florian Fleischer, Katharina Füser & Johanna Isermeyer

## 1. Einleitung

„Es geht schon lange nicht mehr nur darum, irgendwelche Schlachten nur draußen auf dem Feld zu gewinnen" (J2). So drückt es einer der für diese Studie befragten Journalisten auf die Frage nach der Rolle von staatlicher Image-Arbeit aus. Es dürfte aber auch aus dem allgemeinen Verständnis heraus kein großer Zweifel daran bestehen, dass das öffentliche Bild eines Staates im Ausland ein sehr wertvolles strategisches Gut ist und heutzutage vielleicht sogar wichtiger als militärische oder wirtschaftliche Ressourcen. Nicht nur in Auseinandersetzungen, auch in friedlichen Zeiten ist es günstig, das Wohlwollen ausländischer Bevölkerungen zu genießen, um eigene außenpolitische Ziele leichter durchsetzen zu können. Aus diesem Grund wird von Staaten und anderen mit ihnen verbundenen Organisationen gezielt Öffentlichkeitsarbeit betrieben. Die Öffentlichkeitsarbeit, die auf die Meinungsbildung von Öffentlichkeiten im Ausland abzielt, wird Public Diplomacy (PD) genannt.

Ein besonderes Interesse in diesem Forschungsgebiet wird dabei dem Staat Israel zuteil, da nur wenige Länder in ihrer Politik so polarisierend sind. Daher ist es naheliegend, dass Israel in seiner PD besondere Maßnahmen ergreift oder ergreifen sollte, um die öffentliche Meinung im Ausland aktiv zu seinen Gunsten mitzugestalten. Das Thema ist in dem Zusammenhang umso brisanter, da Israel sich in einem Konflikt befindet, der seit Jahrzehnten die internationale Politik maßgeblich prägt. Unterstützung aus dem Ausland kann in einem solchen Konflikt von großem Wert sein.

Der Medienberichterstattung, und damit auch Journalisten als ihre Produzenten, kommt dabei eine wichtige Rolle zu. Besonders für geographisch weit entfernte Gebiete wie Israel bleibt den meisten Bürgern nur die Berichterstattung in den Medien, um sich ein Bild von den

Handlungsprämissen eines Staates zu machen. Journalisten können somit durch die Art und Weise ihrer Berichterstattung die öffentliche Meinung mitgestalten und sollten dementsprechend ein spezifisches Ziel von PD-Bemühungen darstellen. Die bestehende Forschung im Gebiet der PD beschäftigt sich bisher allerdings hauptsächlich mit den ausübenden Akteuren oder der Wahrnehmung durch die Bevölkerung. Die Vermittler-Rolle, die den Journalisten in diesem Szenario zukommt, wurde bisher in der Forschung weitgehend außer Acht gelassen. Deshalb liegt der Fokus der vorliegenden Arbeit auf der Wahrnehmung der Public Diplomacy Israels aus dem Blickwinkel deutscher Journalisten.

Auf Basis der Ansätze von Gilboa (2006) wurden gezielt mögliche Maßnahmen israelischer PD herausgearbeitet, deren Einflusspotential auf die Berichterstattung deutscher Journalisten durch die selbigen bewertet wurden. Die Forschungsarbeit liefert so mithilfe einer leitfadengestützten Befragung von Journalisten deutscher Printmedien erste Antworten auf die Frage, wie deutsche Journalisten die PD Israels wahrnehmen und wo, zumindest in der subjektiven Wahrnehmung der Journalisten, Potentiale für die Ansprache deutscher Öffentlichkeiten genutzt beziehungsweise verschenkt werden. Somit kann für die Forschung eine interessante neue Perspektive aufgezeigt werden.

# 2. Public Diplomacy aus kommunikationswissenschaftlicher Sicht

## 2.1 Public Diplomacy als theoretisches Konzept

Bei Public Diplomacy handelt es sich um ein interdisziplinäres Feld (Gilboa 2008), im Vordergrund dieser Arbeit steht aber die kommunikationswissenschaftliche Perspektive.
Insbesondere in den Politikwissenschaften hat sich in den letzten Jahren mehr und mehr eine Diskussion um den Begriff Public Diplomacy entwickelt, obwohl das Konzept als solches nicht neu ist. Wie für viele andere Begrifflichkeiten in den Sozialwissenschaften gibt es auch hier keine einheitliche Definition; über die grundlegenden Charakteristika ist man sich in der Wissenschaft jedoch weitgehend einig. Für die weiterführende Arbeit soll dementsprechend folgende Definition von Gilboa (2008, S. 58) dienen: Public Diplomacy wird als ein Kommunikationsinstrument verstanden, „where state and nonstate actors use the media and other channels of

communication to influence public opinion in foreign societies". Mit anderen Worten bedeutet dies, dass Public Diplomacy von sowohl staatlichen als auch nicht-staatlichen Akteuren ausgeführt werden kann und zur Meinungsbeeinflussung bei Bevölkerungen im Ausland dienen soll, mit dem Ziel der Durchsetzung eigener außenpolitischer Interessen. Damit wird auch zugleich der gravierende Unterschied zur „normalen" Diplomacy deutlich: während unter Diplomacy die „relationships between the representatives of states, or other international actors" (Melissen 2005, S. 5) verstanden wird, soll Public Diplomacy dazu dienen „the general public in foreign societies and more specific non-official groups, organizations and individuals" (Melissen 2005, S. 5) zu beeinflussen. Damit stellt PD in der internationalen Politik ein sehr wichtiges Instrument zur Interessensverwirklichung dar. Da (insbesonders staatliche) PD oft als verlängerter Arm der Außenpolitik wahrgenommen wird, können PD-Maßnahmen nicht funktionieren, „if they are believed to be inconsistent with a country's foreign policy or military actions" (Melissen 2005, S. 7).

In diesem Zusammenhang hat sich Public Diplomacy ebenso wie die Außenpolitik in den letzten Jahrzehnten maßgeblich weiterentwickelt. Gilboa (2008) stellt drei Revolutionen heraus, die PD verändert haben sollen: eine Revolution in Bezug auf die Massenmedien, eine im politischen Bereich und eine weitere in Bezug auf internationale Beziehungen. Die Revolution im Bereich der Massenmedien bezieht sich in erster Linie auf die Verbreitung des Internets als neues Massenmedium. Darüber hinaus verweist Gilboa (2008) hier aber auch auf das Auftreten neuer, global agierender Medienanstalten, wie zum Beispiel BBC, CNN oder Al Jazeera. In Bezug auf die Revolution in der Politik wiederum liegt die Veränderung darin, dass es viel mehr Demokratien und immer weniger Autokratien weltweit gibt. Die letzte Revolution fand nach Gilboa (2008) in den internationalen Beziehungen statt: Heutzutage sei das Ansehen und das Image wesentlich wichtiger als zum Beispiel natürliche Ressourcen oder militärische Stärke, was wiederum zu dem Konzept der Soft Power von Nye (2008) passt. Auch Melissen (2005) stellt als wesentliche Faktoren, die eine Modernisierung von Public Diplomacy fördern, die Globalisierung und die gravierenden Veränderungen in der Kommunikationstechnologie heraus. Er stellt fest: „The new public diplomacy moves away from – to put it crudely – peddling information to foreigners and keeping the foreign press at bay, towards engaging with foreign audiences" (Melissen 2005, S. 13). Seiner Meinung nach bewirken die von ihm genannten Faktoren also eine weitere Orientierung hin zu einem Dialog. Auch Nye (2008, S. 99) ist der Meinung, dass „promoting positive images of one's country is not new, but the conditions for projecting soft power have transformed dramatically in recent years". Wie auch Gilboa (2008) bezieht sich Nye hier darauf, dass es mehr Demokratien gibt, der Kalte Krieg vorbei ist und den Menschen viel mehr Informationen zugänglich sind also noch vor einigen Jahren. In Bezug auf diese Flut an Informationen im Internet-Zeitalter stellt auch Gregory (2008, S. 283) fest: „Public diplomacy occurs in a world with many new actors in which attention, not information, is the scarce resource."

Es herrscht demnach Einigkeit darüber, dass das Konzept PD unter dem Begriff „New Public Diplomacy" angepasst werden muss. New PD wird dabei insgesamt als stärker dialogorientiert (Fitzpatrick 2007), langfristiger (Melissen 2005) und von verschiedenen auch nicht-staatlichen Akteuren (Wang 2006) betriebenes Kommunikationskonzept wahrgenommen.

Um verschiedene Formen von PD zu unterscheiden, hat Gilboa (2008) fünf Kategorien aufgestellt: Akteure, Initiatoren, Ziele, Medienarten und Maßnahmen. Anhand dieser fünf Kategorien kommt der Autor zu drei verschiedenen Hauptmodellen von PD: Das Cold-War-Modell, das nichtstaatliche transnationale Modell und das PR-Modell. Im Cold-War-Modell ist das Ziel von PD hauptsächlich die Beeinflussung der Bevölkerung eines Staates dahingehend, dass diese positiv auf die Politik ihrer Regierung einwirkt. Im nicht-staatlichen transnationalen Modell wird PD haupt-sächlich von nicht-staatlichen Organisationen (NGOs) betrieben. Beim PR-Modell wiederum engagiert ein Staat eine Agentur oder andere Akteure für PD, um die eigentlichen Absender vor der Öffentlichkeit verdeckt zu halten. Während sich dieses Modell hauptsächlich auf die Akteure von Public Diplomacy bezieht, geht Nye (2008) mehr auf die unterschiedlichen Strategien ein. Er unterscheidet dabei drei Hauptdimensionen: tägliche Kommunikation, die vor allem an die ausländischen Medien gerichtet ist, strategische Kommunikation, die einen kohärenten Themenkatalog beinhaltet, der immer wieder kommuniziert wird, und die Entwicklung von dauerhaften Beziehungen zu Meinungsführern und anderen wichtigen Akteuren.

In diesem Zusammenhang lassen sich auch die Ausführungen von Leonard, Stead & Smewing (2002) einordnen, da auch sie verschiedene Strategien in Bezug zur zeitlichen Dimension aufzeigen. Die Autoren unterscheiden zwischen dem News Management, das sich hauptsächlich innerhalb von Stunden und Tagen abspielt, die proaktive strategische Kommunikation, die eher auf Wochen und Monate ausgerichtet ist und das langfristige Aufbauen von Beziehungen, was sich über Jahre hinweg streckt. In Bezug auf die

Strategien von Public Diplomacy treffen des Weiteren Deibel und Roberts (1976) eine interessante – auch wenn schon etwas ältere so doch immer noch aktuelle – Unterscheidung zwischen der tough-minded und der tender-minded Herangehensweise. Während bei der tough-minded Herangehensweise eher die Überzeugung mithilfe von harten politischen Fakten über einen eher kurzen Zeitraum gemeint ist, soll bei der tender-minded Herangehensweise ein langfristiges beidseitiges Verständnis aufgebaut werden, was eher über kulturelle Kommunikation, also zum Beispiel Ausstellungen oder akademische Austauschprogramme, stattfinden soll. Nach Ansicht der Autoren ist es jedoch am sinnvollsten, beide Herangehensweisen zu kombinieren, um erfolgreiche PD zu betreiben.

Gilboa (2006) benennt als einer von wenigen Forschern konkrete Maßnahmen, um PD erfolgreich zu gestalten. Da diese jedoch in Abschnitt 4 noch einmal genauer untersucht werden, sollen sie hier nur der Vollständigkeit halber genannt werden. Die von Gilboa genannten konkreten Strategien sind ein erhöhtes Verständnis von Public Diplomacy auf offizieller Seite, ein professionelles Medientraining, ein Fokus auf Länder und Bevölkerungen, in denen das eigene Ansehen bisher schlecht war, mehr Public Diplomacy über neue Medien, Verstärkung der personellen und finanziellen Ressourcen, stärkere Einbindung von NGOs, wirksamere Nutzung von Nation Branding-Maßnahmen und Information der eigenen Bevölkerung über die Relevanz von PD.

Abgesehen von den unterschiedlichen Maßnahmen, werden von Gregory (2008, S. 276, Hervorh. im Original) in seinen Ausführungen auch drei Hauptziele von PD genannt: „*understand* cultures, attitudes, and behavior; *build and manage* relationships; and *influence* opinions and actions to advance their interests and values". Beispielhaft werden folgende Ziele, die mit PD verfolgt werden können, genannt: Förderung der Wirtschaft, Verbreitung von Demokratie oder strategische Ziele in Konfliktsituationen. Diese stellen jedoch nur einige ausgewählte Beispiele dar (Gregory 2008).

Neben diesen zahlreichen theoretischen Überlegungen stellt Wang (2006) darüber hinaus noch eine Kategorisierung der aktuellen Literatur über Public Diplomacy auf. So lässt sich seiner Meinung nach die Literatur folgendermaßen einteilen: Public Diplomacy und Massenmedien, Public Diplomacy im Vergleich zu anderen Disziplinen und historische Betrachtungen von Public Diplomacy. Woran es laut Wang (2006) nach wie vor mangelt, sind aktuelle Studien zu konkret ausgeführter Public Diplomacy.

## 2.2 Journalisten als Adressaten von Public Diplomacy

Der Erforschung der Arbeitsweise von Journalisten wird in den Sozialwissenschaften eine große Bedeutung zugeschrieben, da Journalisten in Deutschland nach Behmer et al. (2011) eine große Macht zukommt. Sie fungieren als Gatekeeper, die Informationen aus dem Aus- und Inland filtern und verarbeiten, bevor diese auf die Rezipienten treffen. Daher ist diese Gatekeeper-Funktion auch ein zentrales Element für die Public Diplomacy-Bemühungen eines Landes, da Journalisten durch die Auswahl und die Art und Weise der Präsentation bestimmter Informationen die öffentliche Meinung nachhaltig beeinflussen können (Fitzpatrick 2007; Gregory 2008).

Jedoch lässt sich festhalten, dass Journalisten nie ganz frei von äußeren Einflüssen arbeiten können: „Das Mediensystem mit seinen historischen, rechtlichen, politischen und ethischen Grundlagen markiert den Rahmen ihrer Tätigkeit." (Behmer et al. 2011). Dementsprechend ist die Arbeit von Journalisten nach Loosen, Pörksen & Scholl (2008) immer von zahlreichen Konflikten geprägt. So sollen sie zum einen sorgfältig arbeiten, auf der anderen Seiten stehen sie – insbesondere in der heutigen Zeit – unter ständigem Zeitdruck. Ein weiterer Konflikt besteht zwischen beruflicher Objektivität und subjektivem Empfinden, was in welchem Maße publikationswürdig ist. In Bezug auf das spezifische Thema dieser Arbeit ist außerdem der Konflikt zu nennen, auf der einen Seite immer nah am Geschehen zu sein und doch eine gewisse professionelle Distanz zum Thema wahren zu wollen (Loosen et al. 2008). Alle Einflüsse, die von außen auf Journalisten einströmen und solche Konflikte hervorrufen, werden gemäß eines eigenen Rollenbildes oder Selbstverständnisses verarbeitet. Wirksame PD sollte also Journalisten in ihrem Rollenverständnis abholen, um somit die inneren Konflikte möglichst gering zu halten.

Wie Journalisten diese verschiedenen Konflikte und ihre Arbeitsumgebung wahrnehmen, wurde zuletzt 2005 durch eine repräsentative Befragung von deutschen Journalisten untersucht. Die Ergebnisse der Studie stützen die Aussage von Kepplinger (2011, S. 229), dass weitgehend „Übereinstimmung über die Rollendefinitionen gegenüber Kollegen und Berufslaien" herrscht. Als zentrale Aufgabe eines Journalisten bezeichnete ein Großteil der Befragten die Vermittlung von Informationen an die Leserschaft, gefolgt von Kritik und Kontrolle des Staates (Weischenberg et al. 2006). Inwieweit jedoch die Ergebnisse einer solchen Befragung objektive Informationen bezüglich des Selbstbilds von Journalisten liefern können, ist in der

Wissenschaft umstritten. Zum einen gibt es die Ansicht, dass die Äußerungen der Journalisten ein wirklichkeitsgetreues Bild vom Rollenverständnis der Journalisten aufzeigt. Andere Ansichten hingegen besagen, dass Journalisten aufgrund mangelnder Ressourcen in der Realität diesem Selbstverständnis nicht entsprechen können. „Dazwischen findet sich die Auffassung, dass die Kenntnis journalistischer Selbstbilder aufschlussreich sein kann, wenn man ihre eingeschränkte Aussagekraft in der Interpretation berücksichtigt" (Behmer et al. 2011).

Zusätzlich zum Selbstbild und Rollenverständnis der Journalisten entscheiden Nachrichtenfaktoren über die Publikation von Informationen. Die Nachrichtenwerttheorie besagt, dass die Veröffentlichung von Beiträgen durch Journalisten davon abhängt, wie hoch ihr Nachrichtenwert ist. Dieser wiederum setzt sich gemäß der Theorie aus verschiedenen Nachrichten-faktoren zusammen und wie stark sie im Beitrag vorzufinden sind (Kepplinger 2008). Ein Nachrichtenfaktor soll hier nach Kepplinger (2008) folgendermaßen verstanden werden:

> „The term „news factors" denotes characteristics of news stories about events and topics that contribute to making them newsworthy [...] the more news factors a news story carries, the more newsworthy is it [...]. Besides the number of news factors, their intensity has an influence on the newsworthiness of news stories." (S. 3245)

Für diese Forschungsarbeit soll der von Galtung und Ruge (1965) aufgestellte Nachrichtenfaktoren-Katalog dienen. Dieser Katalog wurde in Zusammenhang mit einer Studie zur Auslandsberichterstattung in Printmedien erstellt und erscheint daher als thematisch passend für die vorliegende Arbeit, des Weiteren dient er nach wie vor für viele aktuelle Studien als Ausgangspunkt und ist somit immer noch aktuell. Die von Galtung und Ruge (1965) genannten Nachrichtenfaktoren sind: Dauer, Schwellenfaktor, Eindeutigkeit, Bedeutsamkeit, Negativismus, Betroffenheit von Elite-Personen, Betroffenheit von Elite-Nationen, Konsonanz, Überraschung, Personalisierung, Kontinuität und Variation. Für das Verständnis der Nachrichtenwerttheorie und deren Verbindung zur Public Diplomacy-Forschung ist es wichtig zu betonen, dass Nachrichtenfaktoren eine Konstruktion von Journalisten sind. Anhand dieser Kriterien entscheiden Journalisten, ob und welche Informationen sie in ihre Berichterstattung aufnehmen. Public Diplomacy sollte sich in ihrer inhaltlichen Gestaltung also auch an Nachrichtenfaktoren orientieren.

Da in dieser Studie die Arbeitsweisen und Selektionskriterien von Journalisten erfragt werden, wurden die Teilnehmer gezielt nach ihrem

Rollenverständnis befragt. Des Weiteren wird der genannte Nachrichten-faktoren-Katalog für die Auswertung herangezogen. Hierbei geschieht allerdings lediglich ein Abgleich mit dem Katalog im Nachhinein; eine Abfrage der Nachrichtenfaktoren im Einzelnen soll hier nicht erfolgen, da sie nicht im Zentrum dieser Arbeit stehen.

# 3. Israelische Public Diplomacy: Forschungsrelevanz und aktuelle Befunde

Zwar zählen Arbeiten zu PD-Aktivitäten im Kontext von Nahost und Nahostkonflikt zu den ersten Fallstudien in der PD-Forschung (Gilboa 2008), trotzdem existieren bis heute erstaunlich wenig umfassende empirische Arbeiten in diesem Feld (Shenhav et al. 2010). Das erscheint umso überraschender, da der israelisch-palästinensische Konflikt trotz anhaltender Dauer nicht an weltpolitischer Brisanz verloren hat und sich Israel nach Avraham (2009, S. 4) nach wie vor in einer „Sustained Crisis" befindet.

Obgleich die Wurzeln der PD-Forschung bis weit ins 20. Jahrhundert zurückreichen, konstatieren Forscher erst in jüngster Zeit ein wachsendes Interesse an diesem Feld (Shenhav et al. 2010). So bedürfen auch staatliche Akteure, wie einzelne Ministerien, genauerer Betrachtung. Denn paradoxerweise hat gerade der israelische Staat mit seinem vergleichsweise hochentwickelten PD-Apparat (Molad 2012) in Europa mit einem weitgehend negativen Öffentlichkeitsbild zu kämpfen (Avraham 2009; Gilboa 2006). Die genauere empirische Untersuchung dieser Zusammenhänge scheint also schon aus instrumenteller Perspektive von Interesse.

Darüber hinaus sind es auch jüngste israelische Kampagnen, beziehungs-weise Initiativen, welche das akademische Interesse an israelischen PD-Aktivitäten anregen dürften und dieser Thematik auch eine wachsende öffentliche Aufmerksamkeit bescheren.[1]

## 3.1 Hasbara und das Medienbild Israels

Insbesondere israelische Forscher konstatieren, dass Israels Public

---

[1] Namentlich erwähnt seien hier etwa die Kampagnen „Masbirim" (02/2010) und „Created in Israel" (03/2013).

Diplomacy-Bemühungen bis heute Defizite aufweisen (Gilboa 2006; Steinberg 2011). Nicht zuletzt deshalb ist die staatliche PD-Policy auch immer wieder Gegenstand öffentlicher Debatten und gerät gerade zu Zeiten akuter militärischer Auseinandersetzungen vermehrt in die Kritik. Aus historischer Perspektive nimmt dabei insbesondere der Umgang mit dem israelisch-palästinensischen Konflikt eine zentrale Stellung ein (Shenhav et al. 2010).

Traditionell bildet das Konzept der „Hasbara" („Erklären") den Kern der israelischen PD-Doktrin. Doch gerade dieser Ansatz wird häufig als zu eindimensional und nicht zeitgemäß kritisiert. So bemängelt etwa Cull (2009) insbesondere die einseitige Publikumsausrichtung auf die Vereinigten Staaten und jüdischen Gemeinden im Ausland, während Shenhav et al. (2010) den „Hasbara"-Ansatz als zu unvollständig betrachten. Die Forscher verstehen „Hasbara" als einen rein reaktiven Ansatz, „while public diplomacy, by the nature of the concept, implies a proactive approach that takes international public opinion into consideration as part of policymaking" (Shenhav et al. 2010, S. 145). Kennzeichnend für ein solches proaktives Verständnis von PD ist demnach der systematische und strategisch geplante Umgang mit Narrativen.

In empirischen Untersuchungen von Pressemitteilungen und öffentlichen Reden zum israelischen Rückzug aus dem Gaza-Streifen 2005 konnten die Forscher aber nur inkonsistente und fragmentierte Erzählmuster identifizieren und sehen dies als Ursache dafür, dass Israel in Folge dessen nicht von einem internationalen Imagegewinn profitieren konnte (Shenhav et al. 2010).

Den zentralen Ansatzpunkt zur aktiven Gestaltung eines positiven Israelbildes sehen Forscher wenig überraschend in der kontinuierlichen und systematischen Einflussnahme auf ausländische Medienberichterstattung (Shenhav et al. 2010), welche über mittlerweile mehrere Dekaden einen beachtlichen Umfang aufweist (Ben-Yehuda et al. 2013). Vorteilhafte Medienberichterstattung wird gar als notwendige Voraussetzung für eine die israelische Politik stützende öffentliche Meinung gesehen (Sheafer & Shenhav 2009). In diesem Wettbewerb um Medienzugang einerseits und mediale Frames andererseits (Sheafer & Gabay 2009) spiegelt sich auch die Ausrichtung israelischer PD-Aktivitäten wider. Die Medienberichterstattung in den USA wird nicht nur strukturell als pro-israelisch eingeschätzt (Walt 2008), es lassen sich durch die inhaltsanalytische Untersuchung medialer Frames beispielsweise auch die Verantwortungsattribution und die

Legitimitätswahrnehmung der israelischen Position feststellen. So trifft der israelische Standpunkt bei amerikanischen Medien offenkundig auf vergleichsweise große Resonanz, während die palästinensische Position mehr Rückhalt bei den britischen Medien genießt. Die Autoren führen dies unter anderem auf kulturelle Nähe zurück (Sheafer & Gabay 2009).

## 3.2 Der israelische PD-Apparat: Organe und Instrumente

Trotz häufiger Kritik wird die israelische PD im internationalen Vergleich dennoch als „elaborated and sophisticated by both professional and academic standards" (Molad 2012, S. 13) beschrieben. Im Folgenden sollen deshalb kurz die von der Forschung identifizierten Hauptakteure und Hauptstrategien skizziert werden.[2]

Kern des landesweiten PD-Apparates ist das 2007 gegründete „National Hasbara Headquarter" im Büro des Premierministers mit zentraler Koordinationsaufgabe. Es fungiert als Sprecherstelle des Premierministers und beaufsichtigt das „National Hasbara Forum", in welchem Vertreter aller PD-relevanten Ministerien Policies und Kernmitteilungen der PD-Strategie formulieren. In regelmäßigen Sitzungen werden dabei sowohl staatliche Organe wie Polizei oder Siedlungsbehörden mit einbezogen als auch private Akteure aus Wissenschaft und Medien, die als externe Berater fungieren. Neben diesen strategischen Koordinationsaufgaben werden aber auch operative Tätigkeiten wie die Produktion von Presse-Materialien und die Schulung von Funktionären im „National Hasbara Forum" verantwortet.

Daneben nehmen verschiedene Ministerien und Abteilungen spezifischere operative Funktionen im PD-Apparat Israels ein. Während das „Department of Media & Hasbara" im Außenministerium vor allem die (Medien-)Arbeit der weltweiten diplomatischen Vertretungen koordiniert, betreut das „Ministry of Public Diplomacy & Diaspora Affairs" in erster Linie die eigenen Bürger und jüdische Gemeinden im Ausland. Hinzu kommen das Tourismusministerium, welches vor allem mit dem weltweiten Nation Branding und der Vermarktung Israels als Reiseziel betreut ist, und die Arbeit der „IDF Spokesperson's Division", welche sich um die Presse- und Medienarbeit im Zusammenhang mit militärischen Operationen kümmert.

---

[2] Da keine offiziellen deutschsprachigen Übersetzungen für die Bezeichnung der einzelnen israelischen Behörden existieren, wird auf die englischsprachige Benennung zurückgegriffen.

Abschließend kann auch die offizielle Einwanderungsorganisation Israels, die „Jewish Agency for Israel" als PD-Organ betrachtet werden, da sie, meist in Projektform, die Beziehung zu jüdischen Gemeinden weltweit pflegt (Molad 2012).

Diese hohe Vielfalt und Komplexität im israelischen PD-Apparat macht es äußerst schwer, einzelne distinkte PD-Strategien zu identifizieren. Eine erste Strukturierungshilfe bietet hier die Source-Audience-Message-Typologie nach Avraham (2009), welche auf Basis umfangreicher inhaltsanalytischer Untersuchungen israelischer Quellen (u.a. Interviews, Werbematerialien und Online-Quellen) entwickelt wurde. Sie bietet einen kurzen aber breiten Überblick über das große Spektrum israelischer PD-Ansätze. Unter „Source-focused Strategies" zählt der Autor hier die zwei Dimensionen „Attempting to influence media" und „Replacing the Media", während „Audience-focused Strategies" in die drei Subkategorien „Emphasis on similarities and relevance", „Using familiar cultural symbols" und „Association with strong brands" eingeteilt werden. Schließlich werden mitteilungsbezogene Strategien („Message-focused Strategies") in folgende fünf Dimensionen klassifiziert: „Conveying opposite messages to the problematic image characteristics", „Multiple facets, human touch and softening the 'hard' image", „Expanding the image", „Branding opposite to the stereotypes" und „Ridicule the stereotypes".

Dieser Strategie-Katalog verdeutlicht einmal mehr wie vielfältig die Ansätze sind, von denen israelische PD-Stellen Gebrauch machen, auch wenn der Autor zu bedenken gibt: „On the other hand, this use of variety of strategies reflects a lack of unity and long-term marketing strategy" (Avraham 2009, S. 21).
Somit wird sowohl auf inhaltlicher als auch auf Akteursebene die Frage aufgeworfen, welches Maß an Vielfalt notwendig ist und ab welcher kritischen Masse eine einheitliche und kohärente Vorgehensweise eher erschwert wird.

## 3.3 Die Rolle der Neuen Medien

Soziale Medien im Kontext von Public Diplomacy-Aktivitäten werden im aktuellen Forschungskanon äußerst ambivalent diskutiert. Während einige Autoren schon von „Public Diplomacy 2.0" sprechen (Hayden 2011), konstatiert Zhang (2013, S. 1313) zurückhaltender: „social media should first be regarded as an issue for Public Diplomacy, which could be either a problem or an opportunity".

Aus international vergleichender Perspektive kommen Allan und Brown (2010, S. 66) zu der Einsicht: „No state has mobilized more quickly in its efforts to assimilate this media environment than Israel." Die Aneignung sozialer Medien kann dabei sehr verschiedene Formen annehmen, wie im Folgenden deutlich werden soll. Während Shay (2012) beschreibt, wie Israel mittels einer „peer-to-peer diplomacy" versucht, die eigenen Bürger zu teilhabenden Produzenten der PD zu machen, werden auch Bemühungen erkennbar, soziale Medien verstärkt zu kontrollieren. So skizzierten etwa Caldwell et al. (2009) wie gerade in Zeiten akuter militärischer Auseinandersetzungen gezielt Versuche unternommen werden, soziale Medien stärker zu kontrollieren und „supportive online communities" zu erschaffen. Dies kann im Zweifelsfall selbst durch die bezahlten Blogger eines „internet warfare Teams" geschehen (Allan & Brown 2010, S. 66).

Neben dieser konsequenten staatlichen Nutzung der sozialen Medien zeigen aber auch empirische Studien, dass durch das Aufkommen neuer Medien private und vor allem auch ressourcenschwache anti-israelische Akteure in PD-Arenen an Bedeutung gewinnen konnten (Naveh 2007). Es bleibt aber weiter umstritten, welche Durchschlagskraft und welches Demokratisierungspotential den sozialen Medien zugesprochen werden soll. Allan und Brown (2010) sprechen in diesem Zusammenhang gar von einem "Phantom Leveling". Demnach kann das ausgleichende Momentum sozialer Medien allzu leicht überschätzt werden.

Jenseits der Frage, ob Israel von New Media stärker profitieren kann als seine politischen Gegner, macht bereits der beachtliche Umfang an Online-Präsenzen öffentlicher israelischer Stellen deutlich, dass staatliche Entscheidungsträger den Neuen Medien einen hohen Stellenwert zuschreiben.[3] Dies wird auch augenscheinlich, wenn man betrachtet, mit welcher Konsequenz israelische Stellen Online-Kampagnen des politischen Opponenten begegnen. So etwa geschehen, als der amerikanische Computerkonzern Apple aufgrund von Bemühungen der israelischen Regierung die israelkritische „Third Intifada" Applikation aus seinem App-Store entfernte (Molad 2012).

---

[3] Unvollständige Liste unter http://www.shituf.gov.il/content/425.

## 4. Forschungsleitende Fragen

Wie im vorherigen Kapitel dargelegt wurde, bewegen sich die israelischen PD-Bemühungen in einem äußerst komplexen und dynamischen Umfeld, in dem Journalisten eine bedeutende Rolle spielen können. Gilboa entwickelte 2006 einen ganzen Maßnahmenkatalog mithilfe dessen Israel der strategischen Bedrohung eines sukzessiven Reputationsverlustes begegnen soll. Darin benennt er konkrete Maßnahmen, die auch von anderen Autoren immer wieder thematisiert wurden, und welche teilweise sogar Reformen des israelischen PD-Apparates mitinduziert haben (Molad 2012). Wenn man der Argumentation folgt, dass ausländische Journalisten ein relevantes Zielobjekt von PD sind, so kann Gilboas Katalog genutzt werden, um nach der Wirksamkeit dieser konkreten Maßnahmen bei einer spezifischen Zielgruppe zu fragen. Im Sinne einer explorativen qualitativen Untersuchung wurden entlang ausgewählter Maßnahmen aus Gilboas Katalog forschungsleitende Fragen formuliert, die dabei helfen sollen, das Erkenntnisinteresse und den Erhebungsprozess zu strukturieren und zu systematisieren.

### *Rollenselbstbild und Selbstwahrnehmung der Journalisten*

Zu Beginn ist die Frage relevant, inwiefern bei den konkreten PD-Maßnahmen das Rollenselbstbild der Journalisten zum Tragen kommt. Einige der PD-Maßnahmen versuchen ganz gezielt, die Berichterstattung der Journalisten instrumentell zu beeinflussen. Deshalb stellt sich hier die Frage, wie sehr Journalisten um Neutralität und Unabhängigkeit bemüht sind. Welche PD-Aktivitäten werden etwa als nützlicher Service und welche als Instrumentalisierungsversuch wahrgenommen? Wie verstehen sie ihre Rolle im Kontext des Nahostkonflikts? Es ist zu vermuten, dass dies relevante Rahmenbedingungen sind, welche letztlich auch den Erfolg israelischer PD-Maßnahmen mitbestimmen.

### *Cyber-PD und Neue Medien*

Die immer noch wachsende Bedeutung digitaler Medien führt zum Ruf nach einem Ausbau der israelischen „Cyber-PD" (Gilboa 2006). Das Internet wird als „additional dimension to international processes" (Naveh 2007, S. 171) verstanden und fungiert als zentrale Arena von PD-Aktivitäten. Nach Gilboa (2006) müssen israelische PD-Anstrengungen darauf ausgerichtet sein, ein konsistentes e-Image aufzubauen. Daran lassen sich die Fragen anschließen, welche Bedeutung Regierungs-Websites, aber gerade auch israelische Online-Kanäle auf Youtube oder Twitter für die journalistische Arbeit haben.

In welchem Umfang werden diese genutzt? Welche Vor- und Nacheile haben sie im Vergleich zu „analogen" Recherchemethoden? Wie groß schätzen Journalisten deren Bedeutung im öffentlichen Diskurs ein?

### Nation Branding und Fokusverschiebung

Weiter führt auch die Forderung nach einer Neupositionierung des medialen Israel-Bilds mittels Nation Branding-Maßnahmen zu einer Reihe von Fragen. Ein Paradigmenwechsel der PD-Aktivitäten vom omnipräsenten Thema Nahostkonflikt hin zu wirtschaftlichen oder kulturellen Themen wird zwar selbst von Gilboa (2006) als ambitioniert eingeschätzt, eine Fokusverschiebung, die vor allem die Kulturnation und den Technologie-Standort Israel hervorhebt, wird aber dennoch als erstrebenswert angesehen.

Hier stellt sich beispielsweise die Frage, welche Publikationswürdigkeit Journalisten alternativen Israel-Themen zuschreiben oder welche strukturellen Hindernisse einem solchen Wandel im Weg stehen könnten. Es ist in diesem Zusammenhang auch zu klären, welches inhaltliche Interesse deutsche Redakteure haben und mit welchen konkreten Instrumenten Israel auf sie zugeht.

### Professionalisierung der PD

Eine sehr grundlegende, aber immer wieder thematisierte Maßnahme ist die professionelle Ausbildung von öffentlichen Funktionären. Israelische Beamte, Diplomaten und öffentliche Repräsentanten sollen nach den Vorstellungen Gilboas (2006) professionelle PD- und Medien-Trainings erhalten, um gerade im Umgang mit ausländischen Medien und fremden Publika geschult zu sein. Hier lässt sich weiterführend fragen, in welcher Form eine derartige Professionalisierung für die Ansprechpartner, nämlich die Journalisten selbst, erkennbar wird.

Können Journalisten diese Veränderungen, respektive eine Professionalisierung, in der Pressearbeit erkennen? Gibt es Hinweise auf eine strukturelle und systematische Verbesserung? Und in welchen Bereichen sehen sie insbesondere noch weitere Verbesserungspotentiale?

# 5. Methodisches Vorgehen

Methodisch wurde das Forschungsprojekt mit Hilfe qualitativer Experteninterviews umgesetzt. Qualitative Forschungsstrategien liefern genaue und dichte Beschreibungen und berücksichtigen individuelle

Sichtweisen und unterschiedliche Perspektiven (Diekmann 2008; Flick et al. 2009). Experteninterviews werden in Untersuchungen eingesetzt, „in denen soziale Situationen oder Prozesse rekonstruiert werden sollen, um eine sozialwissenschaftliche Erklärung zu finden" (Gläser & Laudel 2009, S. 12), im Falle des Forschungsprojektes die genauen Entscheidungsprozesse bei der Nutzung von Angeboten der israelischen Öffentlichkeitsarbeit.

In dieser Studie nahmen Journalisten aus den Ressorts Politik und Meinung mit Schwerpunkt Israel und Nahostkonflikt die Rolle der Experten ein. Das Auswahlkriterium war eine inhaltlich möglichst langfristige und intensive Beschäftigung mit dem Themenfeld Nahostkonflikt und Israel. Insgesamt wurden vier Journalisten befragt. Zwei der Journalisten schreiben für das Politik-Ressort von Berliner Tageszeitungen, ein Journalist für das Ressort Meinungen bei einer der Tageszeitungen und eine Journalistin ist Redakteurin bei einer Politik-Zeitschrift mit Sitz in Berlin.

Der Durchführung der Interviews und deren Transkription schloss sich eine computergestützte Datenanalyse mit MAXQDA an. Die Auswertung erfolgte mit einer qualitativen Inhaltsanalyse. Die Zielsetzung einer qualitativen Inhaltsanalyse ist es, durch die systematische, regel- und theoriegeleitete Analyse von fixierter Kommunikation, Rückschlüsse auf bestimmte Aspekte von Kommunikation zu ziehen (Mayring 2003). Durch die Identifikation der forschungsrelevanten Textstellen, deren Extraktion und ihre Zuordnung zu relevanten Kategorien wird eine Informationsbasis geschaffen, die nur noch die forschungsrelevanten Inhalte enthält (Gläser & Laudel 2009). Dabei wird das Kategoriensystem anhand der theoretischen Vorüberlegungen bezüglich der Untersuchungsvariablen bzw. Einflussfaktoren der untersuchten Phänomene aufgebaut (Gläser & Laudel 2009). Diese dienten bei der Konstruktion des Leitfadens ebenfalls als Anleitung, der Leitfaden stellt daher die Grundlage für die Erstellung des Kategoriensystems dar. Zusätzlich wurde das vorläufige Kategoriensystem in einem ersten Analyseschritt auf die Gesamtheit der durchgeführten Interviews angewandt, um neue Kategorien aus dem Analysematerial zu generieren. Somit konnten forschungsrelevante Textstellen, die mit dem bisherigen Kategoriensystem nicht erfasst wurden, in die Analyse mit aufgenommen werden.

Die Gliederung des Kategoriensystems orientierte sich am Aufbau des Leitfadens mit den einzelnen Blöcken zum beruflichen Hintergrund, den PD-Maßnahmen, der Arbeitsweise und dem beruflichen Rollenverständnis. Den umfassendsten dieser Blöcke stellte Block 2 (Maßnahmen der Public Diplomacy) dar. Durch die anfängliche Erstcodierung des gesamten Materials durch alle Codierer wurden alle genannten Maßnahmen identifiziert und aufgelistet. Gleichzeitig wurden Bedeutungseinschätzung, sowie Kritik an der Öffentlichkeitsarbeit Israels codiert. In Block 3 (Arbeitsweise) wurden die Bewertungen einer gezeigten Kampagne, deren Publikationswürdigkeit sowie eventuell auftauchende Nachrichtenfaktoren erfasst. Block 4 (berufliches Rollenverständnis) beschäftigte sich mit einem abweichenden Rollenverständnis in der Berichterstattung über den Nahostkonflikt und einer eventuellen Instrumentalisierung der Journalisten.

Um die Inter-Coder-Reliabilität möglichst hoch zu halten, wurde zu Beginn der Codierung ein Inter-Coder-Reliabilitätstest durchgeführt. Dabei codierten alle drei Forscher jeweils dasselbe Transkript. Danach erfolgte eine Überprüfung des codierten Materials. Aufgrund des relativ kurzen Kategoriensystems fiel der Test positiv aus, die Abweichungen zwischen den individuellen Codierungen waren sehr gering. Da bei der qualitativen Inhaltsanalyse auch Doppelcodierungen möglich sind, sind geringe Abweichungen beim Codieren akzeptabel (Gläser & Laudel 2009).

## 6. Die Public Diplomacy Israels aus Sicht deutscher Journalisten

Die Ergebnisse der empirischen Untersuchung sollen im folgenden Abschnitt dargelegt werden und wurden dabei grob anhand des Codierschemas strukturiert. Zunächst werden die journalistische Arbeitsweise und das journalistische Rollenverständnis thematisiert, um darauf aufbauend zu verdeutlichen, unter welchen spezifischen Bedingungen die Beeinflussung durch PD-Maßnahmen zu interpretieren ist. Anschließend folgt die Betrachtung und inhaltliche Bewertung der konkreten PD-Bemühungen durch die Journalisten. In diesem Sinne soll den forschungsleitenden Fragen umfassend und aus mehreren Perspektiven begegnet werden, um festzustellen, wie deutsche Journalisten israelische PD-Aktivitäten wahrnehmen, bewerten und verarbeiten.

## 6.1 Journalistisches Rollenverständnis im Nahostkonflikt

Es konnten zwei primäre Rollenverständnisse der Journalisten in der Berichterstattung über den Nahostkonflikt identifiziert werden. Die Rolle des *Übersetzers* und die Rolle des *Vermittlers*.
Die Journalisten berichteten, dass eines der Probleme bei der

Berichterstattung darin bestehe, einer deutschen Bevölkerung verständlich zu machen, warum dieser Konflikt, auch „mit militärischen Mitteln" (J3), stattfindet. Die Zusammenhänge müssten erklärt und verständlich gemacht werden. Dabei nehmen Journalisten die Rolle von Übersetzern ein:

> „Dieser Konflikt ist nicht weit weg und da, wo er in weite Ferne rückt, wird er politisch gefährlich, weil man die Dringlichkeit der Lösung nicht mehr wirklich versteht. Das zu übersetzen und zu sagen, wie sind die Dinge hier, wie geschehen sie und wie erkläre ich das so, dass eine deutsche Leserschaft sie aufnehmen kann. [...] Die politischen, sozialen, kulturellen und religiösen Unterschiede sind immer noch so groß, dass sie Übersetzungsarbeit brauchen" (J3).

Die zweite Rolle, die beschrieben wurde, war die eines objektiven Vermittlers.

> „Einerseits klassische journalistische Aufgaben: erzählen, berichten. Andererseits auch [...] ein gewisses Expertentum. Wir haben natürlich mehr Ahnung, das ist auch eine Verantwortung. Und idealerweise auch eine Vermittlung. [...] Also, dass ich mit Leuten dort in Kontakt bin und deren Position den Menschen in Deutschland nahe bringe" (J1).

Dieses Rollenverständnis bedeutet auch „verschiedene Komponenten darzustellen, die verschiedenen Stimmen zu Wort kommen zu lassen" (J2). Ein Journalist bemerkte, dass er „eine etwas pro-israelische Haltung" (J2) vertrete, er aber darauf achte, möglichst neutral zu berichten und sich innerhalb der Berichterstattung keiner Meinung anzuschließen: „Das finde ich ganz wichtig. Das ist eigentlich mein Selbstverständnis" (J2). Ob die Berichterstattung über den Nahostkonflikt ein anderes journalistisches Rollenverständnis verlangt als bei anderen Themen, wurde ambivalent beantwortet. Ein Redakteur berichtete, dass es keine Unterschiede im Rollenverständnis gebe, da im Journalismus immer die gleichen Maßstäbe gelten sollten (J2). Ein anderer Journalist sagte, dass die kulturelle Vermittler- und Übersetzerrolle wesentlich stärker ausgeprägt sei als bei Journalisten, die über Themen mit einem stärkeren deutschen Kontext berichteten (J1). Trotz dieser Unterschiede in den Aussagen, bestätigten alle Journalisten, dass die Berichterstattung über den Nahostkonflikt mit einigen Problemen verbunden ist. Auch wenn das Prinzip der Objektivität von allen Befragten im eigenen Rollenverständnis als Voraussetzung für die Berichterstattung angesehen wird, gaben zwei Journalisten an, dass es nicht immer einfach sei, objektiv zu bleiben und sich nicht auf einen Narrativ einzulassen (J3; J4). Die Beeinflussung nicht nur von Seiten Israels oder

Palästinas, sondern auch durch die öffentliche Meinung, die öffentliche Wahrnehmung sowie Gespräche im Freundeskreis und mit PR-Verantwortlichen, spiele immer mit in den Arbeitsalltag hinein (J3). Auf der anderen Seite sei eine Instrumentalisierung zum Beispiel durch die Informationspolitik der Botschaft eine zum regulären Berufsleben dazugehörige Tatsache. Ein Gespräch mit Botschaftsmitarbeitern bedeute nicht automatisch eine (pro-israelische) Verarbeitung der Informationen in der Berichterstattung (J4).

Das Rollenverständnis und Selbstbild der Journalisten, die über den Nahostkonflikt berichten, ist also stark von dem Wunsch der Journalisten nach einer möglichst großen Objektivität gekennzeichnet. Dem steht jedoch der Versuch der Public Diplomacy-Akteure Israels gegenüber, Journalisten von ihrem Standpunkt zu überzeugen. Dieses empfindliche Gleichgewicht, den Journalisten einerseits durch Public Diplomacy Informationen zukommen zu lassen und somit Einfluss auf ihre Berichterstattung nehmen zu wollen und sie trotzdem in ihrem Selbstverständnis als Übersetzer und Vermittler nicht zu stören, spielt eine tragende Rolle für den Erfolg von Public Diplomacy. Gerade als Übersetzer und Vermittler sind die Journalisten an einer ausführlichen Informationspolitik interessiert. Im Folgenden wird nun gezeigt, wie die einzelnen Public Diplomacy-Bemühungen vor dem Hintergrund dieses Konflikts von den Journalisten wahrgenommen und bewertet werden.

## 6.2 Public Diplomacy-Bemühungen Israels

Alle befragten Journalisten nehmen die PD-Bemühungen Israels als stark ausgeprägt wahr. Ein Journalist konstatierte sogar: „Die gehört mit zu den Regsten, muss ich sagen, die es gibt" (J4).
Dass es diese relativ starke Orientierung hin zur Beeinflussung der öffentlichen Meinung und hin zu Public Diplomacy gibt, wird zum einen auf die besondere Situation Israels im Konflikt zurückgeführt, auf der anderen Seite allerdings auch auf eine immer stärker durch die Medien geprägte Gesellschaft.

> „[W]ir leben in einer von den Medien, von der öffentlichen Wahrnehmung geprägten Gesellschaft. Das gilt nicht nur für uns hier, sondern für die ganze Welt, das hat sich auch nochmal verstärkt. [...] Sie müssen die öffentliche Meinung für sich versuchen einzunehmen" (J2).

In diesem Zusammenhang konnten alle Befragten Auskunft über die von

Israel speziell genutzten Instrumente und Strategien geben, sowie diese in den Kontext ihrer alltäglichen Arbeit setzen.

## 6.2.1 Akteure der Public Diplomacy: Botschaften, NGOs und andere Ansprechpartner

Das Feld an potentiellen Kontaktpunkten, über die deutsche Journalisten mit israelischen Public Diplomacy-Organen in Berührung kommen können, ist sehr breit. Die Intensität der Beziehung zu einzelnen Akteuren unterscheidet sich dabei aber erheblich.

Die PD-Bemühungen von *Lobbygruppen*, gerade in der Bundeshauptstadt Berlin, werden als recht stark eingeschätzt: „Sie können im Prinzip, ja ich übertreibe jetzt, jede zweite Woche mindestens zu irgendeiner Veranstaltung „pro Israel" gehen, wo ein Diavortrag oder sonst irgendetwas ist" (J2) stellte ein Redakteur die Informationsarbeit der Gruppierungen dar. Eine Stärke der Lobby-Organisationen, von denen „wirklich eine große Vielzahl" (J2) wahrgenommen werden, ist es offenbar, die Journalisten mit praktischen Dienstleistungen zu versorgen. Dies „hat mehrere Vorteile. Sie bieten die vorhin erwähnten Hintergrundgespräche an, sie bieten Gesprächspartner an zu bestimmten Themen" (J2). Die Arbeit der Lobby-Gruppierungen trifft bei den befragten Journalisten, wie zu erwarten, aber dennoch auf Skepsis und Vorbehalte: „Die haben immer sowas missionarisches, was mir widerstrebt" (J3), sagte eine Redakteurin hierzu. Dennoch werde auf deren Arbeit zurückgegriffen „natürlich mit der hoffentlich gebotenen Distanz" (J2).

Weiter wurden auch *Think Tanks* und *politische Stiftungen* als interessante und vor allem zuverlässige Ansprechpartner genannt und für ihre umfangreiche Expertise und Informationsarbeit geschätzt (J3 & J4).

Neben diesen per definitionem *nicht-staatlichen Akteuren* stehen deutschen Journalisten auch die PD-Aktivitäten einer Reihe *staatlicher Akteure* zur Verfügung. *Internetpräsenzen von israelischen Ministerien und Behörden* werden dabei bestenfalls als Nachschlagewerk oder zur Datenrecherche genutzt und von den befragten Journalisten eher als zweitrangig eingeordnet (J3). Im Gegensatz dazu wird der Arbeit der *israelischen Botschaft in Berlin* „als zentraler Schlüssel" (J2) ein hoher Stellenwert zugeschrieben (J3).

Unabhängig davon, dass dabei einzelne PD-Maßnahmen genannt werden konnten (J2) und „Botschafterauftritte oder eben Staatsbesuche" (J3) eine große Relevanz für die öffentliche Meinung zugeschrieben wird, sehen die befragten Journalisten aber auch hier noch viele ungenutzte Potentiale. Sie beschrieben die Arbeit mit der Botschaft aktuell sogar als „immer mühsam" (J2). Hierbei wird besonders die fehlende Konstanz der Öffentlichkeitsarbeit bemängelt: „Das ist immer sehr stark abhängig von der Stärke der Botschaftsbesetzung. Also nicht der quantitativen Stärke, sondern auch der qualitativen Stärke" (J3) konstatierte eine Redakteurin. Die Bemühungen, deutsche Journalisten direkt anzusprechen, hänge ganz von einzelnen Personen ab: „Von Pressesprecher bis Botschafter etc. Die einen legen sehr viel mehr Wert darauf, die anderen sehr viel weniger" (J4). Auch wenn natürlich die Durchschlagskraft von PD-Maßnahmen immer in einem gewissen Maße mit „dem persönlichen Standing und der Ausstrahlungskraft der offiziellen Vertreter Israels zu tun hat" (J3), könnte diese starke Volatilität als Indiz für die geringe Institutionalisierung und Formalisierung der PD-Aktivitäten in der israelischen Botschaft interpretiert werden.

Neben den bereits erwähnten Akteuren sollte abschließend auch nicht unterschätzt werden, in welchem Umfang die befragten Redakteure *israelische Medienangebote*, wie beispielsweise *Haaretz*, rezipieren und „ganz wesentlich" (J4) als Informationsquelle nutzen (J1 & J4). PD-Maßnahmen könnten folglich auch erst im zweiten Schritt über nationale israelische Medien zu internationaler Beachtung gelangen.

## 6.2.2 Instrumente der Public Diplomacy: Neue und Alte Medien

Die Betrachtung einzelner Instrumente der israelischen PD ist gerade im Hinblick auf Ansätze der New Public Diplomacy von Bedeutung. Kennzeichnend ist hier vor allem ein Dualismus von „neuen" und „alten" Medien.
Die befragten Redakteure attestieren gerade den sozialen Medien eine große allgemeine Relevanz in der israelischen Öffentlichkeitsarbeit: „Facebook und Twitter sind mittlerweile veritable Kampfmittel geworden, nicht zuletzt fürs Militär und für die Außendarstellung. Das merkt man wirklich bei jeder Gelegenheit" (J2). Insbesondere wird dabei die höhere Reaktionsgeschwindigkeit im Vergleich zu traditionellen Medien als Vorteil hervorgehoben: „Das läuft über die sozialen Medien ja sehr oft sehr viel schneller. Ich kriege dort inzwischen schneller Informationen als ich sie über die schon als schnell empfundenen Medien kriegen würde" (J3). Interessanterweise werden aber die entsprechenden Kanäle offizieller israelischer Stellen von den befragten Redakteuren kaum direkt selbst genutzt (J4), bestenfalls – wenn auch in der Wirkung nicht zu unterschätzen

– indirekt. Bezeichnend ist hier die Aussage eines Redakteurs, der erklärte, er nehme Informationen von offiziellen Social Media Seiten wie Twitter oder Facebook „über die dritte Ebene wahr oder mir wird das zugetragen" (J2), womit vor allem Gespräche mit vertrauten Personen gemeint sind.

Die Rolle von Blogs wird ebenfalls als bedeutsam eingeordnet. Wenngleich bei den Redakteuren zu erkennen ist, dass Blogs gerade im Nahostkonflikt vor allem als polarisierendes Meinungsmedium und weniger als verlässliche Informationsquelle verstanden werden (J4). „Ich bin kein großer Blogfreund und Bloggerszenenfreund sowieso (...), eine Meinung kann ich selber haben" (J3) gab eine Redakteurin zu Protokoll. Dennoch gehe es nicht ohne zu wissen, „was sich da tut, was da passiert" (J4).

Trotz dieser wachsenden Bedeutung sozialer Medien betonen die Redakteure wiederholt: „viele Dinge müssen analog sein (...). Ich kann mir hier alles anlesen über den Konflikt, was es nur so gibt. Das ersetzt nicht das persönliche dorthin Reisen, sich das angucken, ein Gespür kriegen überhaupt für die Geographie" (J3). Erst die „Kombination von digitalem und analogem Recherchieren" (J3) ermögliche die journalistische Arbeit. So werden insbesondere persönliche (Hintergrund-)Gespräche und Erfahrungen vor Ort als besonders wichtig eingeschätzt und können folglich als bedeutsamer Ansatzpunkt für PD-Instrumente verstanden werden (J4 & J2). Ein Redakteur bemerkte, dass aktuell im journalistischen Alltag verstärkt derartige Bemühungen von israelischer Seite zu erkennen seien, beispielsweise „indem man Termine anberaumt, Informationsreisen organisiert, mal ein Hintergrundgespräch anbietet" (J2). Auch israelische Lobbygruppen böten ganz konkret „Gesprächspartner an zu bestimmten Themen" (J2), so beispielsweise mit Hintergrundkreisen des „American Jewish Committee" (J4).

Aber auch hier werden Vorbehalte erkennbar und der Versuch, journalistische Objektivität zu wahren. Ein Redakteur bemerkte hierzu: „Es ist jetzt nicht so, dass ich jedes Angebot annehme. Das wäre ja Quatsch. Vieles ist ja durchsichtig und mir zu PR-mäßig. Einiges nutze ich sozusagen nur für meinen Hinterkopf" (J2).

Weiter werden auch Journalistenreisen als eine aus israelischer Perspektive sinnvolle und effektive PD-Maßnahme bewertet, da bei den Journalisten der Bedarf nach Informationen aus erster Hand zu erkennen ist (J2 & J4). Dennoch sei auch hier das Risiko erkennbar, dass gerade äußerst israel-kritische Journalisten derartige PD-Instrumente als direkten Instrumentalisierungsversuch wahrnehmen könnten und sich „wie der Bär am Nasenring" (J3) vorkommen. Hier zeigt sich erneut, dass das Einhalten der Objektivität und Unabhängigkeit für Journalisten ein Kernpunkt ihres Selbstverständnisses darstellt. Insofern könnten solche Maßnahmen zu Recht auch als „kontraproduktiv" (J3) eingeschätzt werden.

## 6.2.3 Konfliktdominanz und das Instrument Nation Branding

Einen weiteren zentralen Aspekt israelischer PD-Maßnahmen stellt der Versuch dar, die konfliktdominierte Medienberichterstattung mittels Nation Branding-Maßnahmen zu überwinden und anderen (beispielsweise kulturellen oder wirtschaftlichen) Themen zu mehr Publizität zu verhelfen.

In allen Gesprächen wurde dabei deutlich, dass das Interesse und gar der Wunsch weniger konfliktdominierten Themen mehr Aufmerksamkeit zu widmen, durchaus besteht (J1 & J2). Ein Redakteur äußerte gar Bedauern und konstatierte: „Es ist ein bisschen schade, dass eigentlich die Wahrnehmung Israels sich seit vielen Jahren, vielleicht sogar schon seit zwei Jahrzehnten, verkürzt auf diese Konfliktebene" (J4). Die ungebrochene Dominanz des Nahostkonflikts („Ich würde mal vermuten, dass 99 Prozent der Berichte über oder mit der Kennzeichnung „Israel Konflikt" sind" (J2)) führen die Redakteure auf mehrere strukturelle Ursachen zurück.

Zum einen sei die Tatsache, dass Israel eine Industrienation sei, „unbestritten" (J4). Israels Wirtschafts- und Innovationskraft sei keine Überraschung und hinlänglich bekannt, weswegen sich eine Berichterstattung in der Hinsicht erübrige (J4). Ein von Israel produziertes Nation Branding-Video, das Israels Charakter als Industrienation hervorheben sollte, wurde von den Journalisten als „keine Geschichte, die irgendwie berichtenswert wäre" (J1) bewertet.

Nur ein Journalist nannte solch eine Kampagne als Einstieg für das Thema Israel als Hightechstandort publikationswürdig:

> „Es könnte ein Vehikel sein, also als Einstieg zum Beispiel wenn ich einen Text machen will über den Hightechstandort Israel. Wenn ich sowas vorhätte, oder ich will über eine bestimmte Software berichten [...] könnte ich mir vorstellen, dass [ich] als [...] bildhaften Einstieg darüber berichte. Das könnte ich mir vorstellen" (J2).

Zusätzlich zu den fehlenden Nachrichtenfaktoren, die Israel als Wirtschaftsnation bietet, mangele es auch an Journalisten, die diesen Themenkomplex schwerpunktmäßig behandeln.

So konstatierte eine Redakteurin, es sei

„unglaublich schwierig, Wirtschaftsjournalisten zu finden, die eben auch Korrespondenten sind, die sich wirklich mit der Wirtschaft eines Landes sehr gut auskennen [...]. Es gibt ein paar Leute, die durchaus Bescheid wissen [...]. Aber die Leute kennt man fast namentlich" (J3).

Es fehlt hier offenbar allein schon an den nötigen Redakteuren, die sich gezielt mit israelischen Themen jenseits der politischen Dimension beschäftigen und somit direkt angesprochen werden könnten. Auch wissenschaftliche und technologische Thematiken werden durch den Konflikt schlichtweg verdrängt: „Für jeden Wissenschaftsredakteur müsste das sozusagen Pflicht sein, sich da zu erkundigen. Kommt viel zu wenig vor, weil der Konflikt wirklich alles dominiert. Das ist einfach so" (J2).

Zum Zweiten wird deutlich, dass ganz allgemeine kulturelle Themen im Kern häufig auf die Konfliktdimensionen zurückgeführt werden und selten von politischen Kontroversen völlig losgelöst sind. Ein Redakteur stellt hierzu fest, „dass selbst die kulturellen Themen oft sehr politisch sind. Was einerseits an meinem Interesse liegt, aber auch am Interesse der Leser" (J1). Das angesprochene Video erlangte im Nachlauf mediale Aufmerksamkeit, da sich das Verteidigungsministerium Israels einschaltete und darauf hinwies, dass die im Video gezeigte Bar Refaeli als Aushängeschild Israels nicht geeignet sei, weil sie den Militärdienst in ihrem Land nicht abgeleistet hatte. Auf die Frage, ob Israel sich mit seiner Öffentlichkeitsarbeit manchmal selber im Weg stehe und das Augenmerk des Publikums selbstständig immer wieder auf den Konflikt lenke, stimmten alle Journalisten zu:

„Ja, würde ich sofort unterschreiben. Das ist ja nun wirklich ein ganz lieb gemachtes Video. Wer nicht weiß, dass Bar Refaeli Wehrdienst verweigert hat, würde ja nie auf die Idee kommen. Es ist also unnötig ein Thema kreiert worden durch interne Streitigkeiten, was gar kein Thema gewesen wäre [...]. In dem Moment, wo man [...] in der eigenen Community skandalisiert, geht das natürlich völlig nach hinten los" (J2).

Dass über dieses Thema in den Medien stark berichtet, der Inhalt der Kampagne aber vollkommen außer Acht gelassen wurde, zeigt drittens auch, dass Nachrichtenfaktoren wie Betroffenheit von Elite-Personen durch Bar Refaeli sowie Negativismus durch den Konflikt mit dem Verteidigungsministerium Israels bei Journalisten mehr Beachtung finden als Israel als Technologienation. Es wird in diesem Zusammenhang über die Inhalte des Videos berichtet als etwas „was ansonsten langweilig ist" (J4). Der Versuch, Journalisten ein alternatives Israel-Bild zu präsentieren scheitert also auch an redaktionellen Zwängen. Gerade Korrespondenten seien „von ihren Heimatredaktionen schon so gebrieft, dass sie sozusagen, selbst wenn sie wollten, kaum aus dem Korsett kommen" (J2). Alternativen Israel-Themen wird offenbar kein Nachrichtenwert zugesprochen. So werden die israelischen Nation Branding-Maßnahmen, insbesondere in den Bereichen Tourismus und Wirtschaft, von allen befragten Redakteuren zwar wahrgenommen, aber in absehbarer Zeit nicht als erfolgsversprechend eingestuft. Allein durch israelische Nation Branding-Bemühungen sei dem Konflikt schwer zu entkommen, „deshalb werden sie [...] sich hauptsächlich damit auseinandersetzen müssen" (J3).

## 6.2.4 Professionalisierung als Instrument der Public Diplomacy

Was die Professionalisierung der Public Diplomacy betrifft, sind sich die Journalisten sehr uneinig. Ein Journalist konstatierte, dass er keine Veränderung in den letzten Jahren feststellen konnte:

> „[I]ch würde jetzt nicht sagen, dass es damals völlig laienhaft war. Das war auch schon professionell. Aber genauso findet man heute auch irgendwelche Internetseiten, die völlig unprofessionell sind. Deshalb würde ich sagen nein. Ich merke keine starke Professionalisierung" (J1).

Ein anderer Journalist war gänzlich anderer Meinung und sah wiederum eine starke Professionalisierung und Verbesserung der PD-Arbeit in den letzten Jahren. Seiner Meinung nach scheine es so, „als ob ein Hebel umgelegt wurde" (J2). Er stellte weiterhin fest, dass besonders in den letzten Jahren viel Arbeit in den Ausbau der PD geflossen ist und vermehrt junge, gut geschulte Personen sich um die Kommunikation kümmern. Nach seinem Empfinden hat Israel „gesehen [...], dass es Nachholbedarf gibt und dass mittlerweile gezielte PR betrieben wird in eigener Sache" (J2). Den Grund für diesen maßgeblichen Wandel in den letzten Jahren begründete er damit, dass man

> „nicht ein Besatzungsregime aufrecht erhalten [kann], wenn man nur sagt, wir verlassen uns auf unsere Soldaten, die werden das schon regeln. Das funktioniert heutzutage nicht mehr. Israel ist extrem isoliert in der Welt, in der Wahrnehmung der Welt, da tut es gut, wenn man ein bisschen was tut, um sich in einem besseren Licht darzustellen, andere Sichtweisen zu zeigen" (J2).

Inwieweit diese Professionalisierung erfolgreich ist, wird jedoch auch in Frage gestellt: „Es hat eine Professionalisierung stattgefunden, die mir aber

manchmal ein bisschen [wie ein] Kampf gegen die Windmühlen vorkommt"
(J4), bemerkte ein Journalist. Er begründete diese Zweifel mit der immer
lauter werdenden palästinensischen Stimme und dass auch auf der anderen
Seite eine Professionalisierung stattfinde (J4).

Eine weitere geäußerte Meinung ist außerdem, dass derzeit zwar noch keine
Professionalisierung zu spüren sei, die befragte Journalistin erwarte
allerdings, dass der Ruf danach von offizieller Seite gehört und in nächster
Zeit umgesetzt wird (J3).
Diese unterschiedlichen Bewertungen der Professionalisierungen lassen sich
offensichtlich auch auf unterschiedliche Erwartungshaltungen und
Vorstellungen von Professionalisierung zurückführen.

## 6.3 Kritik an Public Diplomacy und Potentiale

In allen Interviews wurde deutlich, dass die befragten Journalisten viel
Kritik an der PD Israels äußern und viel verschenktes Potential sehen.
Ein maßgeblicher und sehr allgemeiner Kritikpunkt, der von zwei
Journalisten genannt wurde, ist die Tatsache, dass auf offizieller Seite immer
noch kein richtiges Verständnis für die Bedeutung und Ausführung von PD
bestehe. So seien zwar die Instrumente gut ausgebaut, die Kommunikation
darüber aber noch oft mangelhaft. Ein Journalist bemängelte die „mia san
mia"-Mentalität (J2) und merkte an, dass oft die Einstellung „die hacken
sowieso auf mir, auf uns, rum" (J2) einer sinnvollen Kommunikation im
Weg stehen würde. So würden immer nur die gleichen Kanäle bedient, von
denen man gute Berichterstattung erwarten könne, anstatt zu versuchen,
neue Beziehungen aufzubauen. Eine weitere Journalistin erklärt das
Problem damit, dass Kritik von außen nie auf eine schlechte
Kommunikation, sondern auf die grundsätzlich negative Einstellung „der
anderen" zurückzuführen sei. Der Fehler liege häufig darin, zu
„unterscheiden zwischen, was ist tatsächlich schlechte Politik und [...] wo
erklären wir es schlecht" (J3).

In genau diesem Bereich sehen die Befragten allerdings auch das größte
Potential der Public Diplomacy Israels, nämlich sich neuen Gruppierungen
und Publika zuzuwenden.

> „Also ich kann mir vorstellen, dass auch [...] die Arbeit selber diversifizierter
> wird, dass sie nicht mehr so sichtbar ist, weil sie, in bestimmte Communities
> immer wieder hineinarbeitet. Zumindest würde ich das einigermaßen clever
> finden, wenn sie es so machen würden" (J3).

In diesem Zusammenhang erscheint darüber hinaus auch eine stärkere Beschäftigung mit publizistischen Gegnern wünschenswert und aussichtsreich. Ein Redakteur stellte hierzu fest, es sei „wirklich cleverer, wenn man sich mit seinem Gegner unterhält, weil da kann man viel mehr Blumentöpfe gewinnen als bei seinen Freunden" (J2). Aktuell scheuten öffentliche israelische Stellen aber auch in Deutschland kontroverse Auseinandersetzungen. Bezeichnend ist hier die Feststellung: „Wenn Benjamin Netanjahu zu Besuch nach Berlin kommt [...], dann werden sie wahrscheinlich bei der *Bild*-Zeitung und bei der *Welt* ein Interview mit ihm finden" (J2), denn die Zeitungen des Springer-Konzerns gelten als besonders Israel-freundlich.

Weiteres Potential sah eine Journalistin darin, mehr nicht-staatliche Maßnahmen zu ergreifen, da diese eher als verlässliche Quelle von Journalisten genutzt werden könnten. So sei es sinnvoll „den Leuten mit einem möglichst breit aufgestellten Programm und einer möglichst guten Vorbereitung, die als objektiv empfunden wird" (J3) entgegen zu kommen.
Ein Journalist war des Weiteren der Meinung, „dass einer der großen Vorteile, die Israel hat, eine sehr diverse, sehr meinungsfreudige, sehr gerne divers diskutierende Gesellschaft" (J3) ist. Von daher sollte man dieses Potential nutzen und mehr nach außen kommunizieren, um mehr Identifikationsfläche für andere Bevölkerungen zu bieten.
Es zeigt sich also zusammenfassend, dass die Befragten zwar am Status Quo Kritik äußern, allerdings für die Zukunft von Israels Public Diplomacy allgemein einige Potentiale sehen, die zur Zeit noch nicht ausreichend genutzt werden.

# 7. Fazit und Ausblick

Journalisten stellen ein wichtiges Verbindungsglied zwischen der Public Diplomacy Israels und der deutschen Bevölkerung dar, da sie in ihrer Rolle als Gatekeeper Informationen filtern, verarbeiten und weitergeben. Anhand der Aussagen der Journalisten zeigt sich, dass sie sich ihrer Rolle als Vermittler und Übersetzer bewusst sind und ein möglichst objektives Bild von Israel präsentieren wollen. Inwieweit sie in ihrer täglichen Arbeit auf Public Diplomacy-Bemühungen treffen und wie sie diese bewerten, sollte durch diese Arbeit untersucht werden.

Staatliche Public Diplomacy zeigt sich meist durch klassisches News

Management nach Leonard et al. (2002), also als kurzfristige reaktive Maßnahmen. Des Weiteren ist die israelische PD eher eine „tough-minded" Form der Kommunikation (Deibel & Roberts 1976), bei der es mehr um die Vermittlung harter Fakten als um kulturelles Verständnis geht. Proaktive Kommunikation in Form von Hintergrundgesprächen und Informationsveranstaltungen wird meist hingegen nur von Seiten der Lobbygruppen in Berlin betrieben. Allerdings wird hier angemerkt, dass Informationen von Lobbygruppen selten objektiv und daher nur unter Vorbehalt zu gebrauchen seien. Interessant ist, dass Think Tanks und politische Stiftungen als zuverlässige Quellen genannt wurden. Sie entsprechen zwar nicht direkt den Maßnahmen, die Gilboa (2006) in seinem Katalog aufstellt, gehen aber in die gleiche Richtung. Den Journalisten sind persönliche Ansprechpartner wichtig, die einen gewissen Objektivitätsgrad mit sich bringen, weswegen häufig deutschen Mittlerorganisationen eine höhere Relevanz zugebilligt wird als israelischen. Ein langfristiger Beziehungsaufbau von Seiten Israels, der auch ein wichtiger Teil der PD ist, kann eher nicht beobachtet werden.

Im Hinblick auf einzelne Instrumente der Public Diplomacy wird neuen und sozialen Medien im Internet aufgrund ihrer hohen Reaktionsgeschwindigkeit eine wachsende Rolle beigemessen. Facebook und Twitter werden als wichtige Medien für die israelische Informationspolitik bewertet und auch Blogs gehören zu den Recherchequellen der Redakteure, allerdings nur, um ein generelles Meinungsbild einzufangen, nicht zur Primärrecherche. Informationen, die über offizielle Internetauftritte wie Ministeriumsseiten, den IDF-Twitter-Kanal oder den israelischen YouTube-Kanal verbreitet werden, gelangen hingegen häufig nur über Umwege an die Journalisten. Trotz allem betonten diese wiederholt, dass analoge Recherchemethoden nicht durch das Internet ersetzt werden können. Informationsreisen, Hintergrundgespräche und persönliche Kontakte stellen immer noch Informationsquellen mit einer hohen Relevanz dar. Verstärkung der PD-Bemühungen durch Cyber PD sind also nur begrenzt wirksam und können die analoge journalistische Arbeit nicht ersetzen, zu der auch das Rezipieren israelischer Medienangebote zählt.

Insgesamt konnte in den Interviews festgestellt werden, dass der Nahostkonflikt nach wie vor einen sehr starken Einfluss auf die Israelberichterstattung hat. Die Ergebnisse zeigen, dass auch Nation Branding-Maßnahmen nicht wirklich etwas an der konfliktdominierten Berichterstattung ändern können. Zu groß ist das Interesse an diesem Thema. Sowohl Redaktionen als auch Leser fordern von den Journalisten die Thematisierung des Konflikts, seine Bedeutung als Nachrichtenwert ist immer noch omnipräsent. Der Nachrichtenfaktor Negativismus scheint alle anderen Themen schlichtweg zu verdrängen. Erschwerend kommt hinzu, dass wenige Journalisten sich im Kontext Israel auf ein anderes Thema als den Konflikt spezialisiert haben. Es fehlen also hauptsächlich personelle Ressourcen in diesem Bereich.

Auch eine Professionalisierung in den PD-Bemühungen, wie von Gilboa (2006) gefordert, konnte nicht eindeutig festgestellt werden. Zwar berichteten die Journalisten von Veränderungen innerhalb der letzten Jahre und Jahrzehnte, eine einheitliche Meinung konnte jedoch nicht ausgemacht werden. Die Effektivität der Zusammenarbeit mit der israelischen Botschaft, ein sehr wichtiger Faktor bei der Informationsgenerierung, wurde bei allen Befragten mit dem Personal der Botschaft in Verbindung gebracht. Insgesamt zeigte sich in allen Interviews, dass solche persönlichen Kontakte einen sehr hohen Stellenwert in Bezug auf die tägliche Arbeit der Journalisten haben, jedoch von öffentlicher Seite Israels nur eingeschränkt langfristig forciert werden.

Generell sehen die Journalisten viele Potentiale für israelische PD, aber Schwierigkeiten bei der Umsetzung. Das bestätigt die Kritik von Wissenschaftlern, Israels gut ausgebauter PD-Apparat sollte zeitgemäßer agieren. Die einseitige Konzentration auf ein bestimmtes Publikum und die „Hasbara"-Argumentation ist zu eindimensional. Weitere Potentiale sehen die Befragten beim Ausbau neuer Beziehungen zu speziellen Gruppierungen oder kritischerem Publikum. Dabei muss proaktiv vorgegangen werden, auch durch eine stärkere Zusammenarbeit mit nicht-staatlichen Organisationen, Think Tanks, Stiftungen und mehr Angeboten von Informations- und Journalistenreisen.

Interessant ist, dass die Größe des PD-Apparates Israels in keinem Verhältnis zu den PD-Maßnahmen steht, die bei den Journalisten in Deutschland ankommen. Denn obwohl der Staat Israel viel in Public Diplomacy investiert, berichteten alle Journalisten von relativ wenig direkt spürbaren staatlichen Maßnahmen. Zurückzuführen ist das eventuell jedoch auch auf das Rollenverständnis der Journalisten. Übersetzer- und Vermittlerrollen verlangen ein tiefergreifendes Verständnis der Zusammenhänge, das durch persönliche Informationsbeschaffung besser generiert werden kann. Die Objektivität der Informationen, die im Rahmen von direkter staatlicher PD an die Journalisten herangetragen werden, wird von diesen sehr stark bezweifelt. Vertrauen spielt hierbei eine Rolle und müsste in einer Anschlussforschung mit erhoben werden.

Die Institutionalisierung der israelischen PD-Maßnahmen für deutsche

Journalisten enthält durchaus Potentiale, müsste aber nach Meinung der befragten Journalisten noch weiter ausgearbeitet werden, um sie als Zielgruppe adäquat zu erreichen. In Anlehnung an Gilboas Maßnahmenkatalog (2006) wurden einige gut ausgebaute Instrumente bestätigt, die aber aufgrund einer teilweise zu defensiven Haltung Israels keinen Erfolg haben. Die von den Journalisten aufgezeigten Potentiale deuten darauf hin, dass neue Kanäle stärker genutzt werden und vorhandene in ihren Aktivitäten ausgebaut und an die besonderen Arbeitsweisen und Rollenverständnisse der Journalisten angepasst werden müssten.

# Bibliografie

Allan, D. & Brown, C. (2010). The Mavi Marmara at the frontlines of Web 2.0. *Journal of Palestine Studies*, 40(1), 63-77.

Avraham, E. (2009). *Public Diplomacy, Crisis Communication Strategies and Managing Nation Branding: The Case of Israel*. Paper presented at the annual meeting of the International Communication Association, Marriott, Chicago, IL. http://citation.allacademic.com/meta/p_mla_apa_research_citation/2/9/8/2/4/pages298243/p298243-1.php.

Behmer, M., Blöbaum, B., Donsbach, W., Kramp, L., Lünenborg, M., Malik, M., Meier, K., Raupp, J. & Weischenberg, S. (2011). Wer Journalisten sind und wie sie arbeiten. http://www.bpb.de/izpb/7527/wer-journalisten-sind-und-wie-sie-arbeiten?p=all.

Ben-Yehuda, H., Naveh, C. & Levin-Banchik, L. (2013). When media and world politics meet: Crisis press coverage in the Arab–Israel and East–West conflicts. *Media, War & Conflict*, 6(1), 71-92.

Caldwell, I. V., William, B., Murphy, D. M. & Menning, A. (2009). Learning to leverage new media: The Israeli defense forces in recent conflicts. *Military Review*, 89(3), 2-10.

Cull, N. J. (2009). *Public diplomacy: Lessons from the past*. Los Angeles: Figueroa Press.

Deibel, T. & Roberts, W. (1976). *Culture and Information: Two Foreign Policy Functions*. Newbury Park: Sage.

Diekmann, A. (2008). *Empirische Sozialforschung: Grundlagen, Methoden, Anwendungen*. Reinbek bei Hamburg: Rowohlt.

Fitzpatrick, K.R. (2007). Advancing the New Public Diplomacy: A Public Relations Perspective. *The Hague Journal of Diplomacy*, 2(1), 187-211.

Flick, U., von Kardoff, E. & Steinke, I. (2009). Was ist qualitative Forschung? Einleitung und Überblick. In U. Flick, E. von Kardoff & I. Steinke (Hrsg.), *Qualitative Forschung: Ein Handbuch* (S. 18-26). Reinbek bei Hamburg: Rowohlt.

Galtung, J. & Ruge, M. H. (1965). The Structure of Foreign News: The Presentation of the Congo, Cuba and Cyprus Crises in Four Norwegian Newspapers. *Journal of Peace Research*, 64(2), 64-90.

Gilboa, E. (2006). Public diplomacy: The missing component in Israel's foreign policy. *Israel Affairs*, 12(4), 715-747.

Gilboa, E. (2008). Searching for a theory of public diplomacy. *The ANNALS of the American Academy of Political and Social Science*, 616(1), 55-77.

Gläser, J. & Laudel, G. (2009). *Experteninterviews und qualitative Inhaltsanalyse rekonstruierender Untersuchungen*. Wiesbaden: VS.

Gregory, B. (2008). Public Diplomacy: Sunrise of an Academic Field. *The ANNALS of the American Academy of Political and Social Science*, 616(1), 274-290.

Hayden, C. (2011). Beyond the "Obama effect": Refining the instruments of engagement through U.S. public diplomacy. *American Behavioral Scientist*, 55(6), 784-802.

Kepplinger, H. M. (2008). News Factors. In W. Donsbach (Hrsg.), *The international Encyclopedia of Communication. Vol. 7. Media corporations, forms of objectivity in reporting*. (S. 3245-3248). Malden: Blackwell.

Kepplinger, H. M. (2011). *Journalismus als Beruf*. Wiesbaden: VS.

Leonard, M., Stead, C. & Smewing, C. (2002). *Public Diplomacy*. London: The Foreign Policy Centre.

Loosen, W., Pörksen, B. & Scholl, A. (2008). Paradoxien des Journalismus. In W. Loosen, B. Pörksen & A. Scholl (Hrsg.), Paradoxien des Journalismus: Theorie, Empirie, Praxis (S. 17-33). Wiebaden: VS.

Mayring, P. (2003). *Qualitative Inhaltsanalyse. Grundlagen und Techniken* (8. Auflage). Weinheim: Deutscher Studien Verlag.

Melissen, J. (2005). The New Public Diplomacy: Between Theory and Practice. In J. Melissen (Hrsg.), *The New Public Diplomacy. Soft Power in International Relations* (S. 3-27). New York: Palgrave.

Molad (2012). *Israeli Hasbara: Myths and Facts*. http://www.molad.org/images/upload/researches/79983052033642.pdf.

Naveh, C. (2007). The Palestinian-Israeli Web War. In P. Seib (Hrsg.), *New Media and the Middle East* (S.171-190). New York: Palgrave.

Nye, J. S. (2008). Public Diplomacy and Soft Power. *The ANNALS of the American Academy of Political and Social Science*, 616(1), 94-109.

Shay, A. (2012). Israel's new peer-to-peer diplomacy. *Hague Journal of Diplomacy*, 7(4), 473-482.

Sheafer, T. & Gabay, I. (2009). Mediated public diplomacy: A strategic contest over international agenda building and frame building. *Political Communication*, 26(4), 447-467.

Sheafer, T. & Shenhav, S. R. (2009). Mediated public diplomacy in a new era of warfare. *The Communication Review*, 12(3), 272-283.

Shenhav, S. R., Sheafer, T. & Gabay, I. (2010). Incoherent Narrator: Israeli Public Diplomacy During the Disengagement and the Elections in the Palestinian Authority. *Israel Studies*, 15(3), 143-162.

Steinberg, G. M. (2011). The Politics of NGOs, Human Rights and the Arab-Israel Conflict. *Israel Studies*, 16(2), 24-54.

Walt, S. (2008). The Israel Lobby. *Palestine-Israel Journal of Politics, Economics & Culture*, 15(2), 140-146.

Wang, J. (2006). Managing national reputation and international relations in the global era: Public Diplomacy revisited. *Public Relations Review*, 32(1), 91-96.

Weischenberg, S., Malik, M. & Scholl, A. (2006). Journalismus in Deutschland 2005. *Media Perspektiven*, 7, 346-361.

Zhang, J. (2013). A Strategic Issue Management (SIM) Approach to Social Media Use in Public Diplomacy. *American Behavioral Scientist*, 20(10), 1-20.

# Palästinensische NGOs als Agenda Builder?
# Eine Befragungsstudie zur Interaktion zwischen deutschen Journalisten und NGOs im Nahen Osten

**Kathrin Baumann, Sabine Cygan & Ariane Trautvetter**

## 1. Einleitung

Nicht-Regierungsorganisationen (im Folgenden NGOs) sind zu mächtigen Instanzen in der globalisierten Öffentlichkeit geworden (vgl. Lim & Molleda 2011, S. 1). Auch im Nahen Osten – besonders in den palästinensischen Gebieten – werden sie als wichtige Akteure, nicht nur im humanitären Sinne, wahrgenommen: „NGOs helfen, wo die palästinensische Regierung ohne Macht versagt oder versagen muss" (Weydt 2007). Die von Weydt dargestellte Funktion von NGOs als „politischer Lückenfüller" im palästinensischen Machtvakuum, beschreibt Matthews als „power shift" von Regierungen hin zu NGOs (Matthews 1997, S. 53). Diese Machtverschiebung verstärkt den Einfluss der Organisationen auf Politik, Diplomatie und Medien und dadurch letztlich auf die Bevölkerung (Janssen 2008, S. 2ff.; vgl. Jarvik 2007).

Die vorliegende Arbeit beschäftigt sich speziell mit dem Einfluss der NGOs auf Medien. Sieht man den Einfluss der Organisationen durch eine „Public-Diplomacy-Brille", so wird deutlich, dass NGOs Aufmerksamkeit für die Belange eines Landes erzeugen möchten. Durch Public Diplomacy soll politische Unterstützung für die eigenen Interessen bei ausländischen Bevölkerungen generiert werden. Agenda Building ist in diesem Kontext eine der zentralen Theorien, mit der sich der Einfluss von Akteuren auf die wahrgenommene Relevanz von Themen in der Öffentlichkeit, in den Medien oder in der Politik untersuchen lässt, weshalb sie die theoretische Basis für die Studie bildet.

Im Mittelpunkt der Studie stehen zwei miteinander interagierende Akteure: NGOs und deutsche Auslandskorrespondenten[1] in Israel und den palästinensischen Gebieten. Palästinensische NGOs bemühen sich in ihrer Öffentlichkeitsarbeit um die Aufmerksamkeit der Auslandskorrespondenten, deren Arbeit sich in den entsprechenden Medienprodukten widerspiegelt. Die Auslandskorrespondenten werden in der vorliegenden Arbeit als eine wichtige „Schnittstelle" zwischen NGOs und der internationalen Öffentlichkeit betrachtet, denn sie haben die Rolle des Multiplikators inne: Soll die Pressearbeit von NGOs erfolgreich sein, muss erst der „Gatekeeper" Auslandskorrespondent überwunden werden (vgl. Tak 1999, S. 87). Das macht sie zur Zielgruppe der Pressearbeit von NGOs.

Folgende drei Forschungsfragen werden in der vorliegenden Studie im Hinblick auf die Medienarbeit bearbeitet:

1. Mit welchen Strategien und Instrumenten versuchen palästinensische NGOs ihre Interessen über Medien zu artikulieren?
2. Welche Rolle spielen die Informationen der NGOs für die Auslandskorrespondenten der Presse bei der Erstellung eines Medienprodukts?
3. Wie werden die Interaktionen von beiden Seiten evaluiert?

Um die drei Forschungsfragen zu beantworten, wurde eine qualitative Befragung mit vier deutschen Auslandskorrespondenten und drei Vertretern palästinensischer NGOs durchgeführt. Ziel war es, die Interaktion beider Akteure vor dem Hintergrund des Nahostkonflikts zu betrachten. Gerade die Befragung beider Seiten eröffnet die Chance auf die Evaluierung gegenseitiger Kontakte. Ein Journalist beschreibt seine Arbeit als Nahost-Korrespondent wie folgt: „Alle wollen hier einen beeinflussen. Denken Sie doch nicht, dass hier irgendjemand einen überhaupt nicht beeinflussen will" (J1, 4.3.2013). Und auch auf NGO-Seite scheint klar: „I am not going to provide you any objective materials for your articles (...) because I am here as a Palestinian, working with the Palestinian community who lives under the occupation" (GJ, 7.5.2013). Damit scheinen die Grenzen zunächst einmal abgesteckt.

---

[1] Im Folgenden wird aus Gründen der besseren Lesbarkeit bei Berufs-, Gruppen- und Personenbezeichnungen die maskuline Form verwendet, wobei die weibliche Form immer mit eingeschlossen ist. Dies gilt auch für die Bezeichnung der Befragten, um die Anonymisierung der Journalisten zu stärken.

## 2. Agenda Building durch NGOs

Seit Matthews im Jahr 1997 den Begriff des „power shift" von Regierungen hin zu Nicht-Regierungsorganisationen prägte und den Einfluss von NGOs als „exploded in the last decade" (Matthews 1997, S. 53) beschrieb, hat sich die Wahrnehmung von NGOs in der internationalen Politik stark verändert. Sie werden als mächtige Player wahrgenommen, die insbesondere in Entwicklungsländern starken Einfluss ausüben können (Janssen 2008, S. 2ff.; vgl. Jarvik 2007).

Etliche Autoren, wie etwa Zhang und Swartz (2009) oder Melissen, sprechen ihnen dabei einen Vorsprung gegenüber staatlichen Akteuren zu, da es NGOs gelingen würde, ein „image of a beneficent global civil society" zu schaffen, das sie als transparent, glaubwürdig und weniger selbstbezogen erscheinen lasse (Melissen 2005, S. 39). Dass aber auch gemeinnützige Organisationen um Vertrauen und Glaubwürdigkeit im öffentlichen Raum kämpfen müssen, und dass ihr Erfolg dabei auch von den gewählten Kommunikationskanälen abhängt, zeigten Lim und Molleda (2011). Die Wissenschaftler verglichen in einer experimentellen Studie den Faktor der Glaubwürdigkeit einer Informationsquelle jeweils zwischen der Regierung eines Landes und einer NGO. Ausgehend vom Begriff der „source credibility", der wiederum in die Teilaspekte „source expertise" und „source trustworthiness" aufgeteilt wurde (vgl. Mills & Jellison 1967; Rhine & Severance 1970), untersuchten Lim und Molleda zusätzlich, inwiefern die von einem Kommunikator selbst verbreitete Nachricht in Sachen Glaubwürdigkeit anders auf die Rezipienten wirkt, als Informationen, die von einer dritten Instanz (meist von einem Massenmedium) übermittelt werden. Die Autoren stellten fest, dass die Glaubwürdigkeit des Akteurs stärker positiv bewertet wurde, wenn dessen Mitteilung über die mediale Vermittlung nach außen drang: „Subjects exposed to the issue by means of the third-party source perceived the actor`s trustworthiness more positively (...) than those exposed to the issue via the self-disseminated source" (Lim & Molleda 2011, S. 19). Darüber hinaus bestätigte sich die Annahme, dass eine positive Glaubwürdig-keitszuschreibung gegenüber dem Autor gewissermaßen auf die Nachricht „abfärbt": Auch sie wird dann als glaubwürdig wahrgenommen. Je glaubwürdiger die Rezipienten wiederum die Nachricht beurteilten, desto positiver standen sie der darin kommunizierten Position gegenüber. Regierungsvertreter wurden sowohl allgemein, als auch im Hinblick auf die von ihnen gewählten Kommunikationskanäle als glaubwürdiger angesehen (S. 21).

Auch wenn das Experiment von Lim und Molleda wichtige Aspekte wie etwa die Internet-Kommunikation ausgespart hat, so stellt sich doch die Frage, welchen Stellenwert NGOs der Medienansprache einräumen und auch, ob sie im Sinne größtmöglicher Einflussnahme die Ansprache von ausländischen Korrespondenten forcieren.

Die Kommunikationsarbeit von NGOs soll hier auf ein theoretisches Fundament gestellt werden, indem sie in den Agenda-Building-Prozess eingeordnet wird. Die Theorie des Agenda Building betrachtet „den Kommunikationsprozess, in dem politische Akteure (...) versuchen, die für sie günstigen oder als wichtig erachteten Themen in der öffentlichen Diskussion – vor allem in der Medienberichterstattung – zu platzieren" (Brettschneider 1998, S. 635). Der Ursprung dieses Theoriestrangs findet sich in den 1970er Jahren in der Politikwissenschaft und Demokratietheorie (Cobb et al. 1976, S. 126). Für die vorliegende Arbeit scheinen die Modelle von Lang und Lang (1983) sowie Shoemaker und Reese (1996) am fruchtbarsten zu sein. Sie stehen im Folgenden im Mittelpunkt, ausgehend von den Arbeiten von Denham (2004; 2010).

Im Gegensatz zum ebenfalls in den 1970er Jahren aufgekommenen Konzept des Agenda-Setting[2], beschreibt Denham Agenda-Building wie folgt: „Where research in agenda setting focuses on cognitive processes associated with the transfer of issue salience (...), agenda building draws on the pragmatism of political economy and related frameworks in addressing politicized structures and institutional compromise" (2010, S. 307). Diese Makroperspektive haben Lang und Lang in ihrem sechsstufigen Modell gewissermaßen in Einzelteile zerlegt. Es enthält die folgenden Schritte:

(1) "the press highlights certain issues, leading those issues to stand out;
(2) the amount of coverage and attention an issue receives varies based on the degree to which it obtrudes into people's lives;
(3) issues must be framed for audiences, that is, media must provide audience members with a general sense of an issue and its core meanings;
(4) the language the media use to frame an issue can affect audience interpretation;
(5) the issue is linked to secondary symbols; and
(6) agenda building picks up speed when well-known individuals become

---

[2] Der begrenzte Umfang dieser Arbeit lässt es nicht zu ausführlich auf die konzeptionellen Unterschiede zwischen Agenda Setting, Agenda Building und Framing einzugehen. Diese klingen im vorliegenden Kapitel nur kurz an, siehe hierzu etwa McCombs 2004; McCombs & Shaw 1993; Matthes 2007; Scheufele 2003; Iyengar 1991.

involved" (Lang & Lang 1983, zit. in Denham 2010, S. 310-311).

Für das Forschungsinteresse der vorliegenden Arbeit spielt das *media agenda building* die zentrale Rolle; der „policy focus" (ebd.), den insbesondere frühe Autoren dem Agenda-Building-Modell mitgaben (vgl. Erbring et al. 1980), muss aber im Hinterkopf bleiben. Denn die Themensetzungsfunktion, die NGOs über ihre Presse- und Öffentlichkeitsarbeit ausüben wollen, ist auf die Öffentlichkeiten anderer Staaten gerichtet und über deren (Wahl-) Forderungen auch an ihre jeweiligen Regierungen.

Das Modell von Lang und Lang (1983) bietet für die PR-Arbeit von NGOs die folgenden Erkenntnisse: Zunächst müssen die Organisationen mit ihren Themen die Aufmerksamkeitsschwelle der Journalisten überwinden – die Chancen dafür stehen für die häufig mit emotional stark aufgeladenen Themen arbeitenden Institutionen offenbar nicht schlecht: „Emotionally laden symbols" (Cobb et al. 1976, S. 131) haben es leichter, in den begrenzten Umfängen der Zeitungsseiten, Radio- oder Fernsehbeiträgen Erwähnung zu finden, so legt es auch die Nachrichtenwertforschung nahe (vgl. Galtung & Ruge 1965). Lang und Langs Modell geht davon aus, dass es einer erfolgsversprechenden Nachricht außerdem gelingt, sich in der Lebenswelt der Rezipienten festzusetzen, den Kern des Themas zu vermitteln, eine Sprache zu finden, die Journalisten möglichst unverändert übernehmen, und das Thema über Symbole und/oder prominente Unterstützung stärker mit Bedeutung aufzuladen.

Wie können diese Ziele umgesetzt werden? Anknüpfungspunkte hierfür liefert das Modell von Shoemaker und Reese (1996), laut dem sich die Einflussnahme auf die Medienagenda auf fünf Ebenen abspielt: „characteristics of individual journalists, media routines, organizational imperatives, extra media influences, and cultural considerations". Diese Stufen werden genauer aufgeschlüsselt, so dass sich hinsichtlich individueller Medienschaffender untersuchen lässt, wie Geschlecht, Rasse, politische Einstellung oder Ausbildungsweg die Auswahl und Aufbereitung von Nachrichten beeinflussen (vgl. ebd.). Diese Analyse führt indes in eine konzeptionell andere Richtung – die des sich auf einer individuellen, kognitiven Ebene der Nachrichtenproduktion bewegenden *Framings*[3] – was für die vorliegende Arbeit zu detailliert und daher nicht sinnvoll ist.

---

[3] Dieses Konzept kann in der vorliegenden Arbeit nicht weiter verfolgt werden, siehe hierfür etwa Scheufele 1999 und 2003; Matthes 2007; Cappella & Jamieson 1997.

Stattdessen stellen die Entwürfe von Lang und Lang sowie von Shoemaker und Reese den Rahmen dar, innerhalb dessen sich das Forschungsinteresse dieser Arbeit bewegt: Es sollen die Bedingungen und Abläufe der Pressearbeit von NGOs in den palästinensischen Gebieten sowie deren Kontakte zu deutschen Auslandskorrespondenten vor Ort erfasst werden. In einem zweiten Schritt ist von Interesse, wie NGO-Presseverantwortliche und Journalisten diese Interaktionen bewerten – vor dem Hintergrund der von Shoemaker und Reese aufgezeigten Schwerpunkte: Individuelle Eigenschaften, Arbeitsroutinen und -notwendigkeiten, medienferne sowie kulturelle Einflüsse. Der Fokus des Agenda Building als ein Modell, das die Kommunikationen des Dreigestirns Politik, Medien und Publikum im Blick hat, bleibt dabei erhalten.

Die Entscheidung, die Konstruktion und Weitergabe von Deutungsmustern der NGOs in den palästinensischen Gebieten über die Kontakte zwischen Presse-Verantwortlichen und Auslandskorrespondenten zu erfassen, stellt selbstverständlich eine Einschränkung dar, schließlich werben diese auch in Anzeigen, Flyern und weiteren Publikationen, sowie in der Arbeit mit der lokalen Bevölkerung für ihre Anliegen. Kiousis et al. (2010, S. 548) legen allerdings nahe, dass der Fokus auf Pressematerialien durchaus Sinn macht. Anhand einer Inhaltsanalyse stellten die Forscher fest, dass Pressetexte im Gegensatz zu Werbeanzeigen einen größeren Einfluss auf die Beschaffenheit der Medienagenda haben. Bei der Untersuchung von Pressetexten, die NGOs in Córdoba (Argentinien) veröffentlichten, erkannten Almaraz, González und García (2009) eine starke Orientierung an mediengerecht aufbereiteten, faktenorientierten Meldungen, die sich formal stark ähnelten, während Möglichkeiten zur direkten Kontaktaufnahme mit den Bürgern eher vernachlässigt wurden (Almaraz et al. 2009, S. 17). Journalisten schienen dort die primären Ansprechpartner zu sein.

Für die Ansprache deutscher Auslandskorrespondenten durch für palästinensische Belange arbeitenden NGOs spricht nicht zuletzt eine Untersuchung von Fan und Weimann. Die Autoren konzeptualisierten die Medienagenden der USA, Frankreichs, Deutschlands, UDSSR/Russlands und Chinas über Veröffentlichungen der jeweils größten und meistgenutzten Nachrichtenagenturen zwischen 1977 und 2002, und suchten in diesen Texten nach der Nennung von Palästinensern und Israelis sowie nach der Reihenfolge, in der die beiden Seiten zitiert wurden. Auch wenn die Palästinenser in der Zahl der Zitate seit den 1990er Jahren zulegen konnten, betonen die Forscher: „Until 2002, balance was about the best that was accorded to the Palestinians in recent times by any of the five news wires studied" (Fan & Weimann 2003, S. 15) Dennoch erkannten Fan und Weimann in den Daten auch eine Verschiebung von „state-to-state disputes toward people-to-people issues" (S. 11). Setzte sich diese Entwicklung in den vergangenen Jahren fort, so haben möglicherweise zivilgesellschaftliche Akteure wie NGOs die Chance erkannt, mit ihren Kommunikations- und Public-Diplomacy-Bemühungen stärkere Akzente zu setzen. Kontakte zu deutschen Auslandskorrespondenten könnten hierbei, etwa im Gegensatz zu den stark Israel zugewandten USA, eine Rolle spielen. Schließlich sind sie es, die den Zugang zur deutschen Öffentlichkeit und Politik maßgeblich mitbestimmen.

## 3. Der Auslandskorrespondent als Akteur im Agenda-Building-Prozess

Auslandskorrespondenten stellen eine wichtige Schnittstelle zwischen NGOs und der internationalen Öffentlichkeit dar. Sie haben das Potential, als Multiplikatoren Informationen der NGOs in ihrer Heimat weiterzuverbreiten und somit eine öffentliche Willensbildung zu ermöglichen. Soll das Agenda Building der NGOs in Erfolg münden, so muss zunächst einmal der „Gatekeeper" Auslandskorrespondent überwunden werden (vgl. Tak 1999, S. 87). Journalisten selektieren Informationen, sie strukturieren Nachrichten und deuten sie auf unterschiedliche Weise, zum Beispiel indem sie sie in einen größeren Kontext setzen (Meier 2007, S. 191f.). Insbesondere der Auslandskorrespondent hat gegenüber seinen Rezipienten eine große Verantwortung. So folgert Hafez (2002a), dass Medien-produkte dann eine besonders starke Wirkung auf Rezipienten haben, wenn die geopolitische und geokulturelle Distanz zum Berichterstattungsland besonders hoch ist (vgl. S. 179), denn den Mediennutzern entzieht sich überwiegend die Möglichkeit, sich selbst eine Meinung vom Berichterstattungsland zu bilden. Somit ist die Auslandsberichterstattung als „medial vermitteltes Auslandsbild"[4] zu betrachten und die Auslandskorrespondenten als „Sinn-Übersetzer" und „Mittler" zwischen den Kulturen (vgl. Hafez 2002a, S. 179, S. 163f.; vgl. Lange 2002, S. 108). Auch im Falle Israels und der palästinensischen Gebiete handelt es sich um ein Berichtgebiet, das die meisten Deutschen nur aus den Medien kennen. Folglich bedeutet eine Einflussnahme von

---

[4] Hafez versteht unter dem Konzept des „Auslandsbildes" eine Mischung aus Bildern, Stereotypen, Feindbildern, aber auch aus Frames, Themen und Diskursen (vgl. 2002a, S. 179).

NGOs auf die Auslandskorrespondenten eine nicht zu unterschätzende Chance, die internationale, beziehungsweise deutsche, Öffentlichkeit anzusprechen.

Daneben wird den Medien auch eine Rolle im Bereich der Diplomatie und Außenpolitik zugesprochen. Wie Gilboa (2008) zeigt, können Auslandskorrespondenten auch als „Media Broker" auf das internationale politische Parkett treten. Auch Hafez (2002a) weist zwar auf die Rolle des Journalisten als „Mitgestalter der Außenpolitik" hin, welche sich in dem Dreigestirn „Repräsentant der Öffentlichkeit", „Kritiker der Außenpolitik" und „Advokat der Außenpolitik" aufteilt (S. 79f.). Er relativiert diese Funktion jedoch, indem er auf das für westlichen Journalismus geltende Qualitätsmerkmal der Neutralität hinweist, das in der Regel politische Mitgestaltungsambitionen in den Hintergrund treten lässt[5] (vgl. ebd.). Dennoch spielen die Korrespondenten eine Rolle in der Außenpolitik, weil Politiker im Inland die Auslandsberichterstattung nutzen, um sich selbst über die Geschehnisse im Ausland zu informieren (vgl. Hahn et al. 2008, S. 33; Junghanns & Hanitzsch 2006, S. 413). Damit schaffen die Auslandskorrespondenten „ein bestimmtes Umfeld für Entscheidungen" (Gilboa zit. in Hahn et al. 2008, S. 33).

Der Arbeitsbeziehung zwischen Auslandskorrespondenten und NGOs wurde bis jetzt nur wenig wissenschaftliche Aufmerksamkeit geschenkt, auch die Forschung zur PR-Arbeit von NGOs weist große Lücken auf (vgl. Bieth 2012, S. 159). Um das Verhältnis zwischen Journalisten und NGO-PR ging es in der aktuellen Studie von Bieth. Die Autorin befragte 22 PR-Mitarbeiter von (entwicklungs-)politischen NGOs, wie *Amnesty International* oder *Ärzte ohne Grenzen*, 18 Journalisten überregionaler Qualitätszeitungen und - zeitschriften sowie Journalisten der entwicklungspolitischen Fachpresse. Bieth fragt in ihrer Studie nach dem Selbstverständnis, nach dem Verständnis des jeweils anderen Akteurs sowie nach der Bewertung des Verhältnisses. Auf der Seite der PR-Praktiker geht sie den Medienstrategien auf den Grund, auf der Seite der Journalisten ermittelt sie den Umgang mit dem PR-Material. Bieths Ergebnisse zeigen, dass die Rahmenbedingungen der Arbeit der Journalisten die Verwendung von NGO-Pressematerialien begünstigen. Personal- und Zeitmangel, Aktualitätsdruck und intermediale

---

[5] Das bestätigt sich auch in einer Studie von Lange (2002), die Auslandskorrespondenten in Lateinamerika befragte: „Eindeutige diplomatisch-missionarische Ansprüche werden von mehr als vier Fünfteln der Befragten abgelehnt" (S. 93).

Konkurrenz würden dazu beitragen, dass die Relevanz von Nachrichtenagenturen und NGO-PR als Recherchequellen zunehme (vgl. 2012, S. 179ff.). Auch Hafez stellte 2002 fest, dass sich in Bezug auf eine Fixierung der Medien auf staatliche Akteure in den achtziger und neunziger Jahren eine gegenläufige Tendenz bemerkbar machte und die Bedeutung von gesellschaftlichen Akteuren wie NGOs zunahm (vgl. 2002b, S. 298). Allerdings betonen die Medienvertreter in Bieths Studie, dass sie eine „kritische Distanz" zu den NGOs wahren und ihre Leser „ausgewogen [...] informieren und verschiedene Seiten [...] berücksichtigen" wollten (2012, S. 191). Die NGO-Medienarbeit kann für die Medien demnach folgende Funktionen übernehmen:

- NGOs liefern Themenvorschläge.
- Sie können als „spezieller Nachrichtendienst" verstanden werden, der auf aktuelle Entwicklungen in einem bestimmten Bereich aufmerksam macht.
- NGOs sind „Alarmgeber" für sich anbahnende Krisen, Katastrophen und Konflikte.
- NGOs unterstützen die Journalisten als Experten mit Hintergrundwissen. Sie liefern Statistiken, Studien und zuweilen auch Fotos und Filmmaterial.
- Außerdem vermitteln NGOs Kontakte zu Mitgliedern und Sympathisanten, die für die Medien als Experten oder Betroffene nützlich sein können.
- NGOs dienen als Gegenstimme oder Komplementär zu staatlichen Akteuren.
- NGOs liefern manchmal auch informelle Informationen. (vgl. 245f.)

Auch die von Götz befragten Auslandskorrespondenten im Nahen Osten gaben an, dass sie die NGOs „sehr oft" für Hintergrundinformationen, als Anregung für Themen und zur Vermittlung von Kontakten nutzten (vgl. Götz 2008, S. 422). Dabei ist den Auslandskorrespondenten im Nahen Osten wie auch den von Bieth befragten Journalisten klar, dass es sich dabei um keine neutralen Informationen handelt (vgl. Götz 2008, S. 422; vgl. Bieth 2012, S. 191). Die PR-Mitarbeiter gaben überwiegend die gleichen Antworten auf die abgefragten Leistungen ihrerseits für die Medien, was laut Bieth (2012) dafür spricht, dass „die Journalisten keineswegs beschönigen, dass die NGO-PR die skizzierten Leistungen für sie erbringt und [dass] die PR-Praktiker umgekehrt sehr gut [wissen], was für die Journalisten in der Arbeitsbeziehung von Interesse ist" (S. 248).

Welche Kriterien den Erfolg der Medienarbeit beeinflussen, darüber sind sich Journalisten und PR-Mitarbeiter überwiegend einig. Man kann also davon ausgehen, dass (zumindest die von Bieth befragten)[6] NGOs wissen, wie sie erfolgreiche Medienarbeit leisten können und zwar durch:

- eine Professionalisierung, hier als Orientierung der PR-Arbeit an der journalistischen Arbeit,
- eine vorausgegangene Selektionsarbeit interessanter oder aktueller Themen,
- die Qualität der persönlichen Beziehung zwischen Journalisten und PR-Akteuren,
- die Glaubwürdigkeit der NGO sowie
- die Bekanntheit und Größe der NGO (vgl. S. 259f.).

- Der Erfolg ist darüber hinaus abhängig von der redaktionellen Linie des Medienangebotes: „Je weiter links das Medienangebot in das politische Links-Rechts-Spektrum einzuordnen ist, desto größer sind die dreidimensionalen Erfolgschancen (hier: 1. Glaubwürdigkeit, 2. Nutzung der Recherchequelle, 3. Resonanz in der Berichterstattung) der Medienarbeit von Entwicklungs-NGOs." (S. 262).

Wie beurteilen und charakterisieren nun beide Seiten die Beziehung? Zunächst muss festgehalten werden, dass sich die Einschätzungen von Journalisten und PR-Mitarbeitern stark unterscheiden. Während die Journalisten überwiegend von einer asymmetrischen Beziehung sprechen, sind die PR-Akteure der Meinung, dass eine wechselseitige Abhängigkeit bestehe. Die Journalisten führen die von ihnen wahrgenommene Asymmetrie auf die eigene (auch wirtschaftliche) Unabhängigkeit von den NGOs zurück und auf den möglichen Verzicht der NGO-Medienarbeit für die eigene Arbeit (vgl. 2012, S. 238ff.). Diese auseinandergehenden Meinungen begründet Bieth damit, dass die Journalisten ihre Unabhängigkeit hervorheben wollen und die PR-Mitarbeiter ihre Arbeit überschätzen könnten (vgl. S. 243f.).

Im Falle der palästinensischen NGOs muss möglicherweise aber ein größeres Potential der Einflussnahme angenommen werden. Erstens stellen NGOs insbesondere in Krisenregionen wichtige Akteure dar (vgl. Janssen 2008,

---

[6] Unter den von Bieth befragten NGOs befinden sich überwiegend ressourcenstarke und bekannte NGOs wie zum Beispiel das *Deutsche Rote Kreuz*, *Brot für die Welt* oder *Human Rights Watch* (vgl. 2012, S. 168).

S.2ff.; vgl. Jarvik 2007). Zweitens beklagen die Auslandskorrespondenten die Medienarbeit der staatlichen Akteure in den palästinensischen Gebieten, respektive die der palästinensischen Autonomieregierung. Denn diese sei eher schlecht organisiert, befinde sich in einem ständigen Umbruch und die offiziellen Stellen seien nicht vom Bewusstsein geprägt, dass aus Gründen der Transparenz Informationen herausgegeben werden müssten – so die zusammenfassenden Beurteilungen deutscher Journalisten in der Befragung von Götz. Damit blieben häufig die NGOs als einzige verfügbare Informationsquelle (vgl. Götz 2008, S. 415; Enderlin 2003, S. 21).

# 4. Zwischenfazit

Die bisherigen Forschungsergebnisse lassen darauf schließen, dass die deutschen Auslandskorrespondenten einerseits Wert darauf legen, aufgrund ihres westlichen Berufsethos' eine objektive Berichterstattung zu verfolgen und Informationen abzuwägen; befinden sie sich doch inmitten einer hochkomplexen gesellschaft-lichen wie militärischen Auseinandersetzung, in der jede Seite um die Deutungshoheit kämpft. Eine Einflussnahme seitens der NGOs, die eine bestimmte Agenda in die Medien bringen wollen, könnte somit erschwert werden. Denn obwohl NGOs heute wichtige Akteure auf dem internationalen politischen Parkett geworden sind, stehen sie in Sachen Glaubwürdigkeit nicht auf derselben Stufe wie Regierungsvertreter, das belegen z.B. die Erkenntnisse von Lim und Molleda (2011). Andererseits begünstigen die Rahmenbedingungen der Auslandskorrespondenten die Verwendung von NGO-Pressematerialien. Aktualitätsdruck, Zeit- und Personalmangel nehmen auch die Auslandskorres-pondenten im Nahen Osten wahr, wie Götz 2008 ermittelt hatte. Da davon ausgegangen werden kann, dass sich die Arbeitsbedingungen der Auslandskorres-pondenten nicht bedeutend verändert haben, wird angenommen, dass das gelieferte NGO-Material nützlich für die Journalisten ist. Dies wird begünstigt durch eine Professionalisierung seitens der NGO Mitarbeiter, die ihre Informationen journalistenfreundlich aufbereiten und sich an die Arbeitsweise der Journalisten anpassen. Außerdem wird vermutet, dass NGO-Mitarbeiter sprachliche Defizite der Auslandskorrespondenten ausgleichen können und dadurch ihr Einflusspotential gesteigert werden kann. Aufgrund der häufigen Krisen und Konflikte im Berichtsgebiet Naher Osten muss zudem ein großes Potential der Einflussnahme angenommen werden, da NGOs insbesondere in Krisenregionen zu wichtigen Informationslieferanten werden (vgl. Janssen 2008, S.2ff.; vgl. Jarvik 2007). Des Weiteren kritisierten die von Götz (2008) befragten Auslandskorrespondenten die Medienarbeit der staatlichen Akteure in den palästinensischen Gebieten, weshalb NGOs häufig die dadurch entstehende Informationslücke schließen würden (vgl. Götz 2008, S. 415; Enderlin 2003, S. 21). Wir nehmen also an, dass die Ansprache ausländischer Öffentlichkeiten über ihre jeweiligen Korrespondenten eine anspruchsvolle Hürde für die NGOs darstellt. Diese versuchen allerdings, durch eine Anpassung an die Medienlogik diese Hürde zu überspringen und profitieren hierbei von den Arbeitsbedingungen der Auslandskorrespondenten im Nahen Osten.

# 5. Methodisches Vorgehen

Für die Erhebung der Daten haben die Autorinnen eine qualitative Herangehensweise mittels halbstandardisierter, leitfadengestützter Interviews gewählt. Nur so kann gewährleistet werden, dass ein komplexes und noch unerforschtes Feld, wie es die Interaktion zwischen palästinensischen NGOs und deutschen Auslandskorrespondenten darstellt, in seiner vollen Breite erfasst wird (vgl. Scholl 2009). Der Forschungsstand wurde dafür genutzt, konkrete Fragestellungen abzuleiten, aus denen zwei Leitfäden konstruiert wurden. So wurden in Anlehnung an Bieths Studie aus dem Jahr 2012 die Themenblöcke „Rahmenbedingungen", „Arbeitsweise" und „Evaluation der Interaktion" übernommen und an das Forschungsinteresse angepasst. Die Abfrage der Rahmenbedingungen für die Arbeit von Auslandskorrespondenten und NGOs stellte auch für diese Studie eine Notwendigkeit dar, um besser zu verstehen, welche internen und externen Bedingungen die Arbeit und damit auch die Interaktion zwischen NGO und Journalist beeinflussen. Diese grundlegenden Informationen können Erklärungen für etwaige Arbeits- und Verhaltensweisen liefern.

Schwerpunkt im Leitfaden für die Auslandkorrespondenten war die Frage nach der Relevanz der NGOs für die tägliche Arbeit. Es wurde danach gefragt, in welchen Situationen auf NGOs zurückgegriffen wird, welche Funktionen sie erfüllen, was genau den Kontakt ausmacht etc. Im Fragebogen für die NGOs stand die Art und Weise der Ansprache der ausländischen Medienvertreter im Fokus. Gefragt wurde nach allgemeinen Strategien, nach Instrumenten oder Wegen der Kontaktaufnahme. Schließlich wurde im letzten Frageblock die Evaluation der Interaktion erfasst. Die Journalisten sollten ihren Umgang mit den NGO-Materialien bewerten ebenso wie die Kontaktaufnahme und versuchte Einflussnahme durch die NGOs. Die NGOs wiederum sollten Auskunft darüber geben, wie erfolgreich sie ihre Versuche, Einfluss auf die internationalen Medienagenden und im Speziellen auf die deutsche Auslandsberichterstattung zu nehmen, beurteilen. Die NGOs wurden auch explizit nach dem Faktor „kulturelle Nähe" gefragt, der bei Sheafer und Shenhav als Kriterium für erfolgreiche Einflussnahme genannt worden ist (vgl. 2014, S. 149ff.).

Es wurden insgesamt zwölf Auslandskorrespondenten per E-Mail kontaktiert. Die Kontaktaufnahme erfolgte dabei entlang verfügbarer Kontaktdaten. Es sagten ausschließlich Print- und Onlinejournalisten einer Teilnahme zu, von denen am Ende vier Auslandskorrespondenten als Interviewpartner ausgewählt wurden. Ein weiterer Auslandskorrespondent erklärte sich zur schriftlichen Teilnahme bereit.

Die Kontaktaufnahme zu palästinensischen NGOs fiel aufgrund der besseren Zugänglichkeit zu E-Mail-Adressen leichter. Die Auswahl wurde mithilfe der auf den Homepages *www.ngo-monitor.org* und *www.pngo.net* angegebenen NGOs getroffen. Es wurden 32 NGOs per E-Mail kontaktiert, die sich in ihrer Größe, inhaltlichen Ausrichtungen und Ideologien unterschieden. Allerdings reagierten die NGOs zum Großteil nicht auf die Anfrage, die zusätzlich ein zweites und teilweise ein drittes Mal gestellt wurde. Nur eine positive Rückmeldung vom *„al Istiqlal Center for Media & Development"* (ACMD) ging ein. Zudem konnten zwei weitere NGO-Mitarbeiter vom *„Popular Struggle Coordination Committee"* (PSCC) und von *Grassroots Jerusalem (GJ)* zu einer Teilnahme an der Befragung überzeugt werden. Außer der *GJ*, welche in Israel registriert ist, haben die beiden anderen NGOs ihren Sitz in der Westbank, *PSCC* in Ramallah, und das *ACMD* in Hebron.

Die Leitfadengespräche mit den vier Auslandskorrespondenten wurden 2013 persönlich in Israel geführt. Die Interviews mit den drei NGO-Mitarbeitern wurden über Skype in Deutschland geführt. Alle Interviews wurden aufgezeichnet, transkribiert und anschließend einer qualitativen Inhaltsanalyse nach Mayring (2010) unterzogen. Die Bildung der Auswertungskategorien orientierte sich dabei an den Schwerpunkten der Leitfäden (vgl. Scholl 2009, S. 72). Die Auswertung erfolgte mittels der Software MaxQDA. Das im Voraus angelegte Kategoriensystem konnte damit problemlos induktiv erweitert werden.

# 6. Auswertung der Interviews mit palästinensischen NGOs

In diesem Kapitel werden die Aussagen der befragten NGOs *ACMD*, *GJ* und *PSCC* zusammengefasst, gegenübergestellt und interpretiert. Die Analyse der 23 bis 38 Minuten langen Interviews, die zwischen dem 1.5.2013 und dem 27.6.2013 geführt wurden, wird im Folgenden, entsprechend des Leitfadens und der Fragestellungen in die Abschnitte „Ziel und Arbeitsbedingungen der NGOs", „Arbeitsweise und Instrumente der NGOs" sowie „Evaluation der Zusammenarbeit mit internationalen/ deutschen Medienvertretern" gegliedert.

## 6.1 Ziele und Arbeitsbedingungen der NGOs

Die befragten NGOs setzen sich auf unterschiedliche Art und Weise für die palästinensische Bevölkerung ein. Während sich *ACMD* überwiegend sozial engagiert und eine Bandbreite an thematischen Projekten rund um ihren Sitz in Hebron durchführt – von der Aufklärung über Krankheiten, über soziale Aktivitäten mit Kindern, der Organisation von Wahlen bis hin zur Medienerziehung (vgl. ACMD 2013a, 2013b, 2013c) – sind *GJ* und insbesondere *PSCC* stärker politisch aktiv. *GJ* ist Teil des „Grassroots Al Quds Network" und sieht sich als Netzwerk mithilfe dessen sich Menschenrechtsaktivisten und Organisationen in Jerusalem vernetzen können und so einfacher Projekte (gemeinsam) koordinieren können (vgl. GJ, 7.5.2013; GJ 2013). Die Organisation wendet sich gegen die israelischen Siedlerbewegungen in und um Jerusalem, weil sie die Existenz der palästinensischen Bevölkerung dadurch bedroht sieht. Der höchste Grad an politischem Aktivismus ist bei *PSCC* zu erkennen. Die in Ramallah ansässige NGO organisiert Streiks, Demonstrationen, Aktionen oder Kampagnen. Die Aktionen drehen sich um die Bekanntmachung und Förderung von „BDS" – „Boycott, Divestment, Sanctions" – sowie generell die Bekämpfung der israelischen Besatzung (vgl. PSCC, 2013a). *PSCC* möchte die Kommunikation zwischen den in verschiedenen palästinensischen Orten gegründeten lokalen „popular committees" vereinfachen und eine Basis für eine gemeinsame und damit möglichst effektive Strategie schaffen. Besonders wichtig seien in diesem Zusammenhang auch die internationale Vernetzung sowie die Erhöhung der internationalen Sichtbarkeit (vgl. PSCC, 27.6.2013).

Dabei profitiert *PSCC* im Vergleich zu den anderen beiden NGOs auch finanziell von ihrer internationalen Vernetzung. Neben Fundraising- und Spendenaktionen bestehe eine Zusammenarbeit mit der EU und einer spanischen Organisation. *ACMD* finanziert sich allein durch Spenden, was die NGO nach Aussage des Befragten „istiqlal" (arabisch für „unabhängig") mache. „Because of this we have the power to work and to see whatever we want and to show the reality. We are not presenting anybody's point of view" (ACMD, 25.05.2013). Zur Finanzierung von *GJ* hat der Befragte keine Angaben gemacht.

Alle Organisationen sind von Freiwilligen abhängig, die unterschiedliche Aufgaben für die NGOs erfüllen. Bei *ACMD* beträgt der Anteil ehrenamtlicher Mitarbeiter gar 60 bis 70 Prozent – die Realisierung der Projekte sei ohne sie also nicht möglich. Nur zwei feste Angestellte arbeiten für die NGO, im Kuratorium engagieren sich sieben Personen auf freiwilliger Basis. Dazu kommen rund 15 freiwillige Helfer und 50 Mitglieder, die mit der seit 2004 bestehenden Organisation verbunden sind. Eine Person kümmert sich dabei fest um die Pressearbeit. Hier zeigt sich, dass durch die Beschränkung der Finanzierung auf Spenden auch erhebliche Einsparungen in personeller Hinsicht nötig sind. *GJ* gibt es seit zweieinhalb Jahren. Neun Personen arbeiten dort, von denen eine Person speziell für die Pressearbeit verantwortlich ist. Bei *PSCC* arbeiten vier bis fünf Personen, eine Person ist hauptsächlich für die ausländische Pressearbeit zuständig. Viele ehrenamtliche Mitarbeiter pflegen außerdem den Social-Media-Auftritt.

## 6.2 Arbeitsweise und Instrumente der NGOs

Eine konkrete, auf dem Papier existierende Medienstrategie besitzt keine der befragten NGOs. Allerdings ist vor allem bei *PSCC* und *GJ* eine Orientierung an der Medienlogik zu erkennen, um so gut wie möglich die eigenen Themen auf die Agenda der Auslandskorrespondenten zu setzen. Weil sich die NGOs hinsichtlich ihrer Professionalität, Expertise und ihrer Ressourcen stark unterscheiden, fällt der Erfolg ihrer internationalen Pressearbeit sehr verschieden aus.

*ACMD* ist nach eigenen Angaben stark mit der Gemeinde und anderen lokalen Einrichtungen vernetzt, was sich auch in ihrer Pressearbeit zeigt: Zielgruppe ihrer Medienarbeit sind vor allem palästinensische Zeitungen, lokale Führungskräfte und Medienvertreter sowie palästinensische Agenturen. Einerseits wünsche sich die NGO zwar deutlich mehr Kontakt zu ausländischen Medien, das betonte der Befragte sehr häufig im Interview.

Andererseits geht *ACMD*, zumindest bis zu diesem Zeitpunkt, nicht aktiv auf ausländische Pressevertreter zu, sondern verhält sich eher abwartend beziehungsweise reaktiv. Dies ist wohl den mangelnden Ressourcen und der damit verbundenen geringeren Professionalität geschuldet: Entsprechende Kontakte zu und Adressen von ausländischen Medienvertretern besitzt die NGO nicht. Zudem ist die Homepage von *ACMD* hauptsächlich in arabischer Sprache verfügbar, mit nur wenigen englischen Übersetzungen. Das gleiche zeigt sich bei den Pressemitteilungen, die meist auf Arabisch verfasst werden, außer wenn es um internationale Belange gehe (vgl. ACMD, 1.5.2013).

Obwohl auch *PSCC* und *GJ* auf lokaler Ebene operieren, richtet sich ihre Pressearbeit auch an die internationale Gemeinschaft und somit auch an Auslandskorrespondenten. *GJ* und *PSCC* versuchen über die Presse Aufmerksamkeit, Interesse und Wissen zu generieren, um Befürworter, „Anwälte" für ihre Sache zu gewinnen und letztendlich auch Handlungen hervorzurufen. Diese Handlungen münden nach den Vorstellungen der Befragten in politischen Druck gegenüber Israel. Bei *PSCC* wird die Fokussierung auf ein internationales Publikum zusätzlich so begründet: „Because that is where our voice is not heard, that's where a lot of disinformation is happening. That's where the Israeli propaganda is controlling and dominating" (PSCC, 27.6.2013). Die Orientierung an einem internationalen Publikum wird auch auf den Homepages und den Pressematerialien deutlich, die bei *GJ* in Englisch und Arabisch verfügbar sind und bei *PSCC* sogar nur in Englisch.

Insgesamt gehen *PSCC* und *GJ* deutlich professioneller und aktiver in ihrer internationalen Pressearbeit vor. Vor allem bei *PSCC* zeigt sich eine starke Orientierung an der Medienlogik. Um für Journalisten als Informationsquelle zu dienen, seien Glaubwürdigkeit und Wahrhaftigkeit besonders wichtig, so der Befragte. Wenn die Aktionen zudem ein wichtiges Ereignis darstellten und die Geschichten noch prominente Personen beinhalteten, man etwas Neues publiziere, hätte man Chancen als Quelle wahrgenommen zu werden. Infolge ihrer Pressearbeit konnte *PSCC* bereits nennenswerte Erfolge verbuchen und weltweit Schlagzeilen hervorbringen[7] (vgl. PSCC, 2013b).

---

[7] So zeigt *PSCC* auf ihrer Homepage Ausschnitte über medial erfolgreich lancierte Geschichten, darunter z.B. in der *New York Times*, *AFP*, *The Guardian* oder *The Independent* (vgl. PSCC, 2013b).

Zudem seien sowohl *PSCC* als auch *GJ* – neben ihrer Funktion als Informationsquelle – für ihre Ansprechpartner besonders interessant, da sie über einen direkten Zugang zur Bevölkerung verfügten. So betont der Befragte von *GJ*: „We have built strong relationships with the communities. So in order (…) to get a story from the right person they [journalists] would meet us to go to the exact community, to talk with the exact person that would provide the material for them. And we really want to have this role" (GJ, 7.5.2013).

Wichtigste Instrumente der Pressearbeit sind für die NGOs die klassischen Pressemitteilungen, aber auch verstärkt die sozialen Medien. *PSCC* verschickt beispielsweise je nach aktueller Lage und aktuellen Geschehnissen ein- bis zweimal wöchentlich Pressemitteilungen über einen E-Mail-Verteiler. So könne durchgehend der Kontakt mit Journalisten aufrecht erhalten werden. Im letzten Gaza-Krieg 2012 sei man die Hauptinformationsquelle für manche Journalisten gewesen: „[W]e were releasing a press release every day summarizing what happened during the day with the protest and demonstrations, how many arrestees and injuries, if there were people who were killed we would give the information about their names, some information about their life, their age (…)" (PSCC, 27.6.2013). *GJ* gibt außerdem an, zu bestimmten Anlässen Pressekonferenzen durchzuführen oder Presseführungen in den palästinensischen Gemeinden in Jerusalem anzubieten. Ein beliebtes Mittel von *PSCC* und *GJ* zur Steigerung der eigenen Glaubwürdigkeit sowie der Attraktivität der Pressematerialen für die Journalisten ist die Beifügung von Fotos und Videos. Aus Sicht der NGOs nehmen *GJ* und *PSCC* für die Journalisten zusammenfassend die Funktion von Informationsquellen sowie Kontaktvermittlern ein.

Während *ACMD* vorwiegend Workshops auf lokaler Ebene durchführt und so in der breiten Bevölkerung – nicht nur bei Medienvertretern – Unterstützung generieren möchte, legen *GJ* und *PSCC* großen Wert auf den Aufbau eines internationalen Multiplikatoren-Netzwerks bzw. auf internationale Kooperationen. „Sometimes we go abroad and give talks (…) I was in Italy two years ago. And there is a tour to the US (…) to talk about our goals abroad and work. To make more advocacy actually in order to change policies and to have partners from different places", so der Befragte von *GJ* (7.5.2013).

Neben den klassischen PR-Instrumenten nehmen bei den befragen NGOs Social-Media-Kanäle eine wichtige Funktion zur Übermittlung von Informationen und persönlichen Eindrücken und Interpretationen ein. Über

Facebook, Twitter und Youtube könne jeder einen direkten und unmittelbaren Eindruck von den Geschehnissen bekommen. Es sei eine Möglichkeit, die Realität zu zeigen, so der Befragte von *ACMD* (1.5.2013). Er betont dabei, dass auch „normale" Menschen, also keine professionell ausgebildeten Personen, diese Wege nutzen könnten, um ihren Lebensalltag zu zeigen, was wohl vor allem für ressourcenschwache NGOs, wie *ACMD* ein großer Vorteil ist. Auch *GJ* und *PSCC* nutzen die sozialen Medien. Sie stellten einen direkten Draht zu der internationalen Gemeinschaft dar; Informationen könnten direkt – ohne den Gatekeeper Journalist überwinden zu müssen – an die Öffentlichkeit gelangen. Des Weiteren könnten sich so viele ehrenamtliche Mitarbeiter aktiv in die Presse- und Öffentlichkeitsarbeit einbringen.

## 6.3 Evaluation der Zusammenarbeit mit internationalen/ deutschen Medienvertretern

Die Zusammenarbeit mit internationalen beziehungsweise mit deutschen Medienvertretern beurteilen die befragten NGOs aufgrund ihrer unterschiedlichen Arbeitsbedingungen und Arbeitsweisen recht unterschiedlich. Auch die Einschätzungen, weshalb die Zusammenarbeit so ausfällt, gehen in manchen Bereichen auseinander.

In einem Punkt sind sich die Befragten von *ACMD* und von *PSCC* einig: Auslandskorrespondenten würden sich in ihrer Berichterstattung hauptsächlich auf Krisenzeiten und Konflikte fokussieren. Vor allem für *ACMD* besteht darin ein Problem, setzt sich die NGO doch vor allem für eine Lösung der Alltagsprobleme der palästinensischen Bevölkerung ein und versucht, auf diese aufmerksam zu machen. Der Befragte von *ACMD* vermisst hier auch ein Verständnis der deutschen Medienvertreter. Denn nur, wenn der Alltag Einzug in die Berichterstattung erhalte, werde das „echte" Leben der palästinensischen Bevölkerung abgebildet. Die Platzierung von Alltagsthemen sei sehr aufwändig, gibt auch der Befragte von *PSCC* zu bedenken.

Obwohl *PSCC* und *GJ* generell von einer sehr guten bis guten Zusammenarbeit mit den internationalen Pressevertretern sprechen, kommen doch auch von beiden Seiten kritische Töne. Einerseits resümiert *PSCC*, dass sie sich zu einer glaubwürdigen Informationsquelle für die Journalisten etablieren konnten. Andererseits hätten aber auch Journalisten jede Zusammenarbeit mit *PSCC* verweigert. Dabei sei die Zusammenarbeit mit europäischen Journalisten in der Regel leichter gewesen als mit amerikanischen: „The attitude of the European journalists will be more of fair coverage. The American media is totally biased to the Israeli side" (PSCC, 27.6.2013). Zudem habe man in britischen Medien mehr Abdrucke erzielt als in deutschen.

Gründe für die Schwierigkeiten, ihre Themen in die Medien zu bringen, sieht man hinsichtlich der deutschen Medien bei *ACMD* auch in den kulturellen Unterschieden, während dies laut *GJ* und *PSCC* keine Rolle spiele. Die NGOs äußern außerdem, dass bestimmte Themen für die internationalen Medien schlichtweg nicht interessant genug seien, bzw. nicht den geltenden Nachrichtenwerten entsprächen. *PSCC* sieht den Nahostkonflikt dabei selbst teilweise als einen „Abschalter" an. Eine Berichterstattung sei nur bei größeren Veränderungen von Bedeutung. Zudem sei das, was zur Zeit in den palästinensischen Gebieten im „popular struggle" passiere, eine viel kleinere Geschichte als das, was mit dem Arabischen Frühling in anderen arabischen Ländern vor sich gehe. Es stehe in keinem Verhältnis zueinander. Als wichtigen Punkt nennt der Befragte von *PSCC* des Weiteren die Selbstzensur der Journalisten: „They are afraid of criticizing the Israeli military harshly because the Israeli propaganda machine is really strong and (...) they will be chased by (...) the Israeli propaganda. So they prefer less headache." (PSCC, 27.6.2013). Vor allem die deutschen Medien seien gehemmt, bestimmte Themen in ihrer Berichterstattung anzusprechen, so die Meinung vom Befragten von *GJ*. „I think with Germans it is quite complicated because (...) they are trying to avoid any political statement because of the history between Israel and Germany which is quite interesting because they still feel guilty (...), because of the Holocaust" (7.5.2013). *GJ* kritisiert damit, dass Themen wie der Boykott von Israel nicht in die deutschen Medien gelangen könnten, aufgrund einer gefühlten Verpflichtung Israel gegenüber. Es komme zudem generell für alle Ausländer hinzu:

> „They are really looking to be objective. I mean 'we need to hear both sides'. I mean you always hear this. (...) [But] [w]e are not talking about two equal sides. You are talking about occupier and occupied. So there are no two equal sides. I am not going to provide you any objective materials for your articles because (...) I am here as a Palestinian, working with the Palestinian community who lives under the occupation. And this (...) understanding actually of being professional that means we should be objective – it's bullshit (...) I don't believe in it. And I think this is why people use it just to escape from the reality and not to see it as it is. Trying to manipulate it and portray it in a different way" (GJ, 7.5.2013).

Dieses Statement stellt wohl den natürlichen Gegensatz zwischen PR und

Journalismus heraus. Zum einen sind die Auslandskorrespondenten in der Pflicht, möglichst beide Seiten zu hören, andererseits kämpfen die NGOs mit ihren Themen um Aufmerksamkeit. Objektivität ist nicht das Ziel einer NGO, dies ist den Korrespondenten auch bewusst, wie die Auswertung zeigen wird. Der Befragte fordert aber von den Journalisten eine bewusste Stellungnahme und Positionierung im Konflikt und geht noch einen Schritt weiter: Würden sich Journalisten nicht zu einer Seite bekennen, würden sie die Realität verzerren und manipulierend wirken.

# 7. Auswertung der Interviews mit deutschen Auslandskorrespondenten

Die zwischen 28 und 69 Minuten langen Interviews mit vier Auslandskorrespondenten wurden zwischen dem 3. und dem 10. März 2013 in Jerusalem und Tel Aviv geführt. Zusätzlich gingen die Aussagen eines Korrespondenten an einigen Stellen in die Untersuchung mit ein, der den Fragebogen im Februar 2013 schriftlich beantwortete. Die Aussagen der Befragten sind im Folgenden in die thematischen Abschnitte „Rahmenbedingungen vor Ort", „Arbeitsweise der Korrespondenten und Umgang mit NGO-Material" sowie „Evaluation der NGO-Kontakte" gegliedert.

## 7.1 Rahmenbedingungen und Situation vor Ort

Zu den grundlegenden Rahmenbedingungen, die für die Arbeit der Korrespondenten bedeutsam sind, gehört zunächst die Anzahl der Medien, für die sie tätig sind. Mit Ausnahme eines Journalisten, der ausschließlich für ein Medium arbeitet, beliefern alle Befragten mehrere Print- und Online-Produkte. Begründet wird die Größe des Pools mit der prekären finanziellen Situation vieler Verlage, welche die Unterhaltung eines eigenen Korrespondentenbüros nicht mehr ermögliche. Diese finanziell schlechte Situation, die auch schon in anderen Studien ermittelt werden konnte (vgl. Renneberg 2011; Dreßler 2008; Götz 2008; Lange 2002; Tak 1999), wirkt sich aus Sicht eines Journalisten dennoch vergleichsweise weniger stark auf Israel aus, da die Arbeit dort „ein wichtiger Posten" sei (J1, 4.3.2013).

Sprachkenntnisse machen einen weiteren wichtigen Faktor für die Arbeit in der Region aus. Sind die Arabisch- und Hebräischkenntnisse der Journalisten nicht ausreichend, greifen diese auf die Zuarbeit von lokalen

Stringern zurück. Gute Sprachkenntnisse wirken hingegen inkludierend, da sie es den Journalisten ermöglichen, auf unterschiedlichen Recherchewegen an die gesuchten Informationen zu kommen. Im Hinblick auf die Zusammenarbeit mit NGOs gaben die Korrespondenten an, sich auf die Englischkenntnisse der dortigen Mitarbeiter verlassen zu können und somit keine Probleme zu haben.

Die Befragten benannten zudem die Relevanz der schwierigen politischen Situation als einen weiteren prägenden Faktor ihrer Arbeit. „Es ist wahnsinnig komplex, es ist so wahnsinnig komplex hier. Und es gibt halt nicht DEN Bösen hier" (J3, 4.3.2013).

## 7.2 Arbeitsweise der Korrespondenten und Umgang mit NGO-Material

Alle vier befragten Korrespondenten kommen mit den NGOs am häufigsten per E-Mail in Kontakt. „Ich kriege einen Wust von E-Mails (...). Und manches guck' ich mir gar nicht mehr an, weil das sinnlos ist", stellt ein Journalist fest (J4, 3.3.2013). Ein Korrespondent gibt an, in den Verteilern mehrerer NGOs zu sein. Zu den von ihm „abonnierten" (J1, 4.3.2013) NGOs gehören unter anderem *Adalah, Adamer, B'Tselem, IPCC, Medico, Al Haq* und das *Palestinian Center for Human Rights.* Zur Kenntnis nimmt er diese Informationen aber nicht immer. Ein weiterer Journalist berichtet, dass er auch persönlichen Kontakt zu den NGO-Mitarbeitern hat (J3, 4.3.2013). Ein weiterer Korrespondent bestätigt, dass auch er mit E-Mails „bombardiert" wird (J2, 10.3.2013). Er arbeite sie allerdings durch, um keine wichtige Nachricht zu verpassen: „Ich bin in diesem Bereich vielleicht ein Überpedanter (...). Aber ich lasse sie kommen, weil irgendwann, von 80 E-Mails, ist irgendwann einmal eine dabei, die ist mir wichtig" (ebd.). Er erklärt auch, wie NGO-Mitarbeiter an seine E-Mail-Adresse kommen und damit Kontakt zu ihm aufbauen: „[M]eistens ist es so, dass ich vor Ort auf irgendeiner Recherchereise bin und (...) dann werden Visitenkarten ausgetauscht. Sie sind auch untereinander sehr stark vernetzt, also ich gebe eine Visitenkarte raus und bekomme zehn Mails von verschiedenen Stellen. (...) Es ist selten, dass ich eine NGO gezielt angehe (...)" (ebd.). An dieser Stelle scheinen sich die in der Theorie angenommenen, gut ausgebildeten Netzwerke zwischen den Organisationen, sowie ihre zunehmende Expertise im Hinblick auf ihre Selbstorganisation zu bestätigen (vgl. Janssen 2008; Pieck 2013), ebenso wie die Ergebnisse von Almaraz, González und García (2009), die feststellten, dass sich NGOs bei ihrer Kommunikation nach außen in erster Linie auf die Ansprache von Journalisten konzentrieren.

Allerdings erwarten die Journalisten trotz der massenhaft eingehenden E-Mails diese Initiative von Seiten der NGOs auch. So sagt ein Korrespondent: „Kümmern sich die NGOs darum, können sie zu Gesprächspartnern werden" (J5, 13.2.2013).
Ist das Thema gefunden, stehen die Journalisten alle vor dem gleichen Problem: Ordnung schaffen und Quellen bewerten, in einer komplexen Umgebung, die von latenten und offenen Konflikten geprägt ist und in der widerstreitende Parteien ihre konträren Positionen verteidigen. Die für Journalisten übliche Vorgehensweise, wie sie ein Journalist formuliert – „Man nutzt normalerweise immer mehrere Quellen und wägt sie ab" (J5, 13.2.2013) – versuchen die Korrespondenten auch bei einer schwierigen Quellenlage umzusetzen. „Es ist wirklich so, dass man jeden Fall praktisch neu für sich einmal aufbauen muss. Es ist nicht immer so, dass ich stundenlang recherchieren muss. Es ist meistens dieses eine Telefonat oder manchmal auch zwei Telefonate, die ich mit zwei Leuten führen muss, um (...) eigentlich das ganz simple Check und Re-Check zu machen" (J2, 10.3.2013). „Dann ist es natürlich auch meine Aufgabe als Journalist, manchmal – vielleicht sogar häufiger – zu sagen, ‚Ich weiß es nicht so genau, aber ich hab das und die Quelle'" (ebd.). Während ein anderer Korrespondent als grundsätzlich ersten Schritt nennt, „zu versuchen, da irgendeine offizielle Stelle dazu zu kriegen. Sei es der Militärsprecher oder ein Regierungssprecher oder irgendsowas" (J4, 3.3.2013), führt – ähnlich wie bei J2 – auch für einen anderen Journalisten der Weg zur Absicherung der Medienberichte über das Zitat: „In dem Moment, in dem ich was zitiere, bin ich ja fein raus. Ob es stimmt oder nicht" (J3, 4.3.2013).

Welche Funktionen übernehmen die NGOs für die Auslandskorrespondenten (vgl. Bieth, 2012)? Ein Korrespondent gibt an, NGOs themenspezifisch anzusprechen. Diese übernehmen für den Journalisten die Funktion von Experten. Gehe es beispielsweise um Hungerstreiks palästinensischer Häftlinge greife er auf *Adamer* zurück, bei dem Thema Siedlungen auf *B'Tselem* und *Peace Now* (vgl. J3, 4.3.2013). Die Tatsache, dass mehrere Organisationen in jüngster Zeit ihre PR-Arbeit an externe Organisationen ausgelagert hätten, die „gar nicht mit der humanitären oder politischen Zielsetzung einer Meinung sein müssen" (ebd.), stellt sich für den Journalisten zwiespältig dar: „Das ist nicht ganz unproblematisch, aber es macht für uns die Arbeit zum Teil wirklich leichter, weil die Leute sich kümmern. (...) Wenn ich anrufe und sage ‚Ich möchte den und den Termin haben', dann kriege ich den" (ebd.).

Auch bieten NGOs Anhaltspunkte, um bei der Recherche eine bestimmte Richtung einzuschlagen oder Menschen zu treffen, anhand derer sich ein bestimmter Fall illustrieren lässt. Die Ansprache der Kontaktpersonen, betont ein Journalist, übernimmt er dann selbst, es gehe ihm lediglich um die Vermittlung von Kontaktadressen durch NGOs (vgl. J2, 10.3.2013).

Zudem treten NGOs als Orientierungshilfe auf: „[U]m überhaupt erst mal durchzusteigen, was bei diesen komplizierten Zusammenhängen die eigentliche Problematik ist, da sind manchmal die NGO-Informationen durchaus hilfreich, dass man in eine gewisse Richtung überhaupt gestoßen wird" (J1, 4.3.2013). Dabei verhielten sich die NGOs häufig sachlicher, als die oft pauschalisierende Zivilbevölkerung (vgl. ebd.). Das NGO-Material helfe also dabei, das Gesamtbild für den Journalisten zu vervollständigen: „Dann sieht man schon, was stimmt da zusammen, wo gehen Sachen auseinander, wo ist möglicherweise von offizieller Seite eine Lücke, wo dann Probleme überspielt wurden" (ebd.). Vorsicht geboten ist aus Sicht eines Korrespondenten allerdings in konfliktreichen Zeiten, wie etwa dem Raketenkrieg im November 2012. Er kommt zum Schluss: „Je nüchterner und verlässlicher einer das macht, umso eher hat er Chancen, dass ich diese Informationen auch wahrnehme" (ebd.). Die Glaubwürdigkeit einer NGO, die schon in Bieths Studie als wichtiges Kriterium ausgemacht wurde, damit Auslandkorrespondenten ihr überhaupt Aufmerksamkeit schenken, bestätigt sich auch hier (vgl. Bieth 2012, S. 259f.). Denn ob Journalisten selbst in Kontakt mit den NGOs treten, beziehungsweise deren Materialien berücksichtigen, hängt vor allem davon ab, auf welche Art und Weise die NGOs ihre Informationen aufbereiten. NGOs, die auch ihre eigene Arbeit und ihre „Seite" kritisch beleuchteten, würden dabei glaubwürdiger wirken (vgl. J2, 10.3.2013).

## 7.3 Evaluation der Kontakte zu NGOs

In den folgenden Abschnitten soll deutlich werden, in welchem Maße die Journalisten der NGO-Kommunikation Vertrauen oder Misstrauen entgegenbringen, wie sie deren Glaubwürdigkeit einschätzen, ihre Professionalität sowie ihre Relevanz für die Region und ihre Bürger. Aus diesen Angaben ergeben sich die Antworten auf die dritte Forschungsfrage dieser Untersuchung und damit die Evaluation der Zusammenarbeit zwischen beiden Seiten.

Bei allen befragten Journalisten ist ein grundsätzliches Misstrauen gegenüber den Materialien der NGOs vorhanden. So hebt beispielsweise ein

Journalist hervor, dass es wichtig sei, ein „solides Grundmisstrauen" (J2, 10.3.2013) an den Tag zu legen. Eine persönliche Recherche sei in jedem Falle unerlässlich: „Ich würde also niemals etwas ungefragt übernehmen, es sei denn, ich muss es manchmal eben im Eifer des Gefechts, aber dann muss ich es auch dem Leser sagen. Ich muss sozusagen meine eigenen Zweifel dann rüberbringen. Das ist dann legitim" (ebd.). Ein Auslandskorrespondent gleicht Fakteninformationen, die ihm die NGOs zur Verfügung stellen, mit anderen Medien ab: „Wenn das in der Presse oder in den Agenturen läuft, dann verlasse ich mich darauf, dann schreibe ich auch von dieser Zahl." (J3, 4.3.2013). Ein anderer Journalist, entscheidet sich für einen Kommentar statt für einen Bericht, wenn er unterschiedliche, nicht nachprüfbare Stimmen zu einem Ereignis hat (J4, 3.3.2013), besonders in Zeiten militärischer Auseinandersetzungen zwischen Israel und den Palästinensergebieten. „Das sind Zeiten, wo die NGOs, weil die politisch ja zum Teil ganz klar Farbe bekennen, aktiv werden. Da noch vorsichtiger zu sein. Ich kann denen nicht trauen" (ebd.). In Bezug auf aufgeheizte politische Situationen stimmt ein weiterer Journalist mit dieser Position überein: „Alles, was mit Schaum vor dem Mund formuliert ist, stößt bei den Journalisten eher ein bisschen ab, also lieber Vorsicht, ja. Weil wenn man hier etwas Falsches berichtet, das schlägt sozusagen zurück. Das gibt so einen Moment von Backfire. Da hat man dann direkt alle möglichen anderen Lobbyisten an der Backe, die sich dann beschweren. Also da muss man eh schon gucken, dass man die Sachen so wasserdicht wie möglich macht" (J1, 4.3.2013). Einer dominierenden Rolle von NGO-Informationen erteilt der Journalist dann jedoch eine Absage – auch in Situationen, in denen wenig andere Quellen verfügbar sind. „Das sind eher ergänzende Informationen, wo man je nachdem nochmal anruft und fragt." (ebd.). Ein konkretes Beispiel: „Wenn die NGOs sagen, es gibt noch fast 5000 Gefangene – sie haben 4700 – und die in Israel sagen, es gibt nur knapp über 4000, halte ich mich sogar eher an die untere Grenze, einfach, um auf der vorsichtigen Seite zu sein und einer Übertreibung zu entgehen" (ebd.).

Wenn die Glaubwürdigkeit der NGOs und ihre Versuche, die Journalisten zu beeinflussen, zur Sprache kommen, haben die Befragten unterschiedliche Meinungen. „Die haben alle ihre politische Agenda. Keine einzige von ihnen ist ausgewogen. Trotzdem sind viele sehr zuverlässig", sagt ein Korrespondent (J3, 4.3.2013) und stellt große Bemühungen bei den Organisationen fest, sich in der Öffentlichkeit als „seriös" darzustellen. Ein Journalist sieht das Bemühen der NGOs um Einfluss als „legitim" an (J2, 10.3.2013) und ist bereit, die Glaubwürdigkeit verschiedener Organisationen und Mitarbeiter entsprechend ihrer Arbeit immer wieder neu zu bewerten.

„[I]ch mache die Glaubwürdigkeit einer NGO nicht an ihren Zielen fest, sondern an ihrer Arbeit – und die ist sehr verschieden. Einmal von Gruppe zu Gruppe, oft, aber auch von Zwischenfall zu Zwischenfall, in ein oder derselben NGO", erklärt er (ebd.). Der Journalist ist der Meinung, dass zwar viele NGOs begriffen hätten, dass sie mit gefälschten Informationen viele Adressaten hinters Licht führen könnten, „[a]ber wenn sie es machen, dann haben sie verloren" (ebd.). Ein Korrespondent sieht die Erfahrung der meist lange Jahre im Nahen Osten arbeitenden Journalisten als stabilen Ausgleich zu den Beeinflussungsversuchen an: „Die wollen ihre Sache vorantreiben, natürlich. Aber ich glaube, man überschätzt dann die NGOs auch. Wir sind ja nun erfahrene Korrespondenten im Großen und Ganzen hier. (...) Natürlich, wenn mich einer beeinflussen will, das ist ja ok, da habe ich nichts dagegen, da kann ich nichts dagegen haben. Es kommt darauf an, dass ich mich nicht beeinflussen lassen möchte und mich auch nicht beeinflussen lasse" (ebd.).

Ein anderer Journalist hingegen bewertet die Kommunikation von NGOs vor Ort sehr negativ: „Mein Problem als Journalist ist, dass ich das Gefühl habe, von diesen Organisationen teilweise instrumentalisiert und ausgenutzt zu werden. (...) Ich weiß, dass diese Informationen, die sind nicht neutral, objektiv oder sachlich oder die dienen nicht dazu, mich zu informieren" (J4, 3.3.2013). Der Korrespondent zeigt sich verwundert darüber, dass NGOs und politische Institutionen in den palästinensischen Gebieten eng verflochten seien und bei Veranstaltungen teilweise gemeinsam auftreten würden. „Und am Ende, wie es sich für eine NGO – non-governmental organization, Betonung auf das non – [gehört], werden wir in einem großen Zelt empfangen, und so als Krönung und Abschluss der Tour empfängt uns die palästinensische Frau Ministerin für Jerusalem-Angelegenheiten. Hä? Ist das jetzt eine NGO oder ist das der verlängerte Arm der palästinensischen Regierung?" (J4, 3.3.2013).

Zuletzt haben die Befragten die Relevanz der NGOs für die Entwicklung der Region und für das palästinensische Volk bewertet. Aus der Befragung von Götz (2008) leitet sich die Vermutung ab, dass wegen der von den Journalisten als schlecht befundenen Öffentlichkeitsarbeit der palästinensischen Regierung die dortigen NGOs eine Art Ersatz darstellten. Können die Organisationen eine mit staatlichen Einrichtungen vergleichbare Kommunikation leisten?
Die Antwort auf diese Frage lautet bei einem Journalisten, zumindest im Hinblick auf den Willen zur Kooperation, wie folgt: „Also nun kenne ich nicht alle NGOs, aber ich kenne die NGOs, mit denen ich zu tun habe, (...) die sind natürlich kooperativ. Das ist bei den staatlichen Institutionen nicht

immer so, diese Kooperation. Die wird besser, aber ich glaube, dass NGOs in PR-Fragen noch voraus sind" (J3, 4.3.2013). Seine Erklärung: „[D]ie NGOs machen eine bessere PR-Arbeit, das ist ja auch verständlich, die sind ja viel unmittelbarer auf Öffentlichkeit angewiesen, die brauchen ja Finanziers. Und da macht sich das immer ganz gut, wenn man öfter erwähnt wird in den Zeitungen" (ebd.). Dass die NGOs und die Autonomiebehörde „Hand in Hand" (J4, 3.3.2013) arbeiten, glaubt dagegen ein anderer Korrespondent – und dabei würden die NGOs die stärkere Position einnehmen: „Die verschiedenen NGOs werden heute in der Welt, und auch von den Medien, eigentlich ernster genommen als irgendwelche offiziellen Stellen oder Regierungen oder sonstwas" (ebd.). Das äußert sich seiner Ansicht nach auch darin, dass NGOs mittlerweile Beorichte an die Öffentlichkeit weitergeben, die früher nur in diplomatischen Kreisen bekannt waren. „Das, was früher ordentliche Diplomatie war, zwischen zwei Staaten, dass, wenn da irgendjemand an irgendwas arbeitet, dass man sich dann auch eine offizielle Reaktion einholt, das wird umgangen indem man so ein Papier dann irgendeiner NGO gibt" (J4, 3.3.2013). Der Journalist sieht in dieser Praxis Probleme – besonders in Bezug auf die mangelnde Verantwortung der zivilgesellschaftlichen Akteure, die politische Papiere weitergeben, aber nicht politisch zur Rechenschaft gezogen werden können, wenn es sich beispielsweise um Falschmeldungen handelt. Der Korrespondent spricht damit einen Kritikpunkt an, der in der Literatur ähnlich formuliert wird: Diplomaten, Journalisten oder Wissenschaftler würden die Forderungen von NGOs häufig ohne eine unabhängige Überprüfung akzeptieren; die Organisationen könnten Einfluss in öffentlichen Diskursen und auf politische Vertreter nehmen, ohne dass es ein System der „checks and balances" gebe, schreibt etwa Steinberg (2011, S. 44).

Konträr zu dieser Auffassung formuliert der Journalist seine Ansicht dessen, was die Organisationen vorrangig tun sollten: „[E]s gibt natürlich auch in Anführungsstrichen ‚vernünftige' NGOs, (...) die jetzt nicht groß Propaganda machen (...), die sich wirklich um die Leute kümmern und sozial tätig sind (...)" (J4, 3.3.2013). Ähnlich äußert sich auch ein anderer Journalist: „[I]ch würde sagen, je mehr sich eine NGO wirklich um palästinensische Belange kümmert, Projekte die wirklich auf Dorfentwicklung oder sonst was abzielen, (...), desto positiver sehe ich auch deren Wirkung und auch die Wahrnehmung der Palästinenser selbst" (J2, 10.3.2013). NGOs, die den Schwerpunkt eher auf die Presse- und Öffentlichkeitsarbeit denn auf Aktivitäten wie etwa Bildungspro-gramme legen, könnten sich aus Sicht des Korrespondenten also weder der Unterstützung der Palästinenser sicher sein, noch müssten sie dafür zwingend vor Ort sein:

„Ich glaube, dass die Palästinenser selbst eigentlich gar nicht so richtig wissen, was da läuft. Das sind die Ausländer, (...) die haben dort einen Narrenstatus und ein bisschen auch vielleicht Hochachtung und auch manchmal werden sie belächelt. (...) [I]ch würde sagen 80% der NGOs werden von ihnen nicht ernst genommen. (...) Die meisten NGOs arbeiten ja nicht vor Ort, wie Grassroots, die wirklich dann in Schulen arbeiten und Projekte fördern. Aber die meisten NGOs sind Propaganda und Public Relations nach außen. Die müssten eigentlich gar nicht nach Palästina kommen, die könnten auch mit Internet verbunden in New York oder Buenos Aires sein" (ebd.).

Letztendlich sei es eine Grundsatzfrage, ob NGOs „eigentlich mehr sowas wie Entwicklungshilfe als Propaganda" leisten würden (ebd.).

## 8. Fazit

Die Auswertung der Interviews zeigt, dass die befragten NGOs unterschiedliche strategische Schwerpunkte in ihrer Arbeit setzen: Zum einen engagieren sie sich sozial, sind stark mit der lokalen Bevölkerung verbunden und leisten Entwicklungsarbeit. Darüber hinaus müssen NGOs aber auch Medienarbeit leisten, um Unterstützung in Form von Spenden oder Arbeitskraft zu generieren – oder wie im Fall von *PSCC* und *GJ* – um über internationale Öffentlichkeiten Druck auf die israelische Regierung auszuüben, um so Verbesserungen für die palästinensische Bevölkerung zu erreichen. Humanitäre Hilfe wird in Israel und den palästinensischen Gebieten schnell zu einem politischen Akt, denn viele alltägliche Probleme können häufig nicht getrennt vom Konflikt betrachtet werden. Ob eine NGO eher als Entwicklungshelfer auftritt oder vorwiegend auf Außendarstellung setzt, ist letztlich von der strategischen Entscheidung der NGO abhängig, wie die Studie gezeigt hat.

Auch wenn sich die befragten drei NGOs hinsichtlich ihrer Medienarbeit unterscheiden, streben sie alle danach, ihre Themen auf die internationalen Medienagenden zu setzen. *PSCC* verwendet hierfür ebenso wie *GJ* klassische PR-Instrumente wie Pressemitteilungen, die sie regelmäßig versenden, um den Kontakt mit den Journalisten aufrechtzuerhalten; sie halten bei besonderen Anlässen Pressekonferenzen ab oder bieten Presseführungen durch lokale Gemeinden an. Zudem achten sie bei ihren Pressematerialien auf eine Orientierung an der Medienlogik und versorgen die Journalisten mit Bildern und Videos. In der Interaktion mit den Auslands-korrespondenten setzen sie auf Glaubwürdigkeit. Durch ihre Verbundenheit mit der Bevölkerung dienen *PSCC* und *GJ* als Informationsquelle und als Kontaktvermittler. In diese Rolle schlüpfen beide NGOs aktiv. Sie generieren Informationen und Geschichten aus der Bevölkerung, treten damit an die internationalen Medien heran und versuchen so, Einfluss auf die Medienagenden auszuüben.

Dabei sind die Strategien und Instrumente einer palästinensischen NGO einerseits abhängig von deren finanziellen Ressourcen. Das strategische Kommunikationsziel – die internationale Medienagenda zu beeinflussen – ist zwar der Wunsch aller NGOs, jedoch können dies nicht alle verwirklichen. So fehlen einerseits Mitarbeiter, andererseits Know-How und Professionalität. So äußert *ACMD* zwar großes Interesse daran, mit ihren Themen auch in internationale Medien zu gelangen und die eigene Pressearbeit auf internationale Zielgruppen auszuweiten, muss sich jedoch im Moment auf die regionalen Medienvertreter beschränken. Andererseits spielt auch die thematische Ausrichtung und Zieldefinition der NGO eine Rolle. Bei *PSCC* ebenso wie bei *GJ* stehen der Nahostkonflikt und damit die politische Medienarbeit für ihre Ziele deutlich stärker im Mittelpunkt als bei *ACMD*, bei der die humanitäre Arbeit Vorrang hat. Demgegenüber engagiert sich *PSCC* verstärkt politisch und ist auf die Ansprache internationaler Öffentlichkeiten fokussiert. So kann sie auch finanzielle Unterstützung aus dem Ausland generieren.

Das Selbstverständnis der Auslandskorrespondenten als objektive Vermittler und ihre Erfahrung in der Region sowie mit der gesellschaftlich und politisch angespannten Lage führen insgesamt zu einer überwiegend skeptischen Haltung der Auslandskorrespondenten gegenüber dem palästinensischen NGO-Material. Um dieses Rollenverständnis zu unterstreichen, deuteten die Befragten beispielsweise eine starke Skepsis gegenüber Zahlen und Fakten oder stark emotionalisierten, unkritischen PR-Materialien der Organisationen an. Nichtsdestotrotz dienen NGOs den Auslands-korrespondenten als „Ideengeber" und als Orientierung, um lückenhafte Informationen der öffentlichen Stellen zu schließen oder Kontakte zu Menschen herzustellen, die als illustrierende Fälle in die Berichterstattung eingehen. Denn die Journalisten bestätigen: Die Zusammenarbeit mit NGOs ist einfacher und professioneller als mit den staatlichen Einrichtungen in den palästinensischen Gebieten.

Die Glaubwürdigkeit einer NGO ist das entscheidende Kriterium der Auslandskorrespondenten, wenn sie diese als Informationsquelle nutzen möchten. Vertrauen wird laut den Befragten dabei höchstens Organisationen entgegengebracht, die wiederholt zuverlässig, professionell und sachlich gearbeitet haben. Dies führt dazu, dass von den Korrespondenten immer wieder die gleichen, bekannten und ressourcenstarken palästinensischen NGOs genannt werden. Es können sich also große einflussreiche NGOs etablieren, die aufgrund ihrer professionellen Arbeitsweise als glaubwürdiger eingeschätzt werden. Kleinere NGOs oder Grassroots-Organisationen werden dagegen nur vereinzelt oder gar nicht als Quellen erwähnt.

Als Kritikpunkt nennen die Auslandskorrespondenten teilweise, dass NGOs versuchen würden, die Journalisten zu manipulieren. Anderen Korrespondenten ist dieser Sachverhalt, der im Nahen Osten über allem schwebt, jedoch nur zu bewusst. Es liege eben in der Natur der Sache, dass NGOs ihre Sicht der Dinge präsentieren. Die befragten Journalisten kritisieren einhellig die teilweise zu Tage tretende Vermischung von Regierungs- und NGO-Strukturen. Zudem sehen es die Auslandskorrespondenten als problematisch an, wenn NGOs mithilfe von Fördermitteln stärker in die PR-Arbeit investieren, oder auch in diplomatische Prozesse stärker als in der Vergangenheit eingreifen, anstatt Projekte und Workshops vor Ort auf die Beine zu stellen. Es wird die Forderung auf Seiten der Journalisten laut, dass NGOs Entwicklungshilfe und nicht Propaganda leisten sollten.

Diese Angaben stehen allerdings der Forderung der Journalisten nach einer professionellen Medienarbeit der NGOs gegenüber, denn diese kann nur mit finanziellen Ressourcen erreicht werden. Zudem widerspricht es auch dem postulierten eigenen Rechercheverhalten, wenn zwar rhetorisch auf Grassroots-Bewegungen gesetzt, aber in der Realität nur auf große NGOs zurückgegriffen wird. Dieser Kreislauf scheint den Verhältnissen vor Ort geschuldet zu sein: Auslandskorrespondenten greifen auf Informationen bekannter Organisationen zurück, um sich abzusichern. Somit haben es diese Organisationen im Vergleich zu kleinen Grassroots-Organisationen um einiges leichter, ihre Themen und Sichtweisen auf die Medienagenden zu setzen. Denn NGOs wie *ACMD*, die sich hauptsächlich auf alltägliche Probleme der palästinensischen Bevölkerung spezialisiert haben, bieten wenig interessantes Material für die Journalisten. So beklagen die NGOs, dass vor allem Krisen und Konflikte einen starken Nachrichtenwert für die Auslandskorrespondenten hätten und Alltagsthemen dagegen kaum in die Medien gelangten. Außerdem haben sie kein Verständnis dafür, dass sich die meisten Auslandskorrespondenten darum bemühen, objektiv zu berichten. Zudem würde aufgrund der politischen Verbindung der heimischen Regierung zu Israel, wie dies bei den USA oder auch bei Deutschland vermutet wird, eine eher israelfreundliche bzw. eine betont ausgewogene

Berichterstattung verfolgt. Diese diplomatische Arbeitsweise der Auslandskorrespondenten erschwert das Agenda Building der NGOs. Aus Sicht der NGOs bilde eine solche Berichterstattung nicht die Realität im Nahen Osten ab.

Insgesamt ist die Interaktion zwischen Auslandskorrespondenten und NGOs nicht symmetrisch, was auch das Ergebnis von Bieths Studie widerspiegelt. Den Korrespondenten kommt die dominierende Rolle zu, denn sie sind nicht ausschließlich auf die Informationen der NGOs angewiesen. So wird die eigene, umfassende Recherche-arbeit als unerlässlich beschrieben. Das Überangebot an palästinensischen NGOs erlaubt es den Journalisten, nur diejenigen auszuwählen, denen am meisten Vertrauen geschenkt werden kann; Organisationen, die unprofessionell auftreten, werden ganz gemieden. Übernehmen die Journalisten Presseinformationen von NGOs, ist es für sie wichtig, die Quelle deutlich herauszustellen. In Zeiten einer schwachen Informationslage haben die NGOs allerdings bessere Chancen, von den Auslandskorrespondenten als Informationsgeber herangezogen zu werden. Damit scheint es für palästinensische NGOs sehr schwierig, ihre Sicht der Dinge über Auslandskorrespondenten in die deutschen Medien zu transportieren. So zeigte die Befragung, dass soziale Medien eine immer wichtigere Funktion für die NGOs einnehmen. Durch soziale Medien können die NGOs direkt mit der jeweiligen Bevölkerung eines Landes Kontakt aufnehmen, beziehungsweise die eigenen Themen ohne vorherige Filterung durch den Gatekeeper Journalist veröffentlichen. Soziale Medien böten außerdem den Vorteil, dass eine größere Anzahl an ehrenamtlichen Helfern sich aktiv in die Pressearbeit einbringen könne, wodurch die Realität noch authentischer abgebildet werde.
Auch wenn soziale Medien an Bedeutung für die NGOs gewinnen, ist davon auszugehen, dass die Vertreter traditioneller ausländischer Medien – vor allem der Qualitätsmedien – auch weiterhin eine wichtige Zielgruppe für die NGOs darstellen, denn wie im Theorieteil erarbeitet, wird seriösen Qualitätszeitungen von den Rezipienten ein hohes Maß an Glaubwürdigkeit entgegengebracht. Sie tragen maßgeblich dazu bei, wie die ausländischen Bevölkerungen den Nahostkonflikt und die Alltagswelt der Bevölkerung vor Ort wahrnehmen. Um – wie häufig in den Interviews mit den NGO-Vertretern erwähnt – die Wahrheit ans Licht bringen zu können, müssen entsprechend die eigenen Botschaften vor allem über die Medien an die Auslandspublika vermittelt werden.

# Bibliografie

Al-Istiqlal Center for Media & Development (ACMD) (2013a). *Project Name : Friendship & Cultural Tent.* http://www.al-Istiqlal.ps/portal/index.php?option=com_content& view=article&id=171:project-name--friendship-a-cultural-tent&catid=56:2010- projects&Itemid=274.

Al-Istiqlal Center for Media & Development (ACMD) (2013b). *New Projects. Alistiqlal Center for Media & Development "ACMD" Strategic Plan for the Years of 2010 – 2012.* http://www.al- Istiqlal.ps/portal/index.php?option=com_content&view=category&layout=blog&id=42& Itemid=227.

Al-Istiqlal Center for Media & Development (ACMD) (2013c). *Women, Media & Cultural Meeting.* http://www.al- Istiqlal.ps/portal/index.php?option=com_content&view=article&id=144&Itemid=263.

Almaraz, I. A., González, M. B. & García, T. C. R. (2009). Publicidad social en las ONG de Córdoba (Argentina). Perfiles de la construcción del mensaje. *Revista Latina de Communicación Social, 64*, 1011-1029.

Bieth, T. (2012). *NGOs und Medien. Eine empirische Studie zum Verhältnis von Public Relations und Journalismus.* Wiesbaden: VS.

Brettschneider, F. (1998). Agenda-Building, Agenda Setting. In O. Jarren, U. Sarcinelli & U. Saxer (Hrsg.), *Politische Kommunikation in der demokratischen Gesellschaft* (S. 635-636). Wiesbaden: VS.

Cappella, J. N. & Jamieson, K. H. (1997). *Spiral of cynicism: The press and the public good.* New York/Oxford: Oxford University Press.

Cobb, R. W., Ross, J. K. & Ross, M. H. (1976). Agenda building as a comparative political process. *American Political Science Review, 70*(1), 126-138.

Denham, B. E. (2004). Sports Illustrated, the mainstream press and the enactment of drug policy in Major League baseball: A study in agenda-building theory. *Journalism, 5*(1), 51-68.

Denham, B. E. (2010). Toward conceptual consistency in studies of agenda-building-processes: A scholarly review. *The Review of Communication, 10*(4), 306-323.

Dreßler, A. (2008*). Nachrichtenwelten. Hinter den Kulissen der Auslandsberichterstattung. Eine Ethnographie.* Bielefeld: Transcript Verlag.

Enderlin, C. (2003). Enemies of Israel: The Foreign Press and the Second Intifada. *Palestine-Israel Journal, 10*(2), 17-22.

Erbring, L., Goldenberg, E. N. & Miller, A. H. (1980). Front-page news and real-world cues: A new look at agenda-setting by the media. *American Journal of Political Science, 24*(1), 16-49.

Fan, D. P. & Weimann, G. (2003). Quotes and agendas: Israelis vs. Palestinians on media, public and policy agendas. *Paper presented at the annual meeting of the International Communication Association, San Diego, CA.*

Galtung, J. & Ruge, M. H. (1965). The structure of foreign news: The presentation of the Congo, Cuba and Cyprus crisis in four foreign newspapers. *Journal of Peace Research, 2*(1), 64- 91.

Gilboa, E. (2008). Searching for a Theory of Public Diplomacy. *Annals of the American Academy of Political and Social Science, 616*, 55-77.

Grassroots Jerusalem (GJ) (2013). *Grassroots Al Quds Network.* http://www.grassrootsalquds.net/grassroots-al-quds-network.

Götz, U. (2008): Korrespondenten im Kreuzfeuer – Das Berichtgebiet Israel und die palästinensischen Gebiete. In O. Hahn, J. Lönnendonker, R. Schröder (Hrsg.), *Deutsche Auslandskorrespondenten. Ein Handbuch* (S. 412-428). Konstanz: UVK.

Hafez, K. (2002a). *Die politische Dimension der Auslandsberichterstattung. Band 1: Theoretische Grundlagen.* Baden-Baden: Nomos.

Hafez, K. (2002b). *Die politische Dimension der Auslandsberichterstattung. Band 2: Das Nahost- und Islambild in der deutschen überregionalen Presse.* Baden-Baden: Nomos.

Hahn, O., Lönnendonker, J., Scherschun, N. (2008). Forschungsstand – Deutsche Auslandskorrespondenten und -korrespondenz. In O. Hahn, J. Lönnendonker, R. Schröder (Hrsg.), *Deutsche Auslandskorrespondenten. Ein Handbuch* (S. 19-43). Konstanz: UVK.

Iyengar, S. (1991). *Is anyone responsible? How television frames political issues.* Chicago: University of Chicago Press.

Janssen, C. I. (2008). Public diplomacy and NGOs: Promising constellations? The case 'Zoe's Arch'. *Paper presented at the annual meeting NCA 94th Annual Convention, TBA, San Diego, CA.*

Jarvik, L. (2007). NGOs: A new 'class' in international relations. *Orbis, 51*(2), 217-238.

Junghanns, K. & Hanitzsch, T. (2006). Deutsche Auslandskorrespondenten im Profil. *Medien & Kommunkationswissenschaft, 54*(3), 412-429.

Kiousis, S., Kim, S.-Y., McDevitt, M. & Ostrowski, A. (2010). Competing for attention: Information subsidy influence in agenda building during election campaigns. *Journalism and Mass Communication Quarterly, 86*(3), 545-562.

Lang, G. E. & Lang, K. (1983). *The battle for public opinion: The president, the press, and the polls during Watergate.* New York: Columbia University Press.

Lange, S. (2002). *Auf verlorenem Posten? Deutschsprachige Auslandskorrespondenten in Lateinamerika. Eine qualitative Kommunikatorstudie zu Arbeitsrealität und Rollenselbstverständnis.* Berlin: Freie Universität.

Lim, H.-J. & Molleda, J.-C. (2011). Who is more credible? Comparing the influence of state and nonstate actors in on public diplomacy and communication with experimental research. *Paper presented at the annual meeting of the International Communication Association, TBA Boston.*

Matthes, J. (2007). *Framing-Effekte: Zum Einfluss der Politikberichterstattung auf die Einstellungen der Rezipienten.* München: Fischer.

Matthews, J. (1997). Power shift. *Foreign Affairs, 76*(1), 50-66.

Mayring, P. (2010). *Qualitative Inhaltsanalyse. Grundlagen und Techniken.* Weinheim/Basel: Beltz Verlag.

McCombs, M. E. (2004). *Setting the agenda. The mass media and public opinion.* Cambridge: Polity Press.

McCombs, M. E. & Shaw, D. L. (1993). The evolution of agenda-setting research: Twenty-five years in the marketplace of ideas. *Journal of Communication, 43*(2), 56-67.

Meier, K. (2007). *Journalistik.* Konstanz: UVK.

Melissen, J. (2005). The new public diplomacy: Between theory and practice. In J. Melissen (Hrsg.), *The new public diplomacy: Soft power in international relations* (S. 3-23). New York: Palgrave Macmillan.

Mills, J. & Jellison, J. M. (1967). Effect on opinion change of how desirable thecommunication is to the audience the communicator addressed. *Journal of Personality and Social Psychology, 6*(1), 98-101.

Popular Struggle Coordination Committee (PSCC) (2013a): *About the Popular Struggle Coordination Committee.* https://popularstruggle.org/content/about.

Popular Struggle Coordination Committee (PSCC) (2013b): *Press Clippings.* https://popularstruggle.org/press.

Pieck, S. K. (2013). Transnational activist networks: Mobilization between emotion and bureaucracy. *Social Movement Studies, 12*(2), 121-137.

Renneberg, V. (2011). *Auslandskorrespondenz im globalen Zeitalter. Herausforderungen der modernen TV-Auslandsberichterstattung.* Wiesbaden: VS.

Rhine, R. J. & Severance, L. J. (1970). Ego-involvement, discrepancy, source credibility, and attitude change. *Journal of Personality and Social Psychology, 16*(2), 175-190.

Scheufele, B. (1999). Framing as a theory of media effects. *Journal of Communication, 49*(1), 103-

122.

Scheufele, B. (2003). *Frames – Framing – Framing-Effekte: Theoretische und methodische Grundlegung des Framing-Ansatzes sowie empirische Befunde zur Nachrichtenproduktion.* Wiesbaden: Westdeutscher Verlag.

Scholl, A. (2009). *Die Befragung.* Konstanz: UVK.

Sheafer, T. & Shenhav, S.R. (2014). Relative Political and Value Proximity in Mediated Public Diplomacy: The Effect of State-Level Homophily on International Frame Building. *Political Communication, 31(1), 149-167.*

Shoemaker, P. J. & Reese, S. D. (1996). *Mediating the message: Theories of influences on mass media content.* New York: Longman.

Steinberg, G. M. (2011). NGOs, the UN and the Politics of Human Rights in the Arab –Israeli Conflict. *Israel Journal of Foreign Affairs, 5(1),* 73-88.

Tak, J. (1999). *Public Relations einer internationalen Organisation im Urteil von Auslandskorrespondenten. Eine Fallstudie am Beispiel der Europäischen Union.* Frankfurt am Main: Peter Lang Verlag.

Weydt, E. (2007). *Frieden als Geschäft.* http://www.zeit.de/online/2007/29/palaestina-friedensindustrie.

Zhang, J. & Swartz, B. C. (2009). Toward a model of NGO media diplomacy in the internet age: Case study of Washington profile. *Journal of Advertising Research, 35(1),* 47-55.

# Living with Control, Working with Control: Reflections of Israeli Journalists

## Miglė Bareikytė, Ingo Dachwitz, Lu Yang

## 1. Introduction

Discussions about the crisis of democracy or the public's inability to trust representative politics thrive in various circles – be it different media channels, academic groups, or discussions in think tanks. Media, often described as the "fourth estate", or, with the help of Web 2.0, the "fifth estate", is understood as one of the constitutive parts of modern representative liberal democracies – a public guardian in the democratic system of checks and balances. Nevertheless, media systems are influenced by a diverse range of interests which means that a crucial part of a democracy is subject to certain forms of control. The general goal of this paper is to investigate possibilities of exerting control over contemporary democracies through the control of the media system.

Based on the assumption that a modern representative democratic system is one where diverse forms of control exist, this paper focuses on one form of control that is inherent to the very structure of representative democracy. This form of control is visible in the idea of sovereignty and the ability to call a state of exception. Modern representative democracies are conceptualized as systems where citizens can vote and thereby become a part of the political decision making process. In practice, through the ability to enact the state of exception, citizens can be controlled and may be excluded from active participation in the politics of their countries. The philosophical concept of the state of exception is used in this paper to explain the potential for violence in a democracy where the law might be used to suspend freedoms, such as freedom of speech. This is demonstrated in external control mechanisms that are limiting the work of media organizations.

Not only external control mechanisms, but also internal subjective self-control is of importance when analyzing how media systems function. That means understanding the media system as an entity, consisting of journalists, who are individual subjects – i.e. people with specific experiences, interests and (partly unconscious) ideological standpoints. Therefore, it is important to notice that the media sphere is not an ideal structure – it is a system, which has material effects and consists of real people and organizations that influence its output. Therefore, this paper is based not only on theoretical assumptions, but also on interviews conducted with journalists that explore the empirical reality of our theoretical framework. Our country of choice is Israel. The ongoing conflict with Palestine; the unremitting state of emergency; military censorship; and gag orders (which restrict the ability of media organizations to publish all the information they would want to), make Israel and its media a relevant research choice. Since Israeli media is still under surveillance by Israeli military, it is important to analyze how the logic of the state of exception can be used for the legitimation of media control.

Therefore, the ability to introduce the state of exception into the structure of representative democracy is illustrated in the example of the Israeli media system. The theoretical framework, first, examines the external control mechanisms in order to realize the theory in the existing context of the Israeli media system. Second, it shows internal control mechanisms. Both are demonstrated in the problem-oriented semi-structured interviews with Israeli journalists in order to answer the following research question: How is press freedom conceptualized by Israeli journalists in the context of the unremitting state of emergency in the State of Israel?

# 2. Theoretical framework

## 2.1. The state of exception and the problem of sovereignty

Israel was established in 1948 as an independent Jewish state. After the declaration of independence, the state of emergency came into force and has not been lifted since that time. Israel has thus remained in a state of emergency since 1948 – for 64 years. Since 1992, the Knesset is required to renew the state of emergency every year, which it has continued to do (Paraszczuk 2012). According to the Israeli newspaper *Haaretz*, "over the past year [2010], 45 ordinances have been revoked, leaving 11 laws and 58 ordinances to go. Most of these are (...) being revoked or turned into ordinary laws, so that the state of emergency can be ended (...)" (Lis 2011).

German legal theorist and political philosopher Carl Schmitt developed the concept of the state of exception in the 1920s and 1930s in his book, "Political Theology" (1922). Carl Schmitt was a problematic thinker not only because he supported the Nazis and dictatorship as a form of government, but also because he linked the state of exception to the concept of sovereignty and thus with liberal democracy. According to Schmitt, the latter is based on the transcendental idea of the sovereign – a higher authority, who has the power to rule the people. Schmitt writes that, "sovereign is he who decides on the exception [...]. Exception is to be understood to refer to a general concept in the theory of the state and not merely to a construct applied to any emergency decree or state of siege" (Schmitt 2006, p. 5-6). Which sovereign does Carl Schmitt mean? Although in contemporary discourses sovereignty is understood as a shared power between the state and non-state actors at all levels of governance (Bartelson et al. 2006, p. 466), for Schmitt it is a supreme transcendental power or authority. It is crucial to stress that here we are not praising the theoretical goals of Schmitt. We are using the analysis of the concept of sovereignty and state of exception in order to show the immanent problematic of (liberal, western) political systems today. These are conceived as liberal democracies, yet legal control and the oppression of members of society are still inherent to their structure. Schmitt praised sovereignty and the
belief in transcendental power of authority (dictatorship as an example). We think that believing in sovereign power, which is removed from the material world, can be utterly dangerous.

It is important to analyze and criticize the system we are a part of not only for the benefit of pure negative critique (which is rare these days anyway), but also to formulate ideas around alternative structures for the future. The following question illustrates our approach: is it possible to think of democracy as a system that is not based on the idea of a transcendent ruler (in the form of the God concept, a model of governance through a parliament, president, etc.), and in such a way, distant violence and exclusion?

Many people today think of representative democracy and the rule of law as the best form of government, where people have the right to participate and to play a role in the shaping of the politics of the state. Schmitt criticizes the rule of law by outlining the paradox of the sovereign. For Schmitt, an extreme form of sovereignty is dictatorship: when the rule of law is suspended by the actions of such a sovereign, it, paradoxically, still remains a legitimate act, because a sovereign has the power to do so. Therefore, any form of rule based on the idea of sovereignty which can suspend its own system of checks and balances at any time, is simply a strategy for those in power to legitimize their actions. This may be in a dictatorship, which is a direct manifestation of one or few ruling over all others; or in a democracy, where power is visible in the form of a few members of parliament who can still suspend the juridical system and introduce the state of exception (Schmitt 2006, p. 26). The media in such democracies is often understood as the watchdog, protecting citizens and openly criticizing the wrongdoings of government. Nevertheless, media control exists and we think it is important to analyze this control from different levels – system and individual.

Now, we can let our imagination travel further: if the political power structures of modern democracies can potentially suspend the juridical system in the name of a state of exception or a national emergency (and in the case of Israel they do), one might reconsider the fundamentals of liberal democracy and its potential similarities with a dictatorship. In other words, the concept of democracy *should* be re-thought. Is our democracy really a system where the sovereignty of the people mean something? Or do have a few who makes the decisions in a democracy: whether it is the court, the government or the members of parliament? It is often stated that Israel is a country in continuous crisis, but still a parliamentary democracy with free elections, an independent court system and the freedom of expression. We want to question the idea of an uncontrolled expression of opinion in a democracy that is based on the concept of sovereignty. Israel serves as an intensified example of a country that can maintain the rule of law while potentially using legal constraints on the freedom of speech in the name of state security. Therefore, Israel embodies the ambiguity of the concept of democracy based on the logic of the sovereign, where the government as an external actor is able to create instruments to control its citizens in the name of, for example, national security. We limit our analysis to Israeli media and the examples of external control mechanisms (for example, gag orders and military censorship) the state of Israel has adopted to control its media (as well as mechanisms of internal control, see chapter 2.2). We have chosen to analyze freedom of expression through the analysis of the media system, a sensitive topic for modern democracies. We have elected to do so not only to analyze and question the concept of democracy as a system of control with Israel as example, but also to question the activity of the journalists as subjects, whose practice is being limited not only by the constant external control of their activities, but also by the journalists themselves restraining their own subjectivity.

By critically engaging with the concept of democracy based on the logic of sovereignty, we hope this paper will turn away from the discussions about the ideal attributes of democracy, and rather engage in the concrete analysis of the exercise of power in such democracies through the analysis of external control (of media system) and internal control (by journalists).

We have stumbled upon the concept of the state of exception because it enables an interesting way of thinking about the representative democracy and the position of the rule of law in such a democracy. First of all, it is not a juridical issue to decide whether a specific situation is an emergency, a crisis or an exception – decisions are always made by some person/group of persons, and therefore, are subjective. While the idea of the sovereign might have a transcendental quality (sovereign as "the people", in the case of a representative democracy), it is always some person or a group of persons who has the power to enforce the exception (Schmitt 2006, 6-7). This leads to a second problem of the concept: by enforcing the state of the exception, the sovereign exists simultaneously inside and outside the system of law. A specific body or sovereign (for example, an elected leader), who is in the position to call a specific situation a "state of exception" or a "state of emergency" is able to step out of the system of law and make decisions which are not agreeable with the ones under the previous state of law (Agamben 1998, p. 25). Here we see a paradox, where the sovereign is able to legally step out of the system of law or legally become illegal (but still legal, since he or she is making the decisions).

The exception explains the rule and the exception at one time; therefore, it shows the subjective character of the system of law. A state of exception demonstrates the material reality of the illusion of the democratic, equal, and open-for-all, form of ruling: control in the form of representative politics still exists. Although this control might be curbed by the rule of law, where a sovereign may not do whatever she or he wishes, the ability to implement the state of exception shows the inherent disciplinary mechanisms of the system based on the model of sovereignty. We are aware that the concept of the state of exception has its limitations, but it also importantly suggests a system of representative democracy which allows for a system based on various control mechanisms.

Walter Benjamin in his essay "Critique of Violence" analyzes the inevitable relationship between the system of law and violence. According to him, law and violence are interconnected in the sense that the system of law wants to have a monopoly over power, thereby taking the responsibility for the execution of violence by itself (an individual execution of just ends through violence within the legal framework is not allowed). According to him, law and violence are interconnected in the sense that the system of law wants to have a monopoly over power, thereby taking the responsibility for the execution of violence by itself (an individual execution of just ends, whatever it means for him or her, through violence in the legal framework is not allowed). Therefore, a critique of violence in the legal framework should be done through the critique of the logic of such a framework and not through the occasional visible use of power (Benjamin 1986, p. 281, 283). According to David Pan, Benjamin is criticizing the origins of law, which are based on violence and where the law is not an ideal of rightfulness and truthfulness, but only the extension of violence. An illusion of justice is created to legitimize the system of law, but it hides the existing oppressive power relations which make up the political system, based on the idea of transcendental sovereignty (Pan 2009, p. 43-44). When a legal system of a specific country is based on a fundamental belief in the rule of law (which incorporates violent power into the system of law), those in power are able to control and define what is right and wrong, and this control will always be legal. In other words, the Hobbesian concept of sovereignty implies that the legal power of the state is implemented through its capacity to define right and wrong, with the potential to use violence. In this context, justice is not a moral high ground, but a strategy for government or those in power to control society. This strategy helps to structure the world one lives in, and decides what statements, behaviors and values are allowed and accepted into the system, and which ones are excluded. The ability to enact the state of exception in modern democracies is a manifestation of the structural urgency to maintain a hierarchy in government which is based on violence.

To sum up, the violent origins of law; the possibility to suspend it in the form of the state of exception; and the use of violence to control the lives of human beings legally, is the theoretical basis for the analysis of the structure of the Israeli media system. This system functions within country where the state of emergency is continuously maintained. This theoretical basis allows us to state that control mechanisms of the population exist in modern democracies (Israel as an example).

These are described as external controls and they are legitimized by the rule of law, which is based on violence. The theory shows the subjective and contingent character of the use of law and touches on the violent character of a democracy which is based on the concept of sovereignty and the rule of law as a strategy of those in power.

We have conceptualized democracy as a system where external control is permanently applied. This control is visible in the ability to stop the law in exceptional situations, and create and sustain exceptional situations in order to maintain the legitimacy of those in power. Therefore, it is possible to state that a democratic system is one where the people are controlled by those in power. Having accepted this argument, in our case, it is important to analyze the media system in Israel and look at what structural mechanisms are used to control the media system. The media system is one part of a representative democracy. It acts as a watchdog which enables critique and discussions about the representative democracy. But how is the media system controlled by the Israeli government and what material conditions are created by the state power in order to control it, in the name of constant crisis? How is the law used to control the actions of Israeli society, using the concrete example of Israeli media?

## 2.2 Internal censorship

Having discussed the theoretical framework of external control mechanisms in modern representative democracies, it is pertinent to observe internal control mechanism as well. Following the steps of French theorist Michel Foucault, it is important not only to analyze the use of external control mechanisms by various institutional actors (e.g., government) to control the population, but also to analyze the use of self-control. Therefore one has to focus on the internal control mechanisms, enforced by the members of society themselves. For Foucault, it is important to ask not "what is a subject?", but "how are people made into subjects?". In his theory, subjects are not monolithic unities, with an essential, stable core. Rather, subjects are affected by external influences and events. Because subjective minds are malleable by nature, it is important to analyze the mechanisms used to construct and alter the content of the subjective experience, as well as self-representation of the subject. In this paper, we are presenting the Israeli media system and its intrinsic control mechanisms, as well as interviews with Israeli journalists about the media situation and press freedom in Israel.

For Foucault, it is possible to construct and change the subject in two ways: by becoming a subject as an entity controlled by external mechanisms of power, on the one hand (one of the mechanisms is the governance of the people and their beliefs by using a specific transcendental model, for example, the concept of democracy and the rule of law we have outlined in the previous chapter). On the other hand, subjects can be controlled and influenced by internal control mechanisms. In other words, a citizen can be molded from an individual person into a subject through external (governance and control of a subject through others) and internal (ability of a subject to shape his or her own subjectivity) mechanisms of power. These can include the control of discourses, knowledge, or the deliberate inclusion or exclusion of specific information in the formation of one's story (Foucault 1982, p. 781). It is important to stress then, that the internal mechanisms which form subjectivity, are constituted in the discourses and dispositive that construct the subject and simultaneously allow him to develop his subjectivity. In other words, the subject is always a product of his time, since he exists in a particular discursive field which works as a backdrop to develop his ideas, actions and subjectivity. It is possible to state that external and internal control mechanisms are intertwined as both work to produce a particular historical subject.

In other words, ethical conduct emerges from the subject, who is able to construct his or her ethical frame of reference and act upon it in a particular historical moment. Subjectivity, or image of the self, is understood as a social means to construct the individual in a relation to the other. Subjectivity involves the development of ethical frameworks and rules by an individual (or external mechanisms) in order to guide the individual's actions in society. Therefore, we choose to believe that the subject is not only constituted by external disciplinary powers, which determine and instruct his or her rules of conduct, but subjectivity is also constructed by the actions of the individual as an ethical subject. This movement of self-constitution is not free from discourses that exist in society, since self-constitution occurs in the moment of constantly relating to one's surroundings. Subjectivity is also created in discourses through the relationship between power and language (Colado-Ibarra et al. 2006, p. 45-48). In other words, the formation of the subject is affected by the control over the access to knowledge which results in access to a particular knowledge, or dynamic of power distribution.

To sum up, the concept of subjectivity formation is described here in a constructivist way, where identity is an effect of external and internal control mechanisms. It is never stable. We do not speak and think everything there is to think and speak about – only things we know and are able to express in a particular moment. This structuring of our ideas is an indication of unstable and floating power relations. In this paper we have conducted interviews with Israeli journalists in order to get first-hand answers from the subjects who are participating in the work of the Israeli media system. It is interesting and important to ask then, how do these subjects define and describe their work; and how do they recount the internal limitations imposed on their work, i.e. control of press freedom?

## 2.3. The control mechanisms of Israeli media

A media system always reflects a country's political system (Eames 2001, p. 2). Israel has been in a state of emergency since 1948, due to threats to the state's very existence; terrorist attacks; and tensed relations with its neighbors. Therefore, media practitioners in Israel work under different conditions than in many other liberal democracies: any highly controversial information could be regarded as a challenge to national security. Due to this complex situation, the Israeli government has intensified efforts to control the work of mass media. A military censorship ensures that Israeli media outlets do not release news that may endanger the state's security. Under such legal restrictions, the professional freedom of journalism is being inhibited by Israeli institutional instruments, alongside various forms of journalistic self-regulation that are deep-rooted in the Israeli media system.

In order to analyze the evolved relationship between the Israeli media and its control through security discourse, it is important to perceive it as a process. Therefore, we will discuss the historical development and the structuring of the control mechanisms of the mass media in Israel, under an enduring conflict situation. Because of the extensive liberalization of the TV market in Israel, television as medium has grown rapidly. The Second Authority for Television and Radio was established in 1990 to supervise the regional broadcasting stations, as well as privately owned television channels (Gentile 2010). In the past decade, the new media industry has flourished as nearly three quarters of the population in Israel have access to the Internet (Gentile 2010). Comparable to developments in other countries, the dramatic expansion of broadcast and internet media has posed enormous challenges to print media. Small newspapers have closed down and prominent traditional daily papers have had to react swiftly to the threat of new media. Three of Israel's leading newspapers, *Maariv*, *Haaretz* and *Yedioth Ahronoth*, have launched their own digital papers, to adapt quickly to the world of Web 2.0. Approximately 3.7 million Israelis aged 13 and up surf the internet and 86 percent of them read online newspapers (Caspi 2008).

Mass media play a crucial role in relaying political perspectives and developments in Israeli society. However, when talking about the Israeli media, it will invariably be associated with the Israeli military (Limor & Nossek 2006, p. 484). During the Falklands War in 1982, the British Ministry of Defense pointed out: "The essence of successful warfare is secrecy; the essence of successful journalism is publicity" (Sherman & Shavit 2006, p. 552). This quote demonstrates that there is an inherently tense relationship between media and national security. In many countries we find that the media sphere adapts to military and national security needs at different periods (particularly in times of crises), and does not enjoy absolute freedom. In this model of communication, the freedom of the media could be restricted when the security of a state is threatened, or cannot be guaranteed. In contrast, when a state is at peace freedom of expression should be allowed and the media should not be controlled for the most part (Doron 2006, p. 523).

In a state that sees itself as continuously facing a threat to its existence, the freedom of Israeli press is consequently still limited by the military censorship which supervises media in Israel with legal rights (Limor & Nossek 2006, p. 492). The history of Israel's military censorship can be traced back almost 70 years. The British Mandate issued the Palestine[1] Defence (Emergency) Regulations in 1945 (Peri 2004, p. 73) and censorship law was also enacted at this time (Schmidt 2001, p. 425). With the help of the law, the Military Censor had irrefutable power and discretion, in accordance to Regulation 87(1):

> "The censor may by order prohibit generally or specially the publishing of matters the publishing of which, in his opinion, would be, or be likely to be or become, prejudicial to the defence of Palestine or to the public safety or to public order." (Quoted from: Schmidt 2001, p. 425).

Based on the censor's authority, government and journalists signed an agreement in 1949 that defined the relationship between Israel's press and the military censor. The most crucial clause determined that any security and military-related information and commentary was illegal to print, unless the print media had permission from the military censor (Limor & Nossek 2011, p. 118). In most cases, the media did not resist this policy which strengthened the power of the omniscient troops. Furthermore, this faith in the army was further supported by a series of victories in the Sinai Campaign in 1956, and the Six Day War in 1967 (ibid., p. 492). Overall, from the

---

[1] Before the state of Israel was founded in 1948, the region was called *Mandatory Palestine* and was under British administration.

establishment of the state of Israel in 1948 until 1973, the media were willing to comply with the military regulations despite the military's restrictive attitude towards the media.

The Yom Kippur War of 1973, however, instigated the turning point in relations between the media and military. The war had very damaging effects on Israeli society, and correspondents became aware of the role that their silence and cooperation with the military played in the build-up to this crisis. After the Lebanon War of 1982, the press became increasingly critical towards the IDF (Israel Defense Forces). At the same time, the military needed to adapt to these social changes. To some extent, the IDF did allow for more openness in the press, yet it continued to ban the information flow in military zones and control reporting in war zones during the first Intifada (Limor & Nossek 2006, p. 493).

Three years after the end of the first Intifada (1996), an actual agreement of military censorship was signed (Limor & Nossek 2011, p. 119). Nowadays, the military censor is responsible for censoring the news. The censor's authority is derived directly from the law. Despite the fact that the majority of Israel's press landscape did not sign this censorship agreement, and is not represented in the Editors' Committee (an informal forum set up under the British Mandate that consists of owners and editors of the big daily national print media, as well as the prime minister and other cabinet members) (Limor & Nossek 2011, p. 127), they too have to obey the rules of the agreement. According to the agreement, all press and broadcast media material concerning military topics (previously specified by the censor as military and national security-related topics on the production of military weapons; nuclear arms; and military force, etc.) needs to be submitted to the military censor for prior inspection. This list of sensitive subjects is regularly updated and determined by both the Editors' Committee and the government of Israel. While the inspection of content before publishing is not strictly enforced, the authorities still reserve the right to punish the media, if the coverage might threaten the IDF and national security. The punishments range from warnings, criminal prosecution, to large fines (Limor & Nossek 2011, p. 120).

In addition to military censorship, the second method of controlling information is through gag orders. These are issued by the courts and used to restrict information from being published (Bogoch & Peleg 2012, p. 973). For instance, due to a gag order that has been imposed since 2010, the Israeli media has not been allowed to report on 'Prisoner X', an Australian-Israeli Mossad agent, Ben Zygier, who committed suicide in his prison cell after being imprisoned for unspecified security crimes (The New York Times, 2010). Nevertheless, in the globalized media context some of the key details of this cover up were revealed overseas afterwards, particularly on the internet. This very case exposed the underbelly of these security measures, which are criticized as counterproductive and outdated. Because of the leaked scandal, the Israeli government received widespread criticism and pressure, so much so that part of this gag order was lifted in early 2013 (ibid.). That is to say, the Israeli media can partially quote international press coverage about 'Prisoner X', but not the original complete version.

The third control mechanism to note is more voluntary: self-regulation. During the Six Day War in 1967, the Second Lebanon War in 2006, the war with Hamas in Gaza in 2008/9 and several other wars, both the government and society felt it was the function of the state to offer its citizens a sense of security. An interesting phenomenon could generally be observed: both the people and the media closely supported the leadership of the country and its military, as long as Israel was at war. The constant insecurity surrounding Israel affected the political and media landscape in as such that democratic notions of transparency, civil rights, and an open and fair media were simply not deemed as important until Israel found itself in a more peaceful and stable situation (Peri 2012, p. 24). According to Peri (ibid.), the general Israeli public value safety above all– even though the government infringement on media freedom might be harmful to their civil rights and interests.

Why do journalists also voluntarily self-regulate? From the perspective of mass communication, when a state faces a security dilemma or national crisis, both the public and media are willing to support a patriotic movement (Doron 2006, p. 524). In a state of emergency, the diversification, liberalism and tolerance of social attributes are crippled, while the expectations of citizens are amplified (Peri 2012, p. 22). As a result, the media takes a kind of "social responsibility". That is, the journalists will criticize less, instead being in favor of collectivism and the leadership of the state. From Foucault's perspective, where subjects are constituted through continuous self-regulation, it seems that in times of crisis self-regulation takes more rigid, conservative forms. Therefore, if an external threat takes place, journalists adapt themselves by imposing self-censorship. In doing so they would provide only information that does not intervene with military secrets or state security, in accordance with their social responsibility towards state and citizens.

In the face of continuous crises, the Knesset and the Israeli parliament have persistently re-extended the state of emergency year after year (Sagiv 2007). Agamben points out that any specific body that is in the position to call a specific situation a 'state of exception', is able to step out of the system of law and still, paradoxically, function legally (1998, p. 25). The 'state of emergency' or the 'state of exception' legitimize the state itself to interfere with the particular society and the private sphere. Agamben's view is demonstrated by the media system in Israel. Through the enactment of the state of exception, there is formal legal censorship in Israel which threatens press freedom to some extent. For the leadership of a country in the state of exception, there is consensus that a military censorship is necessary to protect the country against external threats. Besides the censorship, the military may also interfere by isolating the press from official news feeds in order to get newspapers to conform to state logic (Doron 2006, p. 524). Some media professionals like Erwin Frankel, ex-editor of *The Jerusalem Post*, still demand independence and professional considerations, even though they are under the pressure from both of the military and the media consumers. Journalists and media outlets, that do not conform to this so-called "social responsibility" towards the nation, may have legally imposed restrictions enforced on them (Peri 2012, p. 18).

## 2.4 Research questions

To sum up, our approach is to theorize the modern day liberal democracy as a political system that is based on the idea of sovereignty, the rule of law, and the possibility to legally step outside this system and misuse power. To empirically analyze this we decided to focus on media control, and more specifically on the Israeli press. Therefore, this research is based on an understanding of press freedom as a deficit-oriented activity: in an ideal democracy the media is an independent player, which is free from all restrictions. If we assume that total press freedom is not possible, what control mechanisms are then used to limit the activities of the media, and in our case the Israeli press?

In this chapter, we have constructed a theoretical framework consisting of three major components that provide the structure for the analysis. This framework leads us to ask three research questions:

1) We have theorized that a democratic system that allows for the state of exception to be enacted, is one where state and social control could lie in the

hands of a few – all within the legal framework of the state. In this study we want to determine how Israeli journalists conceptualize press freedom and, therefore how they view the influence of the state of exception on the Israeli media (press) system and its role in a democracy. This leads to a more general research question that provides a basis for the rest of the analysis:

*To what extent do Israeli journalists consider the ongoing tensed security situation in Israel to influence press freedom and its role in promoting democracy in Israel?*

2) There are several external factors of control that influence Israeli media. We have given an overview of the development of the media system and showed how elements thereof are structured to officially limit the freedom of the press by law and government actions. These most commonly occur in the form of military censorship and gag orders. Therefore, it is important to analyze how Israeli journalists describe these external control mechanisms, which leads to the following research question:

*How do Israeli journalists describe external factors restricting press freedom, and how do these factors influence their work performance?*

3) We have also indicated how external factors can construct the subjectivity of human beings, and therefore affect the activities of journalists. This can be seen as part of a system of internal control mechanisms and leads to our final research question:

*What internal control factors can be identified, and how do they reflect the Israeli security discourse?*

## 3. Methodological approach

In order to confront our theoretical framework with empirical data, we have decided to conduct explorative research that will allow us first insights in how living and working with certain forms of control can restrict the actions of journalists in a democracy. The complexity of the topic has made it difficult to divide the research objective into measurable categories that are simply to navigate. It was likely that every journalist would have her or his own way of dealing with external mechanisms of control, and therefore would represent a wide range of outcomes on the role of media in democracy. Furthermore the internal mechanisms of control we wanted to identify, as shown in chapter 2.2, are shaped by lifelong experience and therefore would manifest themselves in various, personalized habits. To handle this complexity without ignoring important factors, the openness of a qualitative method was needed. Qualitative methods follow the premise of "understanding the world from the perspective of those who perceive it. Their concern is the subjectively perceived reality" (Fieseler 2008, p. 64). It enabled us to include the personal scope of the journalists (Mayring 1996, p. 17).

The method of choice for our study was an enquiry, since only the journalists themselves could provide information about their processes of dealing with external mechanisms of control and the manifestation of internal ones. As the paper is focused on the personal reflections on individual inner processes and decisions, rather than on the behavior of journalists as a group, we chose to conduct individual interviews and not group interviews (Häder 2010, p. 269-270). Since problem-centered interviews allow one to include information of a (simultaneously) developed theory in the data collection, we decided to work with semi-standardized problem-centered interviews (Mayring 2002, p. 70). An interview guide based on our theoretical approach was created, which was then used during the interviews.

In order to avoid the participants feeling any form of judgment, the questions were formulated with great care. This seemed necessary after we noticed that some of the Israeli journalists reacted with suspicion to alleged critique from foreigners (as we were). The feeling was that Europeans would not be able to understand the circumstances of their work nor their whole life context.

The interviews included questions on the notion of objectivity and the role it plays in journalism. This was done so that the interviewees would engage in a process of self-reflection. The interviews also included questions on the security situation in Israel, and its impact on journalism. Furthermore, we also asked questions on journalists' ability to be critical in Israel, as well as the general role of journalism in a democracy. Moreover, an extensive part of the interview guideline was devoted to the interviewees' understanding of external and internal control mechanisms. This was included in questions on different factors that control and influence the work of journalists, ranging from government control in its different forms; the newspaper organization itself; to Israeli society and the journalists as individuals. In most of the interviews, we used common Israeli examples of external media control, such as the 'Prisoner X' or the 'Anat Kamm – Uri Blau' affairs.[2]

Due to the extensive influence the print media still have in Israel, the group of participants consisted of newspaper journalists. To make sure we included a wide range of characters with different experiences, a qualitative sample of participants had to show certain heterogeneity (Kelle & Kluge 1999, p. 45; Lamnek 2005, p. 193). Therefore we developed three criteria grounded in our theoretical framework, and tried to achieve diversity through this criteria: political orientation of the media outlet that the journalists worked for; duration of their careers; and whether or not they had to deal with military issues in their work.

| | P1 | P2 | P3 | P4 | P5 | P6 | P7 |
|---|---|---|---|---|---|---|---|
| Political Orientation of media outlet | Moderate | Liberal | Conservative | Conservative | Liberal | Liberal | Moderate |
| Duration of career | 5–10 years | 25 years or more | 25 years or more | 20–25 years | 20–25 years | 10–15 years | 5–10 years |
| Dealing with military issues | Yes | Yes | Yes | Yes | Yes | No | No |

Figure 1, Source: Own figure

Recruiting Israeli journalists willing to take part in the study turned out to be one of the major difficulties of the research process. Most participants consented to take part in the study only on the promise of complete anonymity. Through snowballing, we managed to interview seven journalists. As shown in Figure 1 we managed to meet our criteria of theoretical sampling, but there were still other factors where the sampling

---

[2] 'PrisonerX' refers to the suicide of an Australian-Israeli Mossad agent in an Israeli prison cell, and the gag order that prohibited Israeli media from cover this issue (details in chapter 2.3). "Anat Kamm – Uri Blau" affair refers to the leaking of secret military information by the soldier Anat Kamm and its publishing in 2008 by the journalist Uri Blau (Der Freitag 2012).

was too homogeneous. For example, only one interviewee was female.[3] Also, three of the seven journalists worked for the same newspaper, and two of them worked together at another one.

Owing to the difficulties in recruiting the journalists, the interview settings were different from each other. The first three interviews were conducted in March 2013 in Israel, while the others had to be conducted later during the spring of 2013 via e-mail and Skype. We fulfilled the requirement, as postulated by Lamnek (2005), that interviews in qualitative research take place in an environment habitual for the interviewees, but we think our data base would have been more fruitful if we had managed to interview more journalists personally. Despite that, it is important to keep in mind that neither us researchers, nor the Israeli journalists we interviewed are native English speakers, which leads to possible distortions of meaning. This factor could have affected the interviews, as well as the transcription, coding and data analysis.

The interviews were transcribed and then clustered according to our three research questions as deducted from our theoretical framework. An analysis of qualitative interviews based on a theoretical framework, according to Mayring (1996, p. 98) is best done with a qualitative content analysis. This procedure moves away from the original text in an early phase of the process in order to reduce complexity and structure the data (Gläser & Laudel 2009, p. 200). We identified and extracted the relevant interview passages of each participant, and linked these to the appropriate research question. These were then analyzed in order to condense their meaning and later combined to show the greater picture (ibid., p. 199). Concepts like democracy, control, objectivity, patriotism and criticism helped to categorize the relevant passages, since they formed part of our theoretical approach and played a role in the process of developing the interview guidelines.

---

[3] In order to anonymize the only female participant, we decided to use male pronouns to describe the results throughout.

# 4. Analyses

## 4.1. Question 1

*To what extent do journalists consider the ongoing tensed security situation in Israel to influence press freedom and its role in promoting democracy in Israel?*

With this broader question we wanted to gain insight into the journalists' perspective on press freedom and the role of press in democracy – especially during a tensed security situation. These insights serve as a basis to interpret the following questions on external and internal control mechanisms, and their effects on neutralizing the function of the press in a democratic system with checks and balances.

On a very general level the interviewed journalists were mostly positive about the state of journalism and felt that, in general, the ability to be critical was largely applied. However, if one takes a closer look at the picture sketched by the participants, journalism in Israel is highly inhomogeneous. In relation to their role as journalists and the role that their work plays within a democratic system, we had a wide range of answers. On the one hand, there is P3 who works for a more conservative newspaper. He states that the purpose of journalism is to disseminate and explain to media consumers the view of those in power:

> "You have to know where to draw the line (...): I cover Israeli politics and you will never hear or read my opinion of Israeli politics on any internal issue. My job is to explain the point of view of the people who matter, of the people we elect." [P3]

In contrast to P3's view, P6 (as well as P5 and P2 who all work for the same liberal newspaper) thinks that *"the role of the newspapers here is to examine what the army, etc. are trying to 'sell' to us; to be critical towards what they hear and get from these official sources; and always to be suspicious."* With this attitude also comes the belief that journalism as an institution has to criticize those in power. P5, for example, says the best position for a journalist would be the opposition: *"I don't see the point in being a journalist just to applaud institutions."* P7, who works for a moderate newspaper, agrees: *"Critique of the government is the most important role that the media have."* P3, who thinks that a newspaper should be the medium of government officials in the native meaning of the word, obviously has a different opinion on this issue: critique should focus on topics that are not related to politics. His colleague P4, works at the same conservative newspaper, and, while staying neutral to this question , he is certain that *"any glance at an Israeli newspaper will reveal the following: journalists in Israel are extremely critical of the authorities and are free to level the harshest criticism at whatever action, policy, or body they see fit."*

The majority of the interviewed journalists, therefore, emphasized the importance of a press that is critical of those in power. Yet, there are different levels of commitment to this principle. P1, for example, stated that it is the function of the press to make the audience aware of issues that would stay secret without journalistic efforts, even if it might be compromising to governments. He adds that *"there are sometimes issues of security or morals that will prevent publishing stories"*, although these should be kept to a minimum. P7 directly links the issue of restricted press freedom to the tensed security situation, by claiming that it has not always been possible to serve the values of journalism, *"since we are in the middle of an ongoing conflict"*. When speaking on this topic, the thought of Israeli patriotism is not far off. P6 states that in the name of patriotism (other) journalists in Israel *"tend to serve aims such as 'national unity'"* during times of crisis. P7 makes it clear that it is a question of how patriotism:

> "I can understand that some newspapers are of the view that you should be more of a patriot than a journalist. It's their right. And the readers – at least some of them – are satisfied with it. But we need to ask: what is patriotism? If it means being loyal to values such as 'the right of Israel to exist' or 'the right of Israel to be a Jewish state', then I support it. If, to the contrary, it means that we are not allowed to criticize Israel or to reveal issues which will cause embarrassment – such as crimes that are being hidden, etc. – then I am against it." [P7]

P5 offers a viewpoint that is pretty similar to that. Although journalists have to cope with external pressure, he argues that values of patriotism and being a good citizen become apparent through questioning the military, criticizing the government, and trying to create public opinion in order to prevent disasters – especially in times of crisis:

> "The issue is that they want you to suspend your judgment as a journalist once the sirens go off and the reserve is called to the front. But these are the times when you have to extend your judgment and your criticism, because people's lives may be lost – out of vanity, out of misjudgment, out of groupthink, out of repeating any other disasters we have gone through in the past forty years." [P5]

Although his view on critical journalism differs from most of his interviewed colleagues, P3 sees himself as a patriot and does not think this interferes in any way with his duties as a journalist.

To sum it up, one can say that for most of the interviewed journalists a critical view of state players is necessary for journalism to function in a democracy. It is possible to state that those journalists who value the critical assessment of the system during times of crisis do question those in power, and their right to represent the sovereignty of the people. They do not define democracy as a system based on sovereignty, where the state of exception is used for its legitimization, but, idealistically speaking, define it as a system which is based on continuous questioning, discussion and communication. However, there was one participant who associated the concept of democracy with the notions of sovereignty, exception and exclusion.

It must be stated that the issue of press freedom in Israel is a complex one, and the matter is not simply black or white. Furthermore, P1 proposes a notable suggestion: *"In order to gain the public trust the leaders must make way for freedom, as much they can"*. This statement uncovers two things: first of all, that there seems to be some sort of societal consensus that a certain degree of press freedom ought to be guaranteed in a democracy. And secondly, as a consequence of this fact, that if state agents want to keep their power, they have to show the public that they are committed to this ideal. Despite the differing opinions of the participants on the role of critical journalism in a democracy, it is clear that in the example of Israel there are various mechanisms to control the press. The analysis of our second research question will offer further elaboration.

## 4.2 Question 2

*How do Israeli journalists describe external factors restricting press freedom, and how do these factors influence their work performance?*

There is a variety of external factors that limit press freedom in Israel. One, of course, is the restrictions imposed by the government. As described in our theoretical framework, the Israeli media system has been structured in such a way as to allow the government to control what can be published, or, more precisely, what is prohibited from publication. Of the participant journalists some had been personally affected by one or the other form of restriction, while others had heard about it from colleagues. The only aspects of the state's influence over coverage that played a role in our interviews were military censorship and gag orders, while the Editors' Committee was only mentioned once.

How do the interviewees describe the influence of these control mechanisms on their journalistic work? According to P1, P6, P7 the restrictions are centered on concrete factual information that is military-related and can potentially put lives or national security at risk. P7 elaborates that, *"...it also only focuses on matters that deal with the army or Jews in Arab countries"*. As an example, he mentions a possible military mission that could bring Jews from Yemen to Israel: *"That is a very sensitive issue because you might endanger their lives"* [P7]. Moreover, according to P1 and P6, the military censorship prevents journalists from publishing detailed information on sensitive topics such as the potential existence of an Israeli nuclear bomb, or a government official's visit to a war zone. In the latter case, for example, such information could prevent the visit from happening or, worse, put that person's safety at risk. Furthermore, a few journalists informed us that restrictions on publication are limited to facts on military issues, and therefore not opinions. Only in very rare cases did the censor try to prevent critical articles from being published. As P4 states, *"criticism of the army can be, and is leveled freely in Israel. The purpose of the military censorship is to prevent the leakage of sensitive operational information, which might jeopardize national security if exposed"*.

Some participants felt that gag orders, in particular, should be viewed most critically because they are often arbitrarily enforced. P7 was especially critical of the process of imposing gag orders, since the judges who do so rely on information provided by officials. He explains: *"...The judge, who has no idea if it is true or not, is scared. So he is not going to say 'no' to the government, or Mossad, or the army, or whoever. And so they issue this gag order"*.

Another journalist [P3], however, does not fear the powers of the Israeli military censor and the courts, for he trusts the judgment of the officials: *"They are the ones who know what would cause harm, and I respect their judgment [...] I am in the consensus; I don't have to worry about that"*. The uncertainty surrounding press freedom seems to be unfamiliar to P3. This journalist claims that there is a consensus between journalists, officials and society about the legitimacy of limited coverage. As long as the media act responsibly and stays within the confines of these boundaries, they would not have to worry about restrictions and control.

Besides this argument, there are other arguments that also offer an explanation for the general acceptance of press restrictions by journalists. The general opinion of P4 is that military censorship in Israel is wholly unrelated to criticism of the IDF, and is not politically motivated. A similar statement is given by P7: *"So, the big purpose of the censorship is avoiding a loss of lives or a damage to any operations. It's not to prevent humiliation or embarrassment to the army"*. It was important for most of the interviewees to clearly define the distinction between censorship and the critique of the military.

External control through state instruments like gag orders and military censorship, has therefore become a standard component of the media system, and is mostly accepted by our interviewed journalists. Just how normal this relationship between the state instruments and the journalists has become, is demonstrated in this quote from P5. He describes it as a business partnership:

> "We have to send articles to the censorship authority every day. With the website several times a day. If it's a big magazine story, some unknown story, it takes more time. But usual news stuff is coming back within a couple of hours. They know and respect your deadlines. If something happens late at night, they get it back to you in ten minutes. It's a small office, 35 people all in all, working in shifts. And these are professionals, which are very experienced. Remember, we are only one media outlet. They get the same story from twenty other media outlets." [P5]

Despite this normalized and accommodating relationship, our interviewees have developed ways to bypass these control mechanisms. For P4, the relationship between journalists and military censorship in Israel is like *"a constant tug-of-war"*. A common way of bypassing the instruments of control may include quoting foreign sources. P7 describes how he deals with these control mechanisms: *"If there is an operation in Gaza and it is starting tonight I can't publish it, unless I quote Palestinian sources or something like that. I can't publish it if it is based on military sources"*.

However, many journalists state that new technological developments in the sector of information and communication technologies, especially those linked to the internet, are making state control over media content futile. According to *P6, "the military censorship should surely adapt itself to the reality of the 21st century, in which (...) it's sometimes silly to prevent the publication of information in [name of newspaper], which tomorrow will appear in 'Der Spiegel'"*. The censorship system was created in a media landscape that consisted of huge organizations that processed information and news – not within the milieu of individual people fueling the information cycle via Facebook or Twitter. The interconnectedness of the internet enables a faster flow of information and communication, which inevitably leaves the traditional ways of information control (censorship, gag orders) somewhat ineffective. According to P1, even the military censor has to realize that the quick movement of ideas and knowledge across continents means the role of censorship has to change. Whether this should lead to the adaptation of censorship mechanisms to modern information and communication technology; or to a paradigmatic shift concerning the freedom of press, cannot be said but *"the censorship establishment and the Ministry of Security themselves do understand that, and the dialogue continues"* (P1).

To sum up, one can say that the government uses several mechanisms to censor Israeli journalists. It is important to note, however, that the military is not the only institution or organization that exerts control over the Israeli media. The interviewees also mentioned influential individuals, or editorial lines of their employers as examples. Despite this, gag orders and military censorship remain the main area of control by restricting the dissemination of factual information, rather than opinion. In response to these control measures, some of the journalists recalled how they might bypass the rules by using foreign media sources. Nevertheless, agreeing to conform to the demands of the military censor, and the need to create a consensus among the Israeli media, society and politics by not questioning the actions of government, has led to the media in Israel being reticent to criticize the mechanisms of information control.

## 4.3 Question 3

*What internal control factors can be identified, and how do they reflect the Israeli security discourse?*

It is possible to state that journalists have diverse opinions on the influence of internal factors (non-institutionalized, supposedly self-imposed), which limit and guide their output. Internalized control includes a personal set of rules and guidelines that the interviewed journalists can justify. So, what do they identify as these internalized rules that determine their performance? First of all, most of the interviewed journalists were of the opinion that they do not believe in objectivity; are aware that they are socialized subjects; and that socialization influences their work. The argument about socialization can explain why many of the journalists do not believe in the neutrality of their output, which, they say, is always connected with a particular political ideology. For example, journalists P1, P2, P6 do not believe in objectivity and they base their argument on the causes which form their subjectivity – such as opinions, various external influences, beliefs and feelings. As P6 states, *"only robots could write without being influenced from these – with or without intentions."* Interestingly, P2 states that it is common to associate objectivity with official, mainstream positions in journalism, whereas ideological opinions are the oppositional ones. In other words, although objectivity does not seem to exist, it is being used as a strategy when persuasion is needed.

Although some journalists acknowledged the influence their socialization had on their work, others perceived themselves as mediators – subjects who have to find the balance between their own self-regulation and external regulation. For example P4 describes himself as a bridge which links the issues, events and readers, whereas P5 describes himself as a powerful messenger without any personal opinion, who helps people gain information. Nevertheless, there was one interviewee (P3) who said he believes journalists can exclude their opinion and deliver the opinions of those who were elected objectively: *"I believe in objectivity. I believe it can be done"*. It is important to notice in this case that objectivity seems to be something that is constructed and has to "be done". In other words, representation has to be manufactured in order for it to seem objective. Since objectivity is a vague concept, it might be used in different situations in order to create an effect of neutrality, soberness, or reason.

Not only socialization and its connection to objectivity, but also fear based on geographical positioning, is another motive for journalists to limit and justify their output. Journalist P3 for example states that Israel wishes to have Western European neighbors. Similarly, P7 thinks that having Canadian or Swedish neighbors would make the situation easier than it is with Israel's current neighboring states. According to P3, they do not want Israel to *"be on the map anymore"*, and Israel is *"in a state of war [and therefore one has] to be much more cautioned of what one does"* (P7). It is important to observe how these statements about the fear of neighboring countries influences particular journalistic work.

Another factor influencing journalistic output is the financial effects certain articles might cause for the newspaper. Because consumers tend to be disinterested in serious news topics, there is a financial need for journalists and newspapers to produce entertaining articles in a quick manner. This too forces a self-induced control among journalists when it comes to critical news content. This disinterest seems to be a part of defense mechanisms of Israeli society, which tries to avoid emotionally loaded topics such as the conflict with Palestinians, and might "punish" the newspaper by not buying it. As an example P2 states that:

> "The invisible censor which is the Israeli society - it is not interested in knowing about what it does and has done as power against the Palestinians. [...] I have the freedom to write but the readers don't have the duty to read." [P2]

In this context P6 tells the story of a colleague who, in 2008, wrote a story about the commitment of crimes against humanity by the Israeli Defense Forces. P6 relates: *"Readers were canceling their subscriptions because of that. People were really mad. But for a journalist in such a case, for him personally and also because of his readers, he needs to be a little bit more sensitive".* Therefore it can be said, that acknowledging the economic effects of one's production are limiting journalistic output.

To sum up, most of the interviewed journalists believe they have internalized particular ways of thinking, which influence their work. Through the process of socialization, objectivity does not seem possible for the most of the interviewed journalists. Most of the citizens of Israel are exposed to the continuous state of conflict the country is in through the direct experience of mandatory enlistment in the army. Thus, growing up in such context, going to school and to the army seems to create awareness amongst the journalists that they ought to think before they write. The general impossibility to be objective; the factors of conflict; Israel's neighboring countries; and sensitive audiences who might stop buying the newspapers are the important factors which guide and limit the interviewed journalists in their performance.

## 5. Conclusion

This research was conceptualized and executed in order to gain insight into the ability to exert control in modern democracies through the control of the media system. As an intensified example the conceptualization of press freedom by Israeli journalists under the circumstances of a continuously tensed security situation was analyzed.

As theoretical basis for the investigation of mechanisms of external control, we used a critique of the concept of sovereignty and the state of exception in liberal democracies. The theoretical framework shows how a political system based on the idea of sovereignty (liberal representative democracy being one of them) can control its members by stepping outside the system of law and legally suspending particular freedoms, such as freedom of press. The media system plays a crucial role here, since it is entrusted to act as a public guard in the system of checks and balances, in order to prevent the misuse power by those elected. We have therefore described the situation of the media system in Israel, a country where the state of emergency has not been revoked since 1948, and that has developed structural mechanisms to control the national media. The concept of the state of exception and its particular use in Israel, allowed us to raise questions around the practical non-existence of journalistic freedom, and examine the external control mechanisms inherent to the journalistic practice.

In order to scrutinize internal control mechanisms used by Israeli journalists, the subject was conceptualized as an entity which is formed through external influences, as well as his or her internal choices. Internal control here is theorized as the subject's ability to shape his or her subjectivity according to internalized rules. These rules appear through complex processes of the experiences subjects are exposed to. Therefore, the subject is conceptualized as a product of a constructive process. Aware that the definition of subject formation in this paper is rather a general one, we use it as a frame of reference or general guideline, in order to describe the subject's ability to exert control through self-restriction or self-censorship.

The insights we gained in applying our theoretical framework to the experiences and perceptions of some journalists, are diverse. The Israeli press landscape is a rather inhomogeneous one, as we concluded from our interviews conducted with journalists in this sphere. First of all, most of the journalists think that critique is not only a central part of a democracy, but is practiced in Israeli media. Nevertheless, concerning specific military topics, journalists accept restrictions by external control mechanisms, such as military censorship or gag orders. These restrictions are not only enforced by the state, but also come readers who do not wish to read about issues of conflict. This seems to be a paradox whereby journalists praise the importance of critique, accepting censorship at the same time. However, being socialized in a specific environment and having enlisted in the army (which most of the journalists in Israel do), the subject (journalist) may become sensitive to issues of security. When writing articles, journalists are also aware of internal control mechanisms. These may include the fear of losing readers; the desire to represent a particular ideology; an inner-struggle against criticizing the army (with many of their friends fighting in the army, there is a worry that negative or incorrect reporting which may have an effect on the lives of others); or simply the fear of authority.

By applying our theoretical framework of external and internal control to the real-life situations of the journalists we interviewed, we managed to gain some interesting insights into these journalists' perceptions of liberal democracy and the concept of sovereignty. All in all, this study has shown that it is neither helpful nor possible to draw black and white conclusions. But as the state of emergency in Israel became the norm under which democracy functioned, so too did external mechanisms of state influence on the media become widely accepted. The ability to enact the state of exception that is inherent in a democracy based on sovereignty (and in the case of Israel is actualized through the state of emergency or gag orders), seems to slowly weaken the *democratic* function of the media. It keeps the journalists away from questioning the status quo and softens the will of a society to listen to those voices which are criticizing the system. While these practices are not expected to change from the inside, they seem to be transforming through technological progress: global data transfer, as well as global public spheres on the internet are starting to make external control by the state (like censorship or gag orders) harder to apply.

That being said, the insights gained here evoke further questions which we have not touched on in this paper: which role does the political economy of media organizations play in the globalized market of data exchange (enabled, for example, by the internet)? Can we still view the media as the 'fourth estate' or 'fifth estate' in a democracy? What kind of democracy are we speaking about, when the state of exception as applied to control the media might be made redundant through the power of international media corporations; private businesses such as Facebook or Twitter; or even private citizens, like bloggers? On the other hand, as briefly scratched in this work: are we aware of the structural possibilities of democracy based on the idea of sovereignty, namely, that of the internalized mechanisms of control?

# Bibliography

Agamben, G. (1998). *Homo Sacer: Sovereign Power and Bare Life.* Redwood City: Stanford University Press.

Bartelson, J. (2006). The Concept of Sovereignty Revisited. *The European Journal of International Law,* 17(2), 463-474.

Benjamin, W. (1986). *Reflections: Essays, Aphorisms, Autobiographical Writings.* New York City: Schocken Books.

Bogoch B. & Peleg, A. (2012). Removing Justitia's blindfold: the mediatization of law in Israel. *Media Culture Society,* 34(8), 961-978.

Caspi, D. (2008). Israel: Media System. In W. Donsbach (ed.), *The International Encyclopedia of Communication.* Blackwell Publishing http://www.communicationencyclopedia.com/ subscriber/tocnode.html?id=g9781405131995_chunk_g978140513199514_ss93-1.

Colado-Ibarra, E., Clegg R. S., Rhodes C., Kornberger M. (2006). The Ethics of Managerial Subjectivity. *Journal of Business Ethics,* 64(1), 45-55.

Der Freitag (2012). 7 Jahre Haft für israelischen Journalisten Uri Blau? *Der Freitag Online.* (June 3, 2012) http://www.freitag.de/autoren/schlesinger/7-jahre-haft-fur-israelischen-journalisten-uri-blau.

Doron, G. (2006). The Military and the Media in the Twenty-First Century: Towards a New Model of Relations. *Israel Affairs,* 12(3), 511-528.

Eames, P. (2001). *Media Literacy Strategies-Analysis of National Media System.* http://www2.webster.edu/medialiteracy/pub_student.htm.

Foucault, M. (1982). The Subject and Power. *Critical Inquiry,* 8(4), 777-795.

Fieseler, C. (2008). *Die Kommunikation von Nachhaltigkeit.* Heidelberg: VS Research.

Gentile, C. (2010). *Media Landscapes: Israel.* http://ejc.net/media_landscapes/israel.

Gläser, J. & Laudel, G. (2009) *Experteninterviews und qualitative Inhaltsanalyse: als Instrumente rekonstruierender Untersuchungen.* Wiesbaden: VS.

Häder, M. (2010). *Empirische Sozialforschung.* Eine Einführung. Wiesbaden: VS.

Kelle, U. & Kluge, S. (1999). *Vom Einzelfall zum Typus: Fallvergleich und Falkontratierung Fallkontrastierung in der qualitativen Sozialforschung.* Opladen: Leske + Budrich.

Lamnek, S. (2005). *Qualitative Sozialforschung: Lehrbuch.* Weinheim: Beltz Verlag.

Limor, Y. & Nossek, H. (2006). The Military and the Media in the Twenty-First Century: Towards a New Model of Relations. *Israel Affairs,* 12(3), 484-510.

Limor, Y. & Nossek, H. (2011). The Israeli paradox: The military censorship as a protector of the freedom of the press. *Government Secrecy (Research in Social Problems and Public Policy),* 19, 103-130.

Lis, J. (2011). Israel extends 63-year state of emergency – over ice cream and show tickets. *Haaretz.* (May 24, 2011) http://www.haaretz.com/print-edition/news/israel-extends-63-year-state-of-emergency-over-ice-cream-and-show-tickets-1.363640.

Mayring, P. (1996). *Einführung in die qualitative Sozialforschung: eine Anleitung zu qualitativem Denken.* Weinheim: Beltz Verlag.

Mayring, P. (2002). Qualitative Inhaltsanalyse. In U. Flick, E. von Kardoff, & I. Steinke (eds.). *Qualitative Forschung. Ein Handbuch.* (pp. 468-474). Reinbek bei Hamburg: Rowohlt Taschenbuch Verlag.

New York Times (2010). Debate in Israel on Gag Order in Security Leak Case. *The New York Times.* (April 6, 2010) http://www.nytimes.com/2010/04/07/world/middleeast/ 07israel.html.

Paraszczuk, J. (2012). High Court upholds state of emergency. *Jerusalem Post.* (August 5, 2012) http://www.jpost.com/National-News/High-Court-upholds-state-of-emergency.

Pan, D. (2009). Against Biopolitics: Walter Benjamin, Carl Schmitt, and Giorgio Agamben on Political Sovereignty and Symbolic Order. *The German Quarterly,* 82(1), 42-62.

Peri, Y. (2004). *Telepopulism: Media and Politics in Israel*. Stanford: the Board of Trustees of the Leland Stanford Junior University.

Peri, Y. (2012). The impact of national security on the development of media systems: The case of Israel. In D. C. Hallin & P. Mancini (eds.), *Comparing Media Systems Beyond the Western World*. (pp. 11-25).New York: Cambridge University Press.

Sagiv, A. (2007). The State of Freedom and the State of Emergency. *Shalem Press, No. 28*. http://azure.org.il/include/print.php?id=444.

Schmidt, Y. (2001). *Foundations of Civil and Political Rights in Israel and the Occupied Territories*. Munich: GRIN.

Schmitt, C. (2006). *The Concept of the Political*. Chicago: University of Chicago Press.

Sherman, M. & Shavit, S. (2006). The Media and National Security: The Performance of the Israeli, Press in the Eyes of the Israeli Public. *Israel Affairs*, 12(3), 546-560.

# Israel: A *jewish state* or a *state for all its citizens?* Eine diskursanalytische Untersuchung der arabisch-palästinensischen Minderheit und ihrer Beziehung zum israelischen Staat

## Johanna Hartung & Patricia Lange

## 1. Einleitung

Als Ende Juli 2013 in Washington Israelis und Palästinenser[1] auf Einladung des US-Außenministers John Kerry neue Friedensgespräche aufgenommen haben, saß eine Gruppe wieder nicht mit am Tisch. Und doch werden sich die Ergebnisse der Gespräche in entscheidendem Maße auf diese Gruppe auswirken. Die Rede ist von der palästinensisch-arabischen Minderheit[2], die einen israelischen Pass besitzt und in Israel lebt. Mit den Palästinensern teilen sie die gemeinsame Herkunft und Religion, mit den Israelis die Staatsbürgerschaft. Von den Palästinensern trennt sie die israelische Staatsbürgerschaft, von den Israelis die Herkunft und Religion. Die zwischen beiden Seiten aufgeriebene palästinensisch-arabische Minderheit gilt deswegen als der große Verlierer des Nahostkonflikts (Schmidt-Matern 2009).

Mit etwa 1,6 Millionen machen die palästinensisch-arabischen Israelis knapp 20 Prozent der Bevölkerung Israels aus. Demgegenüber kommt ihnen nach eigener Ansicht in der politischen, sozialen und ökonomischen Entwicklung des Landes eine geringe Bedeutung zu. Das Zusammenleben zwischen

---

[1] Aus Gründen der besseren Lesbarkeit wird auf die gleichzeitige Verwendung männlicher und weiblicher Sprachformen verzichtet. Sämtliche Personenbezeichnungen gelten gleichwohl für beiderlei Geschlecht.
[2] Im Rahmen der vorliegenden Arbeit drücken die Begriffe palästinensisch-arabische Minderheit und arabische Minderheit das Gleiche aus und werden wechselseitig verwendet. Gleiches gilt für die Begriffe palästinensisch-arabische Israelis und arabische Israelis.

arabischen und jüdischen Israelis wird in der Öffentlichkeit kontrovers diskutiert, auch und vor allem vor dem Hintergrund der in den letzten Jahren auf politischer Ebene aufgekommenen und umstrittenen Frage nach dem Charakter des israelischen Staates als *jewish state* oder als *state for all its citizens* (Rekhess 2008, S. 8).

Das Forschungsinteresse der Studie fokussiert auf die aktuellen sozialen und politischen Probleme, die sich im Zusammenleben zwischen arabischen und jüdischen Israelis zeigen, und den politischen Diskurs darüber. In der Studie wird gefragt, wie die Politik des Staates Israel gegenüber der arabischen Minderheit in den englischsprachigen israelischen Printmedien dargestellt und bewertet wird. Die empirische Untersuchung erfolgt auf Basis der medienvermittelten politischen Argumentation über ein Gesetz, das das räumliche Zusammenleben von jüdischen und arabischen Israelis regelt. Das *Admissions Committee Law* erlaubt es Gemeinden mit weniger als 400 Haushalten in den Regionen Galiläa und Negev, Auswahlkommissionen zu bilden und potentielle Einwohner auf ihre Eignung für das Leben in der Gemeinde zu prüfen.

Zwar ist die Forschung über die arabische Minderheit umfangreich – es gab in den letzten Jahren zahlreiche Veröffentlichungen von Autoren verschiedener Disziplinen – jedoch ergibt sich die Relevanz der Fragestellung aus einem spezifischen Fokus auf den medienvermittelten Diskurs. Medien gelten als „Katalysatoren und Transmissionsriemen öffentlicher Diskurse" (Rosenthal 2000, S. 196), denn ihnen wird die Fähigkeit zugesprochen, die öffentliche Meinung über die berichteten Themen zu prägen sowie die Reaktion der Öffentlichkeit darauf zu beeinflussen (Avraham 2003, S.8).
Zur Untersuchung des politischen Diskurses über die Ziele der Minderheitenpolitik im Staat Israel dient daher die Methode der Diskursanalyse, da sie sich als die für das Forschungsproblem angemessenste Methode erwiesen hat. Die Diskursanalyse zeichnet sich durch eine Vielzahl an Herangehensweisen aus und bedient sich unterschiedlicher Werkzeuge – aus diesem Grund wird für die vorliegende Arbeit auf Instrumente verschiedener Schulen zurückgegriffen. Dies sind die kritische Diskursanalyse nach Jäger (1999) aufgrund ihrer Systematisierungsleistung sowie aus thematischen Gründen die Toposanalyse nach Wengeler (2003) und die Analyse von Diskursen der Differenz nach Matouschek et al. (1995).

Zentral für die Diskursanalyse ist ihre Einbettung in den gesellschaftlichen

Kontext. Zu diesem Zweck wird, nach einer Darstellung der theoretischen Grundlagen des medienvermittelten Bildes von Staat-Minderheits-Beziehungen, in die politischen und gesellschaftlichen Hintergründe der palästinensisch-arabischen Minderheit eingeführt und die in den letzten Jahren veröffentlichten wissenschaftlichen Arbeiten zum Verhältnis des israelischen Staates und der arabischen Minderheit systematisiert. Anschließend wird in Abschnitt 4 das Fallbeispiel beschrieben. In Abschnitt 5 wird die Methode der Diskursanalyse erläutert und in Abschnitt 6 in der empirischen Analyse auf das Fallbeispiel angewendet. In der Diskussion werden schließlich die empirischen Ergebnisse vor dem Hintergrund der Erkenntnisse aus der Literatur eingeordnet und bewertet.

## 2. Theoretischer Hintergrund

Ziel der vorliegenden Arbeit ist es, zu einem differenzierten Bild des wechselseitigen Verhältnisses zwischen der israelischen Mehrheits-gesellschaft und der arabischen Minderheit im Dreieck zwischen politischen Akteuren, Massenmedien und Publikum zu gelangen. Der Fokus der empirischen Untersuchung liegt auf der Frage, wie sich der öffentliche Diskurs über die Minderheitenpolitik des israelischen Staates gestaltet. Als Ausgangsbasis für die empirische Untersuchung werden zwei theoretische Perspektiven in den Blick genommen: die Frage nach der Interaktion einer ethnischen Minderheit mit der Mehrheitsgesellschaft sowie nach deren Teilhabe am öffentlichen Diskurs und ihrer massenmedialen Darstellung.

Der Begriff der ethnischen Minderheit bezeichnet eine Gemeinschaft und ihre Mitglieder, die sich durch Abstammung, Religion oder Sprache von der Mehrheitsgesellschaft unterscheidet. Mit dem Begriff sind Fremdheit, kulturelle Distanz und die Verschiedenheit dieser Gruppe von der „Mainstream"- Gesellschaft verbunden, Aspekte, die sich relativ zum Kontext der Mehrheitsgesellschaft verhalten sowie zur Stellung der Minderheit in der gesellschaftlichen Hierarchie eines Landes (Trebbe 2009, S. 23). Die Frage, wie gesellschaftliche Minderheiten und Mehrheiten entstehen, ist Ergebnis sozialer Konstruktionsprozesse, die vor dem Hintergrund der historischen Entwicklung politischer Herrschafts- und ökonomischer Machtverhältnisse ablaufen (Pfetsch & Weiß 2000, S. 119). Dabei ist der Unterschied zwischen einer freiwilligen und einer unfreiwilligen Minderheit nach Adoni et al. (2002) von besonderer Relevanz. Im Gegensatz zu freiwilligen Minderheiten, die auf eigenen Wunsch in ihr

Gastland kommen, wird als unfreiwillig eine Minderheit bezeichnet, die sich durch Kolonialisierung oder Versklavung herausbildet und die in der Regel die Interaktion der Mehrheit gegenüber ihnen als eine der Unterdrückung und Diskriminierung wahrnimmt. Die arabische Minderheit in Israel ist ein Beispiel für eine solche unfreiwillige Minderheit (Adoni et al. 2002, S. 538). Darüber hinaus spielen kulturelle Werte eine wichtige Rolle bei der Bildung einer Gemeinschaft und ihrer Abgrenzung gegenüber anderen Gruppen. So finden sich ethnische Gruppen oft in bestimmten Gebieten zusammen und etablieren eigene Sphären, die sich durch einen charakteristischen Gebrauch von Wohnraum und der Nutzung öffentlicher Plätze auszeichnet (Pfetsch 1999, S. 4).

Die Frage nach der Interaktion einer ethnischen Minderheit mit der Mehrheitsgesellschaft nimmt Bezug auf verschiedene Praktiken von Integration, die durch Begriffe wie Assimilation, Adaption, Eingliederung oder - mit negativer Konnotation - Separation, Segregation und Marginalisierung beschrieben werden (Trebbe 2009, S. 37). Diese Praktiken basieren auf theoretischen und teilweise ideologischen Überzeugungen von gesellschaftlicher Entwicklung, sozialer Differenzierung und den Ursachen von Mehrheits-Minderheits-Konstellationen (Pfetsch & Weiß 2000, S. 118). Diese unterschiedlichen Vorstellungen und darauf aufbauenden Strategien zeigen sich in verschiedenen Bereichen der Gesellschaft, von denen der rechtliche, politische, Bildungs-, Arbeitswelt-, und materielle Bereich die wichtigsten sind (Pfetsch 1999, S. 3). In diesen Bereichen kann die Minderheitenpolitik eines Staates Maßnahmen ergreifen, um bestehende Strukturen zu stabilisieren oder zu verändern.

Zur Untersuchung der Minderheitenpolitik lässt sich dabei der sozialstrukturelle Ansatz, der sich mit Fragen der Gleichberechtigung, Wohnraumproblemen und Anti-Diskriminierung beschäftigt, heranziehen. Im normativen Kern des sozialstrukturellen Ansatzes steht die Gleichstellung aller gesellschaftlichen Gruppen, unabhängig ihrer ethnischen Herkunft, im Hinblick auf den Zugang zu wichtigen, meist ungleich verteilten Ressourcen und den Positionen, die an diese Ressourcen häufig gebunden sind. Dabei ist insbesondere auch die Untersuchung des Konzepts der Staatsbürgerschaft im Rahmen des Nationalstaats relevant. Die Interaktion der Minderheit mit der Mehrheit stellt der sozialstrukturelle Ansatz nicht als einseitiges Problem der Minderheit dar, sondern bezieht Mehrheit und Minderheit als aktive Teile des Prozesses ein (Pfetsch 1999, S. 3).

Der zentrale Mechanismus für die Interaktion zwischen Minderheit und

Mehrheit ist Kommunikation. Massenmedien sind dabei zum einen relevant für diesen Prozess, weil sie öffentliche Diskurse zum Verhältnis von Staat und Minderheiten übertragen und festlegen, welche Themen, welche Akteure und Meinungen an die Öffentlichkeit gelangen. Zum anderen sind Massenmedien ein Kommunikations-kanal für gesellschaftliche Gruppen und dient diesen dazu, einen Diskurs innerhalb der Minderheits- wie der Mehrheitsgesellschaft zu erzeugen (Pfetsch 1999, S. 5). Medien sind daher als Vermittler, Beförderer, Behinderer und Spiegel gesellschaftlicher Integrationsprozesse in aller Munde (Trebbe 2009, S. 11).

Auf welche Art und Weise wird die gesellschaftliche Realität der Interaktion zwischen Mehrheit und Minderheit in den Medien repräsentiert? Haben Vertreter der ethnischen Minderheit Teil am öffentlichen Diskurs und gestalten ihn mit, wie es das repräsentative bzw. partizipatorische Modell von Öffentlichkeit formuliert? Im Folgenden wird der gesellschaftliche und politische Kontext der arabischen Minderheit im israelischen Staat anhand aktueller wissenschaftlicher Arbeiten dargestellt, um das zu untersuchende Gesetz und den darüber entstandenen medial vermittelten Diskurs einordnen und in der Diskussion die aufgeworfenen Fragen beantworten zu können.

# 3. Die arabische Minderheit und ihre Beziehung zum israelischen Staat

Die Analyse der Beziehung zwischen dem israelischen Staat und der palästinensisch-arabischen Minderheit zeigt, dass sich der zentrale Konflikt, der das Leben der israelischen Mehrheit und der arabischen Minderheit bestimmt, um die Frage nach dem Charakter des Staates Israel dreht. Soll Israel *a jewish state* oder *a state for all its citizens* sein? Diese Grundüberlegung bestimmt das Handeln des Staates auf der einen Seite und die Forderungen der arabischen Minderheit nach Gleichberechtigung auf der anderen Seite. Trotz rechtlich geregelter Gleichheit beider Gruppen in der Unabhängigkeitserklärung wurde von Anfang an eine zweigleisige Politik im Staat gelebt. Seit 2009 wurden zahlreiche diskriminierende Gesetze verabschiedet, die den arabischen Israelis das Leben im Staat sowie die gesellschaftliche Teilhabe erschweren bzw. nicht möglich machen.

Von wissenschaftlicher Seite ist die Situation der palästinensisch-arabischen Israelis in den letzten Jahren in einer großen Zahl von Veröffentlichungen thematisiert worden. In diesem Abschnitt werden die wichtigsten Entwicklungen und Standpunkte nachvollzogen, ohne dabei auf die gesamte Literatur einzugehen. In Bezug auf die arabische Minderheit sind sich die Autoren darin einig, dass es in den letzten Jahren entscheidende Änderungen im kollektiven Selbstverständnis der arabischen Bürger in Israel und in den sich daraus ergebenden Beziehungen zum jüdischen Staat gab (Mendilow 2012, S. 143). Die Autoren gewichten jedoch die Entwicklungen, die sie zur Erklärung dieser Änderungen hinzuziehen, unterschiedlich (Ghanem 2012, S. 363). So fokussieren Peleg und Waxman (2011) sowie Reiter (2009) auf die Auswirkungen des israelisch-palästinensischen Konfliktes auf die arabische Minderheit und Frisch (2011) konzentriert sich auf den Konflikt selbst. Haklai (2011) legt den Schwerpunkt auf die Entwicklungen innerhalb Israels und Jamal (2011) befasst sich mit den Prozessen innerhalb der arabischen Minderheit – um die wichtigsten neu erschienenen Werke einzuordnen. Erwähnenswerte Autoren darüber hinaus sind Majid Al-Haj, As'ad Ghanem und Ilan Pappé. Die Autoren kommen aus unterschiedlichen akademischen Disziplinen und bringen ihre eigenen Sichtweisen in den wissenschaftlichen Diskurs ein. Die Mehrheit der genannten Autoren gehört selbst zur arabischen Minderheit.

Die Sichtweise des israelischen Staates auf dessen Beziehung zur arabischen Minderheit werden vor allem von zwei Autoren stark vertreten. Efraim Karsh, Professor am King's College in London sowie an der Bar-Ilan-Universität in Ramat Gan, hat zahlreiche Werke zur Situation der arabischen Israelis veröffentlicht. Seiner Ansicht nach hat sich in den letzten Jahren eine Radikalisierung der arabischen Minderheit ergeben, deren vorläufigen Höhepunkt die Oktober-Demonstrationen im Jahr 2000 symbolisieren. Ungerechtfertigte Forderungen sowie Missachtung der israelischen Institutionen sind für ihn die prägenden Entwicklungen (2013). Elie Rekhess, Professor an der Tel-Aviv-Universität, unterstützt diese Ansicht und betont die Bedeutung Israels als *jewish state*. Er fordert die Anerkennung dieses Status' durch die arabische Minderheit (2007).

In Israel leben heute etwa acht Millionen Menschen (Stand: Dezember 2013, vgl. Auswärtiges Amt 2013). Da Israel historisch "quasi auf Einwanderung gebaut" (Schneider 2009) ist, sind die Einwohner durch eine starke ethnische, religiöse, kulturelle und sozial äußerst vielfältige Struktur gekennzeichnet. Als bedeutendste Minderheit zählt in Israel die arabische Minderheit, da sie mit 1,6 Millionen Menschen 20,69% der Bevölkerung zählt (Stand: Dezember 2013, vgl. Auswärtiges Amt 2013). Die Beziehung zwischen dem Staat Israel und der arabischen Minderheit ist durch zahlreiche Höhen und Tiefen gekennzeichnet. Die zionistischen Gründungsväter Israels haben die arabische Minderheit immer als Teil des jüdischen Staates angesehen und so formulierte Ze'ev Jabotinsky, Begründer des nationalistischen Zionismus, 1923 die Forderung, "Arabs and Jews were to share both the prerogatives and the duties of statehood, notably including military and civil service; Hebrew and Arabic were to enjoy the same legal standing; and in every cabinet where the prime minister is a Jew, the vice-premiership shall be offered to an Arab and vice versa" (Karsh 2013, S. 5). Der Zionismus, die politische Ideologie, auf deren Basis Israel gegründet wurde, sieht *Jews* nicht als Religion, sondern definiert *Jews* als ethnische Gruppe. Die gemeinsame Religion diente zwar als Identitätsmerkmal für viele, die im Ausland lebten, jedoch macht dies nicht die jüdische Gemeinschaft aus (Gorenberg 2008, S. 27). Dieses Grundverständnis des Zionismus ist von besonderer Bedeutung, wenn es um die Frage geht, ob Israel *a jewish state* - ein Staat vor allem für die Mehrheitsgesellschaft oder *a state for all its citizens* - ein Staat für die Mehrheit und die Minderheiten sein soll. In der Unabhängigkeitserklärung 1948 wurden die gleichen sozialen und politischen Rechte für die arabischen und die jüdischen Bürger formuliert.

> "From the designation of Arabic as an official language, to the recognition of non-Jewish religious holidays as legal resting days for their respective communities, to the granting of educational, cultural, judicial, and religious autonomy, Arabs in Israel may well enjoy more formal prerogatives than ethnic minorities anywhere in the democratic world, not to mention the Middle East and the Muslim world" (Karsh 2013, S. 7).

Doch mit dem Rückkehrgesetz von 1950, welches jedem Juden in der Welt das Recht gibt, nach Israel einzuwandern, und der gelebten Praxis in Israel wurde eine eindeutige Priorität zugunsten der jüdischen Bevölkerung im neuen Staat gelegt. Von Beginn an wurde, entgegen der Grundsätze, eine zwiespältige Politik gegenüber der Minderheit realisiert.

Zwar erhielten alle im Land gebliebenen Araber die volle Staatsbürgerschaft und damit verbunden das aktive und das passive Wahlrecht, doch durch die vorherrschenden Konflikte mit den arabischen Nachbarstaaten wurde der arabische Bevölkerungsanteil stets als Bedrohung und Sicherheitsrisiko für den eigenen Staat und dessen innere Stabilität wahrgenommen und dementsprechend behandelt (Peleg & Waxman 2011, S. 217). In diesem Zusammenhang ist auch das Selbstverständnis und die Betonung der historischen Zugehörigkeit zum palästinensischen Volk durch die arabische

Minderheit von Bedeutung[3]. Die kulturelle Kluft und die Betonung der verschiedenen Identitäten verhindert eine Integration in den Staat und das gesellschaftliche Leben. Neben der palästinensischen Nationalbewegung ist für die arabischen Israelis auch ihre israelische Staatsbürgerschaft prägend. Wissenschaftlicher sprechen von einer *double periphery* (Al-Haj 1993, S. 73), weil sich die arabische Minderheit in beiden Kreisen am Rand befindet und von der Mitte misstrauisch beäugt wird. Ihre Position an der Schnittstelle zwischen Israel und Palästina führt dazu, dass der israelisch-palästinensische Konflikt Einfluss hat auf die Beziehung des Staates Israel zu seinen arabischen Bürgern und umgekehrt, was der Situation eine große Spannung verleiht (Peleg & Waxman 2011, S. 217).

Für die letzten Jahre stellt Klein (2010) eine Verschiebung des israelisch-palästinensischen Konflikts von einem Konflikt über Grenzen und territoriale Ansprüche hin zu einem ethnischen Konflikt zwischen Palästinensern/Arabern und Israelis/Juden fest: "Rather than a conflict between two neighbouring states, it [Israel] finds itself embroiled in a domestic conflict between two or more ethnic communities under one government" ( lein 2010, S. 121). Daraus ergibt sich, dass der israelische Staat seine Staat-Minderheits-Beziehungen vor allem vor dem Hintergrund von Israels Sicherheit betrachtet (Frisch 2011) und jedes in Frage stellen des jüdischen Charakters des Staates als strategische Bedrohung wahrnimmt und als illegitim interpretiert.

Dagegen sieht die arabische Minderheit ihre grundlegenden individuellen und kollektiven Rechte im Staat Israel gefährdet. Insbesondere neue Initiativen der jüdischen Parteien, auf Verfassungsebene Israel als ethnischen jüdischen Staat festzuschreiben, sind für sie problematisch (Jamal 2009, S. 493). Schon jetzt unterscheide sich Israel von anderen demokratischen Staaten darin, so Jamal (2009, S. 494), dass der Status der arabischen Minderheit der über der Verfassung stehenden Norm der jüdischen Souveränität untergeordnet sei. Die in dieser Haltung verabschiedeten Gesetze, die mit der 2009 beginnenden Regierung von Netanyahu und Lieberman zunahmen, übertrügen sich in eine de facto Verbannung der arabischen Minderheit von effektiver demokratischer Beteiligung und schrieben ihren minderwertigen Status in der Ordnung des Staates fest (Jamal 2009, S. 500).

---

[3] Diese Zugehörigkeit kommt auch sprachlich zum Ausdruck, indem viele der genannten Autoren den Begriff palästinensische Israelis statt arabische Israelis verwenden.

Historisch baut der Staat Israel auf Bildung, gemeinsamer Sprache, Religion und Militär als zentrale Elemente der Integration auf. Die arabischen Bürger teilen jedoch keinen dieser Bereiche mit der jüdischen Mehrheit. Im Bildungswesen gibt es getrennte Schulen für arabische und jüdische Kinder, Arabisch ist als zweite offizielle Sprache anerkannt und vom Militärdienst sind arabische Israelis, je nach Sichtweise, befreit bzw. ausgeschlossen. Dieser "Verzicht" auf den Militärdienst sorgt für viel Unmut in beiden Bevölkerungsteilen. Die jüdischen Israelis kritisieren, dass die arabischen Israelis diese Zeit für ihre universitäre und berufliche Ausbildung nutzen können, während die arabischen Israelis den Ausschluss aus einer der wichtigsten Institutionen und der damit verbundenen Vorteile kritisieren.

Besonderer Ausdruck der Fragilität der Beziehung zwischen dem israelischen Staat und der palästinensisch-arabischen Minderheit sowie ihrer unterschiedlichen Sichtweisen stellen die Oktober-Demonstrationen im Jahr 2000 dar. Zahlreiche Araber protestierten für mehr soziale Gerechtigkeit im Land. Durch Diskriminierungen in wirtschaftlichen, sozialen und kulturellen Bereichen fühlten sie sich als "Bürger zweiter Klasse". Für mehr als 10 Tage legten die Demonstranten das gesellschaftliche Leben lahm – sie blockierten Straßen, boykottierten Geschäfte und demonstrierten durch Jerusalem. Dass die Proteste am 01.10.2000 – dem Jüdischen Neujahrsfest – begannen, wurde jedoch von jüdischer Seite ebenso kritisch gesehen, wie die Forderungen selbst. Die Forderungen wurden als haltlos beschrieben und als anti-israelisch sowie verräterisch dargestellt, denn der israelische Staat betont stets die enormen Entwicklungen, die die arabische Minderheit in Bereichen wie Bildung und Gesundheitswesen unter seiner Fürsorge erreicht habe. Sinkende Neugeborenensterblichkeit sowie wachsende Lebenserwartung, einen Anstieg der Schulabschlüsse sowie eine bessere schulische Betreuung als in israelischen Schulen sind nur einige Beispiele, die von israelischer Seite für die Verbesserung des Lebensstandards der arabischen Minderheit im Land hervorgebracht werden (vgl. Karsh 2013, S. 9).

Auf der politischen Ebene haben alle arabischen Israelis das Stimmrecht für die Knesset, das Parlament – ein Umstand, so argumentiert Jamal (2009, S. 496), den der israelische Staat nutze, um einerseits einen Beweis für die Einbindung der arabischen Minderheit ins politische System zu liefern. Andererseits spielen die arabischen Abgeordneten aufgrund ihrer zahlenmäßig schwachen Vertretung im Parlament de facto bei politischen Entscheidungen keine Rolle. Der Staat Israel führe die arabischen Abgeordneten der arabischen Bevölkerung vor, indem er sie zu Gefangenen der Mehrheitsentscheidungen des Parlaments mache (Jamal 2009, S. 496). Versuche von jüdischen Parteien, arabische Abgeordnete zu disqualifizieren, wurden in der Vergangenheit vom Obersten Gerichtshof Israels blockiert, der seinerseits versucht, Nichtdiskriminierung als zentrale Norm im Justizwesen zu verankern. Dabei hat er in der Vergangenheit mehrere Grundsatzentscheidungen getroffen, die die individuellen Rechte arabischer Israelis stärken (Jamal 2009, S. 493ff). Jedoch zeigt der Qaadan-Fall, der im Laufe der vorliegenden Untersuchung noch eine Rolle spielen wird, dass das Urteil auf dem Prinzip der Nichtdiskriminierung beruht, nicht dem der Gleichheit aller Bürger, unabhängig von ihrer nationalen, kulturellen oder religiösen Identität (Jamal 2009, S. 501). Die Knesset hingegen hat seit den oben beschriebenen Vorkommnissen im Oktober 2000 verschiedene Gesetze mit negativen Auswirkungen auf den Status und die politischen Rechte der arabischen Minderheit verabschiedet (Jamal 2009, S. 493).

In Bezug auf die politischen Forderungen der arabischen Minderheit stellt Jamal (2011, S. 7) Veränderungen und eine wachsende politische Mobilisierung fest. Die Gründe hierfür sieht er erstens in der Enttäuschung der arabischen Israelis vom vermeintlich liberalen Konzept der Gleichheit innerhalb der jüdischen und demokratischen Definition des Staates; und zweitens dem Aufkommen einer weltweiten arabisch-palästinensischen Elite, die sich der Entwicklungen in Bezug auf die Rechte von Minderheiten auf internationaler Ebene bewusst ist. Ausdruck dieser Veränderungen ist die Rückkehr der ethnonationalen Politik als moralische und politische Grundlage für das Selbstverständnis der arabischen Israelis (Jamal 2011, S. 7), paradoxerweise in einer Zeit, in der die arabische Minderheit bedeutende Fortschritte im sozialen, wirtschaftlichen und politischen Bereich erfuhr (Mendilow 2012, S. 146).[4]

Die arabischen zivilgesellschaftlichen Organisationen in Israel, die von 41 Anfang der 1980er Jahre auf 1600 zu Beginn des 21. Jahrhunderts

---

[4] Über die Ursachen dieses Wandels wird in der Literatur gestritten. Nach Pappé (2011) liegen die Ursachen weder in den sozioökonomischen Unterschieden noch in den politischen Ungleichheiten, sondern in der "unnachgiebigen Feindseligkeit" der israelischen Regierung und des Agierens der jüdischen Mehrheit nach der "unvermeidlichen Logik des Zionismus" (Pappé 2011), was er als *grievances-based model* bezeichnet. Haklai (2011) baut dagegen seine Argumentation auf einem *state-society model* auf und zieht dazu die Liberalisierung der israelischen Politik, Wirtschaft und Gesellschaft in den 1980er Jahren heran und die damit verbundene Verschiebung der Macht von der Regierung hin zu gesellschaftlichen Institutionen, womit jedoch die Dominanz des Staates Israel durch die jüdische Mehrheit unverändert blieb.

anwuchsen (Gidron et al. 2004, S. 26), vertreten die Rechte der arabischen Bürger in Israel sowie international. Der Schwerpunkt ihrer Forderungen liegt nunmehr auf der Verpflichtung des Staates Israel, die arabische Bevölkerung als indigene Minderheit anzuerkennen und sie mit kollektiven Rechten auszustatten, die sie in Selbstverwaltung umsetzen kann (Jamal 2008, S. 288). Zwar handelt es sich bei der arabischen Minderheit in Israel um eine heterogene Gruppe in Bezug auf den Lebensstil und die Religionszugehörigkeit ihrer Subgruppen. Zur Definition als indigene Minderheit schreibt Jamal jedoch:

> „Nonetheless, it is part and parcel of the Palestinian people, which lost control of its homeland in the 1948 war (...). Therefore, it is an indigenous population that became a national homeland minority in a state that was established against its will and interests" (Jamal 2009, S. 494).

Rückhalt bekamen sie durch die Forderung von Minderheiten weltweit nach kollektiven Rechten sowie internationalen Erklärungen und Abkommen in diesem Bereich (Mendilow 2012, S. 152). Die Forderung nach kollektiven Rechten ersetze jedoch nicht die Forderung nach Gleichberechtigung in Bezug auf die Staatsbürgerschaft, sondern ergänze diese (Jamal 2008, S. 288). Im Gegensatz zum Verständnis des israelischen Staates von Gleichberechtigung als Nichtdiskriminierung und Gleichheit vor dem Gesetz wird Gleichberechtigung von den arabischen Intellektuellen verstanden als uneingeschränktes Recht auf Teilhabe an der Gestaltung des Staates sowie an politischen Entscheidungen (Jamal 2009, S. 503).

Die Überzeugung, dass die Mängel in den Staat-Minderheits-Beziehungen innerhalb des bestehenden Systems nicht korrigiert werden können und Änderungen in den politischen Strategien notwendig sind, wurden von der politischen, zivilgesellschaftlichen und intellektuellen Führung in den *Future Vision Documents* formuliert (Jamal 2009, S. 504). Deren Veröffentlichung in den Jahren 2006 und 2007 stellt für die arabische Bevölkerung eine Zäsur in den Beziehungen zum israelischen Staat dar. Von arabischer Seite verstanden als Einladung zum Dialog, wurden sie von israelischer Seite als Indikator für die Radikalisierung der arabischen Seite interpretiert (Jamal 2009, S. 493). Sie sah die Dokumente als "a declaration of war against the Jewish majority" (Rekhess 2008, S.21) und sich in ihrer Sichtweise bestätigt, dass die arabische Minderheit kein Teil der israelischen Gesellschaft sein will, sondern als Feinde des Staates angesehen werden müssen (Rekhess 2008, S.21). Mit der Forderung, als indigenes Volk mit all seinen Rechten anerkannt zu werden, sah sich die jüdische Mehrheit von der arabischen

Minderheit brüskiert, die Israel als IHR Land ansehen.

Zusammenfassend lässt sich sagen, dass die Staatsstruktur die Hauptquelle der Spannungen in den Beziehungen zwischen dem israelischen Staat und der palästinensisch-arabischen Minderheit darstellt.

# 4. Fallbeispiel: Admissions Committee Law

Das Verhältnis zwischen dem Staat Israel und der arabischen Bevölkerung, das in der vorliegenden Arbeit untersucht wird, manifestiert sich insbesondere in Gesetzen, die das Zusammenleben zwischen der jüdischen und der arabischen Bevölkerung regeln. Ein Beispiel für ein solches Gesetz ist das *Admissions Committee Law*, das in der vorliegenden Studie als Fallbeispiel dient, um zu untersuchen, wie die Koexistenz zwischen jüdischen und arabischen Israelis in der israelischen Öffentlichkeit diskutiert wird. Bevor die Gründe für die Auswahl des Fallbeispiels erläutert werden, sollen die Eckpunkte des Gesetzes beschrieben werden.

Das *Admissions Committee Law* gibt Gemeinden, die auf staatlichem Land gegründet wurden, das Recht, eine Auswahlkommission zu gründen, die potentielle Einwohner der Gemeinde auf ihre Eignung prüft (Adalah 2011). Dabei wird eine Praktik gesetzlich verankert, die bereits zuvor von bereits bestehenden Auswahlkommissionen angewendet wurde. Das Gesetz listet als wichtigste Gründe für die Ablehnung von Bewerbern auf, dass die Kandidaten nicht geeignet sind für das soziale Leben in der Gemeinde oder sich als nicht kompatibel mit dem sozio-kulturellen Gefüge in der Gemeinde erweisen (Adalah 2011, S. 2). Eine fünfköpfige Auswahlkommission soll laut Gesetz diese Eignung prüfen. Die Kommission besteht aus zwei Bewohnern der Gemeinde, einem Vertreter der Bewegung[5], zu der die Gemeinde gehört und einem Vertreter der *Jewish Agency*[6] oder der *World Zionist Organization*[7] sowie einem Vertreter des Regionalrats der Region (Adalah

---

[5] Jede ländliche Gemeinde in Israel ist gesetzlich verpflichtet, sich einer Bewegung anzuschließen. Für mehr Informationen zu den Bewegungen siehe Newman (1986, S. 132).

[6] Die *Jewish Agency for Israel*, gegründet 1929, setzt sich nach eigenen Angaben für die Sicherung einer lebendigen jüdischen Zukunft und einer besseren Gesellschaft in Israel ein. Die *Jewish Agency* war maßgeblich am Aufbau des Staates Israel beteiligt und dient weiterhin als offizielle Verbindung zwischen dem jüdischen Staat und jüdischen Gemeinden auf der ganzen Welt (Jewish Agency for Israel, http://www.jafi.org.il/JewishAgency/English/About).

[7] Die *World Zionist Organization,* gegründet 1897, ist der Förderung der zionistischen

2011, S. 3).

Nachdem das *Admissions Committee Law* im Jahr 2010 erstmals in den Rechtsausschuss der Knesset eingebracht und dort einstimmig verabschiedet wurde, musste das Gesetz im Laufe des Gesetzgebungsverfahrens aufgrund öffentlicher Diskussionen verändert werden. Zu den Änderungen zählt die Beschränkung der Gültigkeit des Gesetzes auf Gemeinden mit bis zu 400 Haushalten in der Region Negev und Galiläa. Zudem wurde eine Einschränkung vorgenommen, dass die Auswahlkommission einen Kandidaten nicht aufgrund von Rasse, Religion, Geschlecht, Nationalität oder Behinderung ablehnen darf (Izenberg 2011). Bei der Abstimmung, die am 24.03.2011 um drei Uhr nachts stattfand, waren nur 55 der 120 Abgeordneten der Knesset anwesend. Davon stimmten 35 Abgeordnete für und 20 gegen das Gesetz. Ungewöhnlich ist, dass nur drei Abgeordnete der *Kadima*-Partei anwesend waren, die zu diesem Zeitpunkt die größte Fraktion der Knesset stellte. Zwei der anwesenden *Kadima*-Abgeordneten haben das Gesetz zusammen mit dem Abgeordneten David Rotem der Partei *Yisrael Beiteinu* in das Parlament eingebracht (Khoury & Lis 2010).

Nationale und internationale Menschenrechtsorganisationen bewerten das Gesetz als diskriminierend, da es in erster Linie darauf abzielte, Minderheiten und insbesondere arabischen Bürgern den Zugang zu jüdischen Gemeinden zu verwehren. Damit würde das Gesetz der Beziehung zwischen arabischen und jüdischen Israelis schaden (International Crisis Group 2012, Human Rights Watch 2011, Adalah 2012, ACRI 2010).

Die Gründe für die Auswahl des *Admissions Committee Law* für eine Analyse in dieser Studie liegen zum einen darin, dass es sich um ein kontroverses Gesetz handelt, wie es englischsprachige israelische Zeitungen beschreiben (Khoury & Lis 2010; Friedman 2011). Zum anderen bekam das Gesetz internationale Aufmerksamkeit dadurch, dass die Menschenrechtsorganisation *Adalah* das Gesetz als Beispiel diskriminierender Gesetzgebung an Menschenrechtsbeauftragte im US State Department und der Europäischen Kommission weitergab und es in deren Berichten zu Israel aufgenommen wurde (High Representative of the Union for Foreign Affairs and Security 2012; Bureau of Democracy 2012). Nicht zuletzt berührt das Gesetz mit der Frage, wer seinen Wohnort an welchem Ort wählen darf und ob Bürger das Recht haben zu entscheiden, wer neben ihnen wohnt, den Kern gesellschaftlichen Zusammenlebens.

---

Idee als wichtiges Element des zeitgenössischen jüdischen Lebens verpflichtet (World Zionist Organization, http://www.wzo.org.il/Mission-Statement).

# 5. Methode

## 5.1 Darstellung der Methode und Vorgehensweise

Ziel der Studie ist es, das Verhältnis zwischen dem israelischen Staat und der arabischen Minderheit theoretisch nachzuvollziehen und die Darstellung der Debatte in den englischsprachigen israelischen Printmedien zu analysieren. Die angemessenste Methode für das Forschungsinteresse ist die Diskursanalyse, denn sie bietet die Möglichkeit, „tatsächliche Verläufe (Diskurse) und ihre Regularitäten, Formen, Strukturen und Akzeptanzbemühungen und ihre gesellschaftlichen Auswirkungen in ihren jeweiligen Singularitäten aufzudecken" (Jäger 1999, S. 225). Voraussetzung für die Diskursanalyse ist eine gründliche Kenntnis dessen, welches Wissen bereits über den erforschten Gegenstandsbereich vorhanden ist, denn der Diskurs soll vor dem Hintergrund seiner Einbettung in den gesellschaftlichen Kontext analysiert werden (Diaz-Bone 2005, S. 538). Die ausführliche Darstellung des Forschungsstandes in Abschnitt 3 und die sich an die empirische Analyse anschließende Diskussion in Abschnitto 6 soll diesen Anforderungen Rechnung tragen.

Aufbauend auf der Diskurstheorie Michel Foucaults haben sich unter dem Dach der Diskursanalyse unterschiedliche Verfahren entwickelt, zu denen verschiedene Disziplinen ihren Beitrag geleistet haben (Jäger 1999, S. 173). Entscheidend für das methodische Vorgehen sind die Fragestellung und das Erkenntnisinteresse, welche im Rahmen der vorliegenden Arbeit die Auswahl der Toposanalyse nach Wengeler (2003) begründen. In Anlehnung an Woller (2013) dient diese der Makroanalyse der Argumentationsstrukturen und soll durch Elemente der Mikroanalyse nach Matouschek et al. (1995) ergänzt werden.

Die Toposanalyse nach Wengeler untersucht die im Diskurs dominierenden gesell-schaftlichen Bedeutungskonstruktionen. Dabei werden „wiederkehrende Aussagen und Argumentationen in einem großen Textkorpus zu einem öffentlichen Themengebiet (...) erfasst, beschrieben und in ihrer zeitlichen und gruppenspezifischen Verteilung analysiert" (Wengeler 2003, S. 175). Im Mittelpunkt des Analyseverfahrens stehen Topoi als argumentative Schlussregeln und vom Sprecher hergestellte Sachverhaltszusammenhänge, die Bestandteil kollektiven Wissens sind (Wengeler 2003, S. 262). Ebenso wie der Diskurs-Begriff wird auch der Topos-Begriff in Wissenschaft und Bildungssprache unterschiedlich verwendet, geht aber im vorliegenden Kontext auf die rhetorische Tradition der Beschäftigung mit Topoi nach Aristoteles zurück. Wengeler fasst Topos als eine argumentationsanalytische Kategorie auf, die das Erfassen der überzeugungskräftigen Argumentationen möglich macht, mit denen in öffentlich-politischen Debatten Meinungen, Beschlüsse und Handlungen begründet werden (Wengeler 2003, S. 177f.).

Jede Argumentation besteht aus einem Argument, einer Schlussregel und einer Konklusion. Wengeler erklärt dies wie folgt: „Eine strittige Aussage (die Konklusion) wird dadurch glaubhaft, überzeugend gemacht, dass ein Argument (eine unstrittige Aussage) vorgebracht wird. Deren Überzeugungskraft für die Plausibilität der Konklusion beruht auf der Schlussregel" (Wengeler 2003, S. 179). Die öffentlich-politische Argumentation zeichnet sich oft durch das Fehlen der Schlussregel und eine mangelnde Explizitheit aus. Der Mehrwert der Toposanalyse besteht darin, aus den vorhandenen Bestandteilen der Argumentation, meist nur des Arguments, interpretativ auf die Schlussregel, den Topos zu schließen (Wengeler 2003, S. 181).

Die Mikroanalyse unterstützt die Toposanalyse und bezieht sich auf sprachliche Besonderheiten, die die Argumentationslinien unterstreichen und verdeutlichen. Diese Arbeit orientiert sich an Matouschek et al. (1995, S. 54ff.), die die Mikroanalyse als Analyse von „Formen der Versprachlichung auf Wort-, Satz- und Textebene" systematisieren.[8]

Auf der Textebene soll untersucht werden, welche *Primärdiskurse* veröffentlicht werden. Welche Meinungen werden dargestellt, wer wird zitiert und welche Diskursposition, d.h. von welchem politischen Standpunkt wird berichtet? (Jäger & Zimmermann 2010, S. 17) Öffentlich-politische Diskurse seien demnach häufig von einem Wir-Diskurs geprägt, der zwischen der eigenen und der Fremd-Gruppe unterscheidet und die Differenzen zwischen den Gruppen hervorhebt. In diesem empirischen Untersuchungsfall wird nach einer Unterscheidung zwischen der ersten Gruppe, die den israelischen Staat und die Befürworter des Gesetzes umfasst, und der zweiten Gruppe, die die arabische Minderheit und die Gegner des Gesetzes umfasst, gesucht und die sprachliche Darstellung ihrer Argumente untersucht. Besondere Aufmerksamkeit gilt auch gerade der Nicht-Erwähnung einer der beiden Gruppen im Diskursstrang.

Auf Satzebene ist vor allem die semantische Figur der rhetorischen Frage von Bedeutung. Mit der rhetorischen Frage wird ein Mechanismus

---

[8] Als Kommunikationswissenschaftlerinnen verwenden wir die Mikroanalyse aufgrund sprachwissenschaftlicher Limits nicht als eigenständige Analysemethode, sondern ergänzend zur Makroanalyse, um die dort gewonnen Erkenntnisse zu untermauern.

eingesetzt, der dem Leser indirekt eine Meinung vorgibt, ohne dass der Zitatgeber selbst als Autor dieser in Erscheinung treten muss. So ist die Möglichkeit gegeben, Gedanken und Ansichten zu veröffentlichen, ohne selbst Stellungnahme dazu nehmen zu müssen und sich für oder gegen etwas auszusprechen.

Auf der Wortebene sind insbesondere Nomination, Prädikation und grammatikalisch kohäsive Elemente (Personal- und Possessivpronomina) bedeutsam (Matouschek et al. 1995, S. 50ff.). Unter der Kategorie Nomination wird erfasst, welche Gruppen bzw. welche Minderheiten in den Artikeln benannt werden. Es stellt sich die Frage, ob lediglich von der arabischen Minderheit gesprochen wird oder auch andere von dem Gesetz betroffene Minderheiten benannt werden. In welchem Zusammenhang wird dabei von welcher Gruppe gesprochen und wie wird diese charakterisiert?

Die Vorgehensweise besteht darin, in einem ersten Schritt den Diskurskorpus zu erstellen, der sich aus den Artikeln zu einem bestimmten Thema speist, die explizit oder implizit Bezug aufeinander nehmen. In einem zweiten Schritt wird die erste Lektüre eines Teils der Texte vorgenommen und anschließend die Topoi bestimmt, die für die Analyse verwendet werden sollen. Im Unterschied zu inhaltsanalytischen Verfahren, die das Vorkommen von Themen sowie deren positive oder negative Bewertung erfassen und oftmals vor der Textlektüre Hypothesen und Kategorien festlegen, werden bei der Toposanalyse erst nach der ersten Lektüre kontextspezifische Topoi definiert (Wengeler 2003, S. 296). Daher werden anschließend an die erste Lektüre die Topoi im weiteren Verlauf der Auswertung auf den Rest des Diskurskorpus' angewendet und durch neue Aspekte, die in den Texten vorkommen, modifiziert oder erweitert. Quer zu der Auswertung der Topoi stellt sich die Frage, wer bestimmte Topoi in welchem Zusammenhang verwendet. Diese Informationen seien im einzelnen Text zwar nicht zu erkennen, sollen jedoch trotzdem gewonnen werden, schreibt Wengeler (2003, S. 290). Parallel zur Auswertung der Makroanalyse wird die Auswertung der Text-, Satz- und Wortebene der Mikroanalyse vorgenommen. Die drei Ebenen sind eng miteinander verbunden und können nicht lose voneinander betrachtet werden.

## 5.2 Material und Operationalisierung

Der Diskursanalyse liegen die beiden englischsprachigen Online-Ausgaben der *Haaretz* und der *Jerusalem Post* zu Grunde. Die Tageszeitung *Haaretz*, gegründet 1919, ist die älteste bestehende Tageszeitung Israels. Sie gehört zum drittgrößten israelischen Pressekonzern, der *Haaretz-Gruppe*. Zwar hat *Haaretz* eine geringere Auflage als die Konkurrenzblätter, dennoch gilt sie als Medium mit großem Einfluss bei wichtigen Entscheidungsträgern in Politik, Wirtschaft und Gesellschaft (Schejter 2004, S. 905). Der Zeitung wird ein großes Prestige zugesprochen, vor allem aber gilt sie als einzige kommerzielle Zeitung Israels, der es gelingt, „[...] sich den Geist von journalistischem Sendungsbewusstsein zu bewahren und die journalistischen Standards nicht dem Populismus zu opfern" (Katz & Liebes 1996, S. 318). Durch die vielfältige Bevölkerungsstruktur Israels werden nicht nur hebräische, sondern auch verschiedensprachige Medien, unter anderem eine englischsprachige Ausgabe, produziert.

Unter den englischsprachigen Zeitungen gilt die *Jerusalem Post* als die wichtigste. Die Nachfolgezeitung der *Palestine Post*, die bereits in den Jahren vor der Staatsgründung publiziert wurde, wurde 1989 von der Hollinger Group aufgekauft, die bereits mehrere Zeitungen in der USA und Großbritannien verlegt. Die *Jerusalem Post* entwickelte sich im Lauf der Jahre von einer gemäßigt links-orientierten Tageszeitung zum konservativen Gegenstück der *Haaretz*. 2004 erfolgte ein erneuter Eigentümerwechsel, seitdem wird sie durch den orthodoxen Geschäftsmann Shlomo Ben-Tzvi vermarktet. Genau wie die *Haaretz* zählt sie zu den journalistisch hochwertigen und sehr textlastigen Printerzeugnissen in Israel. Trotz der eher konservativ-liberalen Ausrichtung setzt die *Jerusalem Post* auf ein breites Meinungsspektrum und veröffentlicht zahlreiche Artikel verschiedener Gastautoren.

Mithilfe der Datenbank LexisNexis wurde in beiden Zeitungen nach Artikeln, die das Fallbeispiel aufgreifen, gesucht. Für den Zeitraum von 2010 bis 2013 wurden insgesamt 32 Artikel in der *Haaretz* gefunden und 19 in der *Jerusalem Post*. Nach einer ersten Sichtung wurden bei der *Haaretz* 10 Artikel und bei der *Jerusalem Post* 7 Artikel aussortiert, die das Gesetz nur marginal behandeln. Anschließend wurden die verbleibenden Artikel auf ihre Eignung für die Diskursanalyse hin untersucht und so wurden am Ende 9 Artikel aus der *Haaretz* und 9 Artikel aus der *Jerusalem* Post für die endgültige Untersuchung ausgewählt.

Für die Bestimmung der Topoi wurde in Anlehnung an Wengeler (2003) nach einer ersten Lektüre der Artikel bestimmt, welche Topoi für die empirische Analyse verwendet werden sollen und wie sie definiert werden, „[...] wie sie gegeneinander abgegrenzt und nach welchen Kriterien einzelne Textstellen bzw. „Aussagen" als ein Vorkommen des jeweiligen Topos aufgefasst werden sollen" (Wengeler 2003, S. 287). Zu diesem Zweck wurden die in dem Material vorkommenden kontextspezifischen Topoi erfasst und definiert sowie Textbeispiele für die Verwendung des Topos pro und contra des Gesetzes errgänzt. Während der weiteren Textauswertung wurden neue Topoi hinzugefügt und Definitionen verändert. Wurden keine Textbeispiele für die Verwendung eines Topos pro und contra des Gesetzes gefunden, wurde der Topos nur einseitig definiert.

# 6. Empirische Analyse

## 6.1 Darstellung der Topoi

In der Diskursanalyse wurden insgesamt 17 verschiedene Topoi herausgearbeitet, deren einzelne Bedeutung jedoch stark variiert. In der nun folgenden Makroanalyse werden die wichtigsten Topoi ausgewertet und mithilfe der Ergebnisse der Mikroanalyse untermauert. Die Befürworter des Gesetzes verwenden vor allem das Identitäts-, das Kultur-, sowie das Realitätstopos zur Unterstützung ihrer Argumentation, dass das Gesetz gegen Proteste verteidigt werden muss. Alle Topoi argumentieren, dass es einen bestehenden Unterschied zwischen der jüdisch-israelischen Mehrheit und den Minderheitsgruppen im Land gibt und dieser bewahrt und geschützt werden muss. Das Gesetz soll dazu dienen, die Konklusion, dass jüdische Einwohner das Recht haben sollen, darüber zu bestimmen, wer in ihrer Gemeinde wohnt, zu begründen. Dabei wird implizit in normativer Weise von einem Grund, dem besonderen Charakter der Gemeinden auf dem Land, den besonders schwierigen Bedingungen sowie den ethnisch-kulturellen Unterschieden auf eine Folge, nämlich die Notwendigkeit eines Gesetzes, die diese Belastung der jüdischen Gemeinden und seiner Bewohner begrenzt, geschlossen. Die Gegner des Gesetzes argumentieren überwiegend mit dem Fremdenfeindlichkeits- sowie dem Missbrauchstopos. Es wird darauf eingegangen, dass das Gesetz die arabische Minderheit in ihren Rechten diskriminiert und die israelische Mehrheit bevorzugt. Durch die Einschränkung der freien Wohnortwahl wird vom Staat eine räumliche sowie kulturelle Trennung der beiden Bevölkerungsgruppen im Land gefördert, die ein gemeinsames Leben unmöglich macht und die bestehenden Differenzen verfestigt. Des Weiteren wird die Willkür in den Auswahlkommissionen, welche durch persönliche Beispiele untermauert werden, verurteilt.

## Tabelle: Übersicht über ausgewertete Topoi

| Topos | Schlussregel (und ihre Umkehrung) |
|---|---|
| Der Identitäts-Topos | Weil in den Gemeinden ein (kein) spezifisch jüdischer Gemeinsinn gelebt wird, muss dieser (nicht) beschützt werden. |
| Der Belastungs-Topos | Weil Gemeinden auf dem Land (nicht) mit Isolation und schwierigen Bedingungen konfrontiert sind, sollte das Gesetz (nicht) dafür sorgen, dass eine Gemeinschaft entstehen kann. |
| Der Kultur-Topos | Weil jüdische und arabische Israelis unterschiedliche ethnisch-kulturell geprägte Eigenschaften bzw. Mentalitäten haben, sollen sie nicht dazu gezwungen werden, zusammen zu leben (soll das Zusammenleben gefördert werden). |
| Der Separierungs-Topos (inhaltlich spezifizierte Variante des Kultur-Topos, Verbindung zu Zionismus-Topos) | Weil die gesellschaftliche Fragmentierung in Israel stark ist, dürfen gesellschaftliche Gruppen entscheiden, unter ihresgleichen zu wohnen (dürfen gesellschaftliche Gruppen nicht entscheiden, unter ihresgleichen zu wohnen). |
| Der Zionismus-Topos | Weil das Zusammenleben zwischen arabischen und jüdischen Israelis der Idee und Praxis des Zionismus / des jüdischen Charakter des Staates Israel nicht förderlich ist, sollte das Gesetz verabschiedet (abgelehnt) werden. |
| Der Fremdenfeindlichkeits-Topos | Weil das Gesetz die Ablehnung der arabischen Israelis in der jüdischen Bevölkerung fördert, sollte das Gesetz nicht ausgeführt/ abgelehnt werden. |
| Der Gerechtigkeits-Topos | Weil (nicht) alle Israelis aufgrund ihrer Zugehörigkeit zum israelischen Staat gleich sind, sollten sie (nicht) gleich behandelt werden. |
| Der Gesetzes-Topos | (Weil)Obwohl das Gesetz eine Diskriminierung auf Grund von Ethnie, Religion, Geschlecht, Nationalität oder Behinderung verbietet, ist eine diskriminierende Handlung bei der Prüfung durch das Komitee (nicht) möglich. |
| Der Rechts-Topos | Weil wir uns an die Gesetze/das bestehende/kodifizierte Recht halten sollten, ist eine Entscheidung/Handlung zu befürworten (abzulehnen). |
| Der Humanitäts-Topos | Weil das Verfahren der Prüfung durch das Komitee mit den Menschenrechten übereinstimmt (ihnen entgegensteht), ist die Prüfung zu befürworten (abzulehnen). |
| Der Missbrauchs-Topos | Weil das Recht, Kandidaten daran zu hindern, in eine Gemeinde zu ziehen, von den Komitees missbraucht |

| | |
|---|---|
| | wird, sollte das Gesetz nicht verabschiedet werden bzw. es sollten Maßnahmen gegen den Missbrauch eingesetzt werden. |
| Der Topos vom menschlichen Nutzen | Weil das Gesetz für das Verhältnis zwischen gesellschaftlichen Gruppen Nutzen (Schaden) erbringt, sollte das Gesetz verabschiedet (abgelehnt) werden. |
| Der Topos vom politischen Nutzen | Weil die bestehenden Admission Committees unter politischen Gesichtspunkten für den Staat Israel/die jüdische Bevölkerung Nutzen erbringt, sollten sie verrechtlicht werden. |
| Der Realitäts-Topos | Weil die Wirklichkeit so ist, wie sie ist, sollte das Gesetz beibehalten(abgeschafft) werden |
| Der Topos aus der Widerspruchsfreiheit | Weil die Gegner des Gesetzes sich für die Rückgabe besetzter Gebiete und einen palästinensischen Staat aussprechen, sollten sie in der Frage der Integration arabischer Israelis auch diese Position einnehmen und sich für eine Separierung aussprechen. |
| Der Finanz-Topos | Weil die Preise für Grundbesitz steigen, wenn wohlhabende Leute auf dem Land Grundbesitz kaufen, sollte das Gesetz verhindern, dass jede/r in diese Gemeinden auf dem Land ziehen kann. |
| Der Gefahren-Topos | Weil durch das Gesetz die Möglichkeit besteht, dass Juden in der Diaspora diskriminiert werden, sollte das Gesetz abgelehnt werden. |

# 6.2 Diskursanalyse

### Der Kultur- und der Separierungs-Topos

Der bedeutendste Topos, der vor allem von den Befürwortern des Gesetzes angeführt wird, um das Gesetz zu begründen, ist der Kultur-Topos. Er argumentiert auf der Basis der Unterschiede zwischen arabischen und jüdischen Israelis. Die Schlussregel des Kultur-Topos besagt, dass jüdische und arabische Israelis ethnisch-kulturell unterschiedlich geprägt seien und daher das tägliche Zusammenleben zwischen beiden Gruppen nicht möglich sei. *The MK says he supports "building special cities for the Arabs. I don't want them to be mixed with me when I need a kosher neighbor whose house I can eat in" (JP, 04.01.2013).* Der spezifische Charakter der jüdischen Gemeinden soll unter besonderen Schutz gestellt und ein Zusammenleben von jüdischen und arabischen Israelis per Gesetz abgelehnt werden: *It is appropriate to encourage opportunities for Jews and Arabs to interact and live together, but it is inappropriate to impose this kind of coexistence by law (Haaretz, 30.03.2011).* Im Zitat spricht der Autor von "*this kind of* coexistence" – daraus wird deutlich, dass das Zusammenleben von jüdischen und arabischen Israelis in einer Gemeinde als etwas Besonderes, in diesem Fall nicht Erstrebenswertes, angesehen wird. Obwohl die arabischen Israelis inzwischen 20 % der Bevölkerung Israels ausmachen, ist es nicht "normal", dass religiös unterschiedliche Gruppen in gemeinsamen Gemeinden leben. *"Are the law's detractors interested in creating endless daily disputes in these communities, for example, over how to mark the Hebrew date the 5th of Iyar, either as Israeli Independence Day or as a catastrophe - Nakba Day?" (Haaretz, 30.03.2011).* Auf sprachlicher Ebene ist dabei die Besonderheit der wiederholten Verwendung rhetorischer Fragen zu beachten: Insbesondere von den Befürwortern des Gesetzes verwendet, werden die Argumente der Gegner ins Lächerliche gezogen und auf diese Weise wird versucht, die Aussagekraft ihrer Argumente zu schwächen. Die rhetorischen Fragen dienen dem argumentativen Aufbau eines Textes. Durch die quasi-dialogische Form kann der Autor bzw. Zitatgeber implizite Vorurteilsinhalte vermitteln und dabei selbst neutral wirken. Die Gegner, die die arabische Minderheit als einen immanenten Teil des Staates Israel ansehen, widersprechen dem Argument, dass eine Trennung aufgrund von kulturellen Unterschieden erstrebenswert ist: *The 1.5 million Arabs living in this country are an inherent part of the state. The question is (...) whether we can find it in ourselves to tolerate those with a different identity as a legitimate part of our society (JP, 04.11.2010).*

Die Schlussregel des Separierungs-Topos baut auf den Argumenten der Befürworter auf und besagt, dass gesellschaftliche Gruppen in Israel deswegen entscheiden dürften, unter ihresgleichen zu wohnen: *"I believe that everyone is allowed to choose his neighbors," he says. The Yisrael Beytenu MK explains that the country's Jewish citizens should be allowed to prevent Arabs from coming into their neighborhoods, if they so choose (JP, 04.01.2013). The bill's sponsor, MK Israel Hasson (Kadima), said it is a balance between the equality principle and the freedom and right to choose neighbors in small peripheral communities (Haaretz, 21.06.2011).* Auf der Wort-Ebene der Analyse zeigt sich zum einen, dass sich der Diskurs stark um den Begriff *community* – Gemeinde, Gemeinschaft – dreht. Die Befürworter des Gesetzes betonen damit ihr zentrales Argument, dass die Dörfer auf dem Land, um die es im Gesetz geht, eine starke Gemeinschaft haben, die es aus ihrer Sicht zu schützen gilt. Zum anderen wird deutlich, dass der begriffliche Gegensatz zwischen jüdischer Mehrheit und arabischer Minderheit, *Jews, Jewish* und *Arabs, Arab* im Diskurs omnipräsent ist, wobei beide

Begriffspaare in dem Gesetztext selbst nicht vorkommen.[9]

## Der Identitäts- und der Belastungs-Topos

Die Schlussregel des Identitäts-Topos geht insbesondere auf die ländlichen jüdischen Gemeinden ein. Dort werde ein spezifisch jüdischer Gemeinsinn gelebt, der beschützt werden müsse: *"The reason is that [in places with fewer than 400 families,] you have a small community" he continues. "You want them to speak to one another, so you want to make sure that there is something to connect them, and you don't want people who are not acceptable to come and sit there and trouble them" (JP, 04.01.2013).* Das Ziel, mit dem Gesetz den spezifischen Charakter ländlicher Gemeinden zu schützen und deren sozialen Zusammenhalt aufrecht zu erhalten, ist das bedeutendste Argument für das Gesetz und wurde auch in die Erläuterungen zum Gesetzestext aufgenommen.

Diese Gemeinden auf dem Land seien darüber hinaus mit schwierigen Bedingungen konfrontiert, weshalb die Erhaltung und Förderung der Gemeinschaft von besonderer Bedeutung sei, so die Schlussregel des Belastungs-Topos. Als schwierig werden die Abgeschiedenheit und die rauen geographischen und klimatischen Bedingungen genannt: *"The communities in which the committees operate are the ones in the periphery, she says, and it is important to have a group that meshes well, to deal with the sometimes harsh conditions and isolation in those areas" (JP, 04.01.2013).*

Diese Gemeinden müssen jedoch nicht nur vor den schwierigen Bedingungen bewahrt werden, sondern vor allem vor der Bedrohung von außen – anderen kulturellen Einflüssen. *[...] some of these communities are still rewriting admission regulations in order to "preserve their Jewish and Zionist character" (Haaretz, 16.12.2010).* Der jüdische und zionistische Charakter der Gemeinden wird von den Autoren herangezogen, um deren Besonderheit zu betonen und den Unterschied zu der arabischen Minderheit deutlich zu machen. Auch bei diesem Argumentationsstrang werden rhetorische Fragen eingesetzt, die eine Abwertung der "fremden" Kultur enthalten und somit die eigenen Werte und Traditionen stärken: *"In my opinion, every Jewish community should have at least one Arab. What would happen if my refrigerator stops working on Shabbat?" (Haaretz, 24.03.2011).* Die Betonung der unterschiedlichen Identitäten ist eines der Hauptargumente für das Gesetz und die Anwendung der *admission committees* in den Gemeinden. Es wird immer wieder betont, dass Bewerber

---

[9] Mit Ausnahme von *Jewish,* da in dem Gesetzestext festgelegt ist, dass ein Vertreter der Jewish World Agency in der Auswahlkommission vertreten sein muss (Adalah 2011).

für eine Gemeinde auf ihre "Passgenauigkeit" hin untersucht werden müssen. *[...] to reject candidates according to 'suitability to the community's fundamental outlook'[...] (Haaretz, 28.10.2010)*, denn nur so könne die Eigenart der Gemeinde und deren sozialer Zusammenhalt erhalten werden.

Über den spezifisch jüdischen Charakter der Gemeinden hinaus begründen die Befürworter des Gesetzes die Maßnahme als wichtig, um den jüdischen Charakter des Staates Israel sowie den Zionismus als eine seiner Gründungstraditionen zu fördern. *Also, the fact that only Jewish communities in the North and South would be obliged to have admissions committees was in keeping with Zionism's pioneering tradition of building Jewish settlements in the country's remote areas, according to Rivlin (JP, 03.02.2011a)*. Bei dem Gesetz gehe es weniger um juristische Feinheiten, sondern um die Rolle des Zionismus in der israelischen Gesellschaft. *[...] that the fight is less over the legal niceties and more about the role of Zionism in Israeli society (JP, 04.01.2013)*.

Die Gegner des Gesetzes nutzen die gleichen Topoi, um die Schlussregeln und die Konklusionen der Befürworter in Zweifel zu ziehen oder ihnen zu widersprechen. So bestreiten die Gegner vor allem den spezifischen Charakter der Gemeinden. *If a community had a special character, things might be different, he suggests. However, the communities establishing committees, many of them close to large cities, are no different from other suburbs (JP, 04.01.2013)*. Darüber hinaus wird in Zweifel gezogen, dass es den besonderen Gemeinsinn in den betroffenen Gemeinden wirklich gäbe. *Joubran also took aim at the state's vague descriptions of the need for harmony in the communities, inquiring if there was "any research" showing that in the communities "everything is perfect and there are no fights" among the residents (JP, 05.12.2012)*. Auch das Argument der schwierigen Rahmenbedingungen der Gemeinden auf dem Land sehen die Gegner als nicht gegeben an. *However, some critics allege, the harshness of latter-day settlement is not as it once was in the early days of the state (JP, 04.01.2013)*. Darüber hinaus beklagen die Gegner, dass eine räumliche Trennung der ethnischen Gruppen vom Parlament gebilligt werden würde. *Amnon Be'eri-Sulitzeanu and Mohammad Darawshe, directors of The Abraham Fund Initiative, said the law "establishes a mechanism of ethnic segregation between Jewish and Arab citizens of Israel under the auspices of the Knesset" (JP, 24.03.2011)*.

Sowohl bei den Befürwortern als auch bei den Gegnern des Gesetzes dreht sich die Sprache der Argumentationen maßgeblich um die Begriffe Gemeinde, Gemeinschaft, Nachbarschaft, sozialer Zusammenhalt, schützen, bewahren, spezieller und einzigartiger Charakter. Die Begriffswahl verdeutlicht hier das inhaltliche Argument, dass den jüdischen Gemeinden auf dem Land eine wichtige Bedeutung zukommt, und es gilt, diese vor Eindringlingen zu schützen.

## Der Fremdenfeindlichkeits- und der Gerechtigkeits-Topos

Der Fremdenfeindlichkeits-Topos wird ausschließlich von den Gegnern des Gesetzes genutzt, um ihre Ablehnung damit zu begründen, dass die Prüfung von Kandidaten durch die Auswahlkommissionen diskriminierend sei, weil sie Minderheiten ausschließe und dem Gleichheitsgrundsatz aller Bürger widerspreche: *Arab and left-wing MKs charged that the bill was racist and aimed to prevent Arabs from being accepted in Jewish communities, even though the land is state-owned (JP, 28.10.2011).* Jedoch werden in diesem Zusammenhang nicht nur die arabische Minderheit als Betroffene angesehen, sondern auch die anderen Bevölkerungsgruppen genannt: *Critics of the admission committee law, which would apply to communities in the north and south with up to 400 families, have said the provisions could be used to bar weaker demographic groups, including Arabs, immigrants, same-sex couples and single-parent families, from being accepted as residents (Haaretz, 24.03.2011).* Damit in Verbindung steht der Gerechtigkeits-Topos, der stark normativ geprägt und „eines der wichtigsten und häufigsten Muster der Alltagsargumentation überhaupt" ist (Kienpointner 1992, S. 294). Demnach seien alle Israelis aufgrund ihrer Zugehörigkeit zum israelischen Staat gleich, und sie seien deshalb gleich zu behandeln. *It's one of the state's main obligations to provide citizens with equal opportunity to make a home for themselves (JP, 03.02.2011b).*

Die Sprache des Fremdenfeindlichkeits-Topos ist geprägt von Begriffen wie Arabisch, Diskriminierung, Minderheit, gleich(berechtigt), Bürger sowie negativen Verben, die die Diskriminierung und Ungleichbehandlung gegenüber den arabischen und anderen Minderheiten ausdrücken: *[...] the legislation would harm not only Israel's Arab citizens, but a range of underprivileged groups including Jews of Mizrahi origin, single mothers and gay parents. [...] Sana and Tibi described the bill as a racist attempt to prevent Arabs from living in Jewish communities (Haaretz, 28.10.2010).* Die Gegner zitieren hier auch den Abgeordneten David Rotem, der das Gesetz eingebracht hat, mit einem sarkastischen Einwurf in einer parlamentarischen Debatte, der zeigt, wie herablassend hier mit arabischen Israelis umgegangen wird. *[...] that despite his wish to bar Arabs from living with Jews in a yishuv, "one Arab is useful to have around" if one needs to turn the light on or off on Shabbat (JP, 03.02.2011b).* Auffällig ist, dass keine deutliche sprachliche Abgrenzung in eine Eigen- und eine Fremdgruppe stattfindet, wie es oft der Fall ist in *Diskursen der Differenz* (Matouschek et al. 1995). Zwar werden die "Opfer" des Gesetzes aufgezählt, aber es findet keine Solidarisierung sowie Identifizierung durch die meisten Autoren mit den Betroffenen statt. Lediglich in einem Fall findet durch die Verwendung des Personalpronoms "wir" - eine sprachliche Identifikation mit der palästinensisch-arabischen Minderheit statt. Mohammad Darawshe von *The Abraham Fund Initiative* wird mit der Aussage zitiert: *We are an indigenous minority who live in a democratic country, and as such demand our rights according to the standards of democratic states (JP, 02.06.2011).*

### Der Missbrauchs- und der Humanitäts-Topos

Die Schlussregel des Missbrauchs-Topos sagt, dass das Recht der Auswahlkommissionen, Kandidaten daran zu hindern, in eine Gemeinde zu ziehen und insbesondere die genannten Kriterien von den Auswahlkommissionen missbraucht werden würden und daher das Gesetz nicht verabschiedet werden sollte, bzw. es sollten Maßnahmen gegen den Missbrauch eingesetzt werden. *According to Ari Singer, the law is indeed used capriciously to discriminate against anybody the committee members do not like (JP, 04.01.2013). The petitioners responded with a number of arguments, ranging from saying that the criteria used by the communities are too vague and liable to abuse (JP, 05.12.2012).* Der Schlussregel des Humanitäts-Topos zufolge verletze das Verfahren der Prüfung durch die Auswahlkommission die Menschenrechte, weil sie die Würde der Menschen angreife und aus diesem Grund die Prüfung abzulehnen sei: *Supreme Court President Justice Dorit Beinish criticized the in-depth investigation that these admission committees carried out, stressing the breach of privacy by psychological examinations (JP, 03.02.2011b).* Diesen Schlussregeln widersprechen die Befürworter des Gesetzes nicht. Im Fall des Missbrauchs-Topos gibt es sogar Stimmen, die der Möglichkeit des Missbrauchs zustimmen: *All arguments over Zionism and racism and the nature of the State of Israel aside, everybody admits that there is a possibility of these committees being misused. Even Rotem concedes this possibility. It may be, he says, that "the rules are not working because people are playing with them, because they don't want somebody to come into their town. It's a possibility" (JP, 04.01.2013).*

Die Argumentation basiert auf Begriffen wie Prozess, Kriterien, Vereinbarkeit, Akzeptanz, Auswahl. Die Begriffe machen deutlich, dass es um einen administrativen Vorgang geht, dem sich ein Kandidat zu unterziehen hat, bevor er in eine Gemeinde ziehen darf oder nicht. Es fällt auf, dass viel indirekte Rede genutzt wird, da Zeugen für den Auswahlprozess angeführt werden. In der *Jerusalem Post* werden als Zeugen für den erniedrigenden und willkürlichen Prozess allerdings keine arabischen Israelis angeführt, sondern zwei jüdische Israelis. Im ersten Zitat wird insbesondere auf die soziale Stellung des Zeugen eingegangen: *The committees are just capricious, says Rabbi Dan Marans, the director of the Tzomet Institute, an organization that manufactures "kosher" hi-tech gadgetry for the IDF, hospitals and the private sector that can be used on Shabbat. Marans is an influential and beloved figure in the national-religious community. His personal status, however, was not enough to prevent a community to which he applied from rejecting him due to his age. The people on the committees, he says, "don't necessarily represent the views of the people who live in the village. It's just a way for people who don't have strength and don't have positions" to assert themselves (JP, 04.01.2013).* Als Beleg für die Willkür des Prozesses nimmt die *Jerusalem Post* eine Zeugenaussage eines Vorsitzenden einer Auswahlkommission auf, die dieser für die Petition der NGOs *ACRI* und *The Abraham Fund Initiative* gegen das Gesetz vor dem Obersten Gerichtshof gegeben hat: *In another affidavit, Eliyahu Stern, a resident of the communal village Ya'ad who chaired the local committee, details the selection process. Stern states that very often, the committee rejects applicants because of a sudden caprice by a member. Stern also says that in most cases, the evaluation institutes act mainly as a rubber stamp for the committees, and do not screen applicants based on local requirements (JP, 24.03.2011).*

### Der Realitäts-Topos

Die Schlussregel des Realitäts-Topos zeigt, dass die Gegner und die Befürworter des Gesetzes die Wirklichkeit als verschieden wahrnehmen und den Gesetzestext unterschiedlich interpretieren. Der Realitäts-Topos bezieht sich auf die Frage, ob das Gesetz lediglich die derzeitige Situation festschreibe. *"The law permits us to uphold priorities that we have lived by the past 100 years," he said citing in particular the "national mission" of populating the Galilee and Negev" (Haaretz, 03.02.2011).* Es wird argumentiert, dass jeder das Recht hätte, sich auszusuchen, wer in seiner Gemeinde lebt und dass durch das Gesetz dieser Auswahlprozess geregelt sei und nicht gegen Gesetze und Menschenrechte verstoße: *The bill's sponsor, MK Israel Hasson (Kadima), said it is a balance between the equality principle and the freedom and right to choose neighbors in small peripheral communities (Haaretz, 21.06.2011).* Die Befürworter betonen die Bedeutung

243

des Gesetzes für die Entwicklung und den Schutz der Gemeinden und kritisieren die Gegner für deren Proteste und Klagen beim Obersten Gerichtshof: *One of the bill's sponsors, David Rotem of Yisrael Beiteinu, said in response: "I am not ignoring improper disqualification of people, but such concerns cannot prevent the Knesset from dealing with a situation in which development of communities is blocked" (Haaretz, 24.03.2011).* Wie bereits in Abschnitt 3 dargestellt, leben seit der Gründung Israels im Jahr 1948 die jüdische Mehrheit und die arabische Minderheit in ständigen Konflikten und in verschiedenen Regionen. Obwohl die arabische Minderheit per Gesetz gleichgestellt ist, wird sie in vielen Bereichen des gesellschaftlichen Lebens benachteiligt. Diese Diskriminierung sehen die Gegner nun mit diesem Gesetz verrechtlicht.

### Der Beispiel-Topos

Ein hinter den bisher genannten Topoi in seiner Bedeutung zurückstehender, aber für die Gegner des Gesetzes bedeutsamer Topos ist der Beispiel-Topos. Die Schlussregel besagt, dass das Recht, in eine jüdische Gemeinde zu ziehen, das der Oberste Gerichtshof im sogenannten Qaadan-Fall einem arabisch-israelischen Paar zugesprochen hat, dazu führen sollte, dass es in allen Fällen möglich sein sollte, in eine jüdische Gemeinde zu ziehen. Die Gegner des Gesetzes argumentieren auf dieser Grundlage, dass das Gesetz die Entscheidung des Obersten Gerichtshofes aus dem Qaadan-Fall umgehen würde: *Ten years ago, the High Court ruled in a landmark case that Adel and Iman Kaadan, an Israeli-Arab couple from the town of Baka al-Gharbiya whom ACRI was representing, could not be barred from moving into the Jewish community of Katzir due to their ethnicity. ACRI is using this precedent in its current suit (JP, 04.01.2013). They also claim that the law circumvents past High Court decisions forbidding the creation of villages for Jews only (JP, 24.03.2011).* Über die genannten relevantesten Topoi hinaus gibt es eine Reihe weiterer Topoi, die jeweils nur von einer Seite und singulär verwendet werden, um wichtigere Topoi zu stützen.

## 6.3 Vergleichende Betrachtung

Im Vergleich der *Jerusalem Post* und der *Haaretz* zeigt sich, dass in der *Haaretz* die Argumente der Befürworter des Gesetzes (dass das Gesetz der Wirklichkeit in Israel entsprechen würde und nicht diskriminierend sei, weil der Gesetzestext eine Diskriminierung verhindern würde) eine größere Rolle spielen als in der *Jerusalem Post*. Dies ist nicht erstaunlich, da die Artikel überwiegend in der Rubrik *News* erschienen sind und zumeist von den beiden Autoren Jack Khoury und Jonathan Lis verfasst wurden. Lediglich zwei relevante Meinungsartikel, welche jedoch beide von eindeutigen Gegnern des Gesetzes verfasst sind, wurden in der *Haaretz* veröffentlicht. Die Argumente der Gegner (das vom Gesetz genehmigte Auswahlverfahren für Gemeinden könne missbraucht werden und verletze die Würde der Kandidaten) spielen in der *Haaretz* nur eine untergeordnete Rolle. Im Gegensatz dazu wurden in der *Jerusalem Post* eine Reihe von Meinungsartikeln sowie ein Feature zu dem untersuchten Gesetz veröffentlicht. Bei den Meinungsartikeln wurden zwei Artikel von NGO-Vertretern geschrieben, jeweils einer von *The Abraham Fund Initiatives* und *ACRI*, die als Gegner des Gesetzes den Meinungsartikel nutzen, um ihre Ablehnung des Gesetzes zu verdeutlichen. Ein weiterer Meinungsartikel wurde extern verfasst, der Autor Jeremy Sharon ist ein Wissenschaftler, der für eine Reihe von Think Tanks gearbeitet hat und sich ebenfalls gegen das Gesetz ausspricht.

Auf der Seite der Befürworter des Gesetzes bekommt die Sichtweise des Abgeordneten Rotem, der das Gesetz eingebracht hat, besonderes Gewicht, da ein Feature über ihn in der *Jerusalem Post* veröffentlicht wurde. Insgesamt zeigt sich, dass die *Jerusalem Post* im Gegensatz zur *Haaretz* mehr Formate nutzt, um über das Thema zu schreiben und auch externen Autoren das Wort gibt. Betrachtet man die sprachliche Gestaltung der Argumentationsstränge in beiden Zeitungen, so wird ein einheitlicher Sprachgebrauch sichtbar. Die Worte arabisch, jüdisch, Gemeinschaft, Identität, diskriminierend und umstritten kennzeichnen den Diskurs um das *Admission Committee Law* und werden sowohl von Befürwortern als auch Gegnern verwendet.

# 7. Diskussion

Ziel der Untersuchung war es, den veröffentlichten Diskurs über die Politik gegenüber der arabischen Minderheit anhand des *Admissions Committee Law* in englischsprachigen israelischen Tageszeitungen zu erfassen und zu erkennen, welchen Stellenwert die ethnische Minderheit im Land und in der Politik hat. Das 2011 verabschiedete *Admissions Committee Law* regelt das Zusammenleben zwischen israelischer Mehrheit und arabischer Minderheit und gibt Gemeinden unter 400 Haushalten in der Region Galiläa und Negev das Recht, durch *Admissions Committees* Bewerber nach ihrer Eignung für das Leben in der Gemeinde zu prüfen und gegebenenfalls abzulehnen.

Die empirische Analyse des medienvermittelten Diskurses über das Gesetz hat ergeben, dass die gesamte Berichterstattung in der *Haaretz* mit 32 Artikeln wesentlich umfangreicher war als in der *Jerusalem Post*. In beiden Zeitungen überwog die journalistische Gattung der Nachricht und des Berichts, gefolgt von Meinungsartikeln. Letztere sind im Diskurskorpus, der 18 Artikel umfasst, aufgrund ihrer Eignung für die Diskursanalyse überproportional vertreten. In der *Haaretz* kommen Befürworter und Gegner des Gesetzes in etwa gleichen Teilen zu Wort, während in der *Jerusalem Post* die Stimmen der Gegner überwiegen, ganze Meinungsartikel wurden von NGOs verfasst. Auf Seiten der Befürworter werden in beiden Zeitungen Abgeordnete des Mitte-Rechts-Spektrums zitiert sowie Vertreter der israelischen Justiz. Auf Seiten der Gegner werden hauptsächlich Vertreter von NGOs zitiert, wobei sich diese, und das ist auffällig, auf sprachlicher Ebene nicht mit der arabischen Minderheit identifizieren. Es wird von "der arabischen Minderheit" gesprochen und somit eine Distanz zwischen Autor und Minderheit geschaffen. Personalpronomen wie *wir, uns, unser* fehlen und verhindern eine sprachliche Verbindung und Identifizierung mit der Eigengruppe. Seltener werden Abgeordnete der arabischen Parteien erwähnt, nicht aber deren Teilhabe am Gesetzgebungsprozess thematisiert.
Auch wenn das Gesetz nicht ausschließlich die arabische Minderheit betrifft, so wird der Zusammenhang in der Berichterstattung jedoch eindeutig hergestellt. Die arabische Minderheit ist in der Mehrzahl der Überschriften der Artikel genannt und über das Gesetz wird insbesondere im Zusammenhang mit anderen diskriminierenden Gesetzen gegen die palästinensisch-arabische Minderheit berichtet, vor allem dem *Nakba Law*[10], das in der gleichen Parlamentssitzung verabschiedet wurde.

Von den Befürwortern wird das Gesetz mit dem Schutz der jüdischen Gemeinden und ihrer Identität begründet und der Ausschluss der Bevölkerungsgruppe der arabischen Israelis nicht thematisiert. Die jüdischen Gemeinden seien Teil der Tradition des Zionismus und das Gesetz sorge dafür, dass der jüdische Charakter des Staates auf der Ebene des täglichen Zusammenlebens reflektiert werde und erhalten bleibe. Von Seiten der Gegner wird das Gesetz im Wesentlichen als Angriff auf den

---

[10] Das *Nakba Law* verbietet die staatliche Förderung für Institutionen, die das Gedenken an den Tag der *Nakba*, den von Seiten der arabischen Minderheit als *Katastrophe* bezeichneten Unabhängigkeitstag der Israelis, feiern.

demokratischen Charakter des Staates Israels bewertet und Demokratie als die Rechtsform verstanden, die die Gleichheit aller Bürger garantiert. Da die Gegner das Gesetz vorwiegend als Versuch eines Ausschlusses der arabischen Minderheit verstehen, rücken sie die Fremdenfeindlichkeit des Gesetzes in Form einer Diskriminierung auf Basis der Ethnie in den Mittelpunkt ihrer Argumentation. Positive Argumente, die beispielsweise auf Verständnis und Dialog zwischen beiden Bevölkerungsgruppen zielen, finden in der Berichterstattung von keiner Seite Erwähnung.

Vor dem Hintergrund des in Abschnitt 3 dargelegten Forschungsstandes zeigt sich, dass sich im medienvermittelten Diskurs über das Gesetz der Konflikt über den Charakter des israelischen Staates als *jewish state* oder als *state for all its citizens* wiederfindet. Von israelischer Seite findet sich der Vorwurf an die arabische Minderheit wieder, ihre Forderungen seien nicht gerechtfertigt, da sie ausreichend Ressourcen und Rechte erhielten. Von Seiten der arabischen Minderheit ist auffällig, dass weder auf historischer Ebene (Argument: die arabische Minderheit habe schon immer auf dem Land gelebt), noch auf politischer Ebene (Argument: die arabische Minderheit besitze keine Gestaltungsmöglichkeiten im Parlament), argumentiert wird. Auch wird keine Einbettung in einen allgemeinen Diskurs über die Diskriminierung der arabischen Minderheit in verschiedenen Lebensbereichen vorgenommen oder Bezug genommen auf die Forderung der arabischen Minderheit nach Gewährung kollektiver Rechte. Die Tatsache, dass hauptsächlich NGO-Vertreter von Seiten der arabischen Minderheit zu Wort kommen, entspricht den Aussagen der Literatur über die Bedeutung der arabischen NGOs in Israel. Das Ergebnis der Analyse auf Wort-Ebene, dass deren Vertreter sich mit der arabischen Minderheit nicht identifizieren, erstaunt dagegen. Ein möglicher Grund dafür ist, dass die NGOs auf der Basis von Bürger- und Menschenrechten argumentieren, insbesondere mit Verweis auf die Gleichheit aller und die Menschenwürde, und eine Parteinahme aus ihrer Sicht diese Argumentation schwächen würde.

Im Hinblick auf die theoretischen Perspektiven aus Abschnitt 2 lässt sich konstatieren, dass im medienvermittelten Diskurs über das Gesetz die ethnische und kulturelle Zugehörigkeit jüdischer und arabischer Israelis eine wichtige Rolle spielt und eine Grenzziehung auf Basis des kulturellen Bewusstseins der Mitglieder, in diesem Fall vor allem der jüdischen Bevölkerungsgruppe, erfolgt. So zeigt sich, dass sich in den jüdischen Gemeinden in der Vergangenheit charakteristische Formen des Zusammenlebens auf Basis jüdischer Traditionen ausgebildet haben, auf die weiter Bezug genommen wird. In dem Diskurs zeigt sich auch deutlich, dass es sich bei der arabischen Minderheit um eine unfreiwillige Minderheit handelt, die die Interaktion der jüdischen Mehrheit mit ihr als diskriminierend empfindet. Der untersuchte Diskurs ist ein Diskurs der Exklusion, es geht um die kulturelle Abgrenzung und die räumliche Trennung von Bevölkerungsgruppen. Interaktionen auf individueller Ebene oder Inklusionsbemühungen werden nicht thematisiert.

Der Sichtweise auf die Beziehung zwischen Mehrheit und Minderheit in Israel liegt vor allem der Zionismus als ideologische Überzeugung zugrunde, aus dem die Forderung nach dem Schutz des jüdischen Gemeinsinns vor Bedrohung von außen abgeleitet wird. Diese Überzeugung hat im vorliegenden Fall praktische Auswirkungen auf rechtliche Fragen der Gleichberechtigung und Diskriminierung in Bezug auf den verfügbaren Wohnraum. Die normative Frage nach der Gleichstellung aller Bevölkerungsgruppen im Hinblick auf den Zugang zu Ressourcen wird dabei von jüdischer und arabischer Seite unterschiedlich interpretiert. Von israelischer Seite ist es im vorliegenden Fall gerechtfertigt, wenn beide Bevölkerungsgruppen getrennte Ressourcen zur Verfügung gestellt bekommen, von arabischer Seite sollen es die gleichen Ressourcen sein. Die Frage nach der Staatsbürgerschaft und den damit verbundenen Privilegien und Rechten der arabischen Minderheit ist dabei im untersuchten Diskurs der Frage nach dem jüdischen Charakter des Staates untergeordnet, die, wie oben beschrieben, den zentralen Streitpunkt zwischen arabischen und jüdischen Israelis darstellt, was sich auch in der empirischen Analyse gezeigt hat. So lange diese Frage nicht gelöst ist, werden sich alle darauf aufbauenden Probleme nicht klären können und sich das Verhältnis zwischen jüdisch-israelischer Mehrheit und arabisch-palästinensischer Minderheit nicht bessern.

Die Medien spielen für den untersuchten Diskurs eine entscheidende Rolle: Die Zeitungen dienen Befürwortern und Gegnern des Gesetzes als Kommunikations-kanal, um ihre Sichtweisen und Argumente darzulegen und einen größeren Diskurs innerhalb der Minderheits- wie der Mehrheitsgesellschaft zu erzeugen. Dies scheint ihnen gelungen zu sein, die umfangreiche Berichterstattung über das Gesetz ist ein Hinweis darauf. Die Zeitungen legen aber auch fest, welche Akteure, Argumente und Meinungen an die Öffentlichkeit gelangen. So sind Aussagen darüber, welche Themen und Aspekte zu Wort kommen oder nicht vor dem Hintergrund des journalistischen Selektionsprozesses zu sehen und nicht unbedingt den Akteuren selbst zuzuschreiben. Die Auswahl der Akteure durch die Medien zeigt im vorliegenden Diskurs einen starken Fokus auf Eliten, wobei Bürger oder Betroffene nur von israelischer, nicht aber von arabischer Seite zu Wort kommen.

Aufbauend auf diese Studie würde sich im Hinblick auf die genannten Aspekte eine Analyse der hebräischen Tageszeitungen anbieten, da diese den inländischen Diskurs in höherem Maße abbilden. Sinnvoll wäre zudem eine Erweiterung der Untersuchung um Experteninterviews aus Politik, Medien und NGOs, um den gesellschaftlichen Rahmen der Medienproduktion und den gesellschaftlichen und politischen Alltag im Kontext besser einschätzen zu können.

# Bibliografie

ACRI - The Association for Civil Rights in Israel (2010). *Knesset 2010 Winter Session: Expectations and Concerns.* http://www.acri.org.il/pdf/knesset031010en.pdf.

Adalah - The Legal Center for Arab Minority Rights in Israel (2011). *(No. 8), 5771-2011,* unofficial translation by Adalah.

Adalah - The Legal Center for Arab Minority Rights in Israel (2012). *New Discriminatory Laws and Bills in Israel.* http://adalah.org/Public/files/English/Legal_Advocacy/Discriminatory_Laws/Discriminatory-Laws-in-Israel-October-2012-Update.pdf.

Adoni, H., & Cohen, A. A., & Caspi, D. (2002). The consumer's choice: Language, media consumption and hybrid identities of minorities. *Communications,* 27(4), 411–436.

Al-Haj, M. (1993). The Impact of the Intifada on Arabs in Israel: The Case of Double Periphery. In A. A. Cohen & G. Wolfsfeld (Hrsg.), *Framing the Intifada: People and Media* (S. 64-75). Norwood: Ablex.

Auswärtiges Amt (2013). *Israel.* http://www.auswaertiges amt.de/DE/Aussenpolitik/Laender/Laenderinfos/01Nodes_Uebersichtsseiten/Israel_node.html.

Avraham, E. (2003). Press, Politics, and the Coverage of Minorities in Divided Societies: The Case of Arab Citizens in Israel. *The Harvard International Journal of Press/Politics,* 8(4), 7-26.

Bureau of Democracy, Human Rights and Labor (2012). *Country Reports on Human Rights Practices for 2012. Israel and The Occupied Territories.* Hrsg: United States Department of State. http://www.state.gov/documents/organization/204575.pdf.

Diaz-Bone, R. (2005). Diskursanalyse. In L. Mikos & C. Wegener (Hrsg.), *Qualitative Medienforschung. Ein Handbuch* (S. 538–552). Konstanz: UTB.

Friedman, R. (2011). Top court to state: Justify new law on 'admission committees'. Critics of highly controversial legislation passed by Knesset in March say it will ultimately lead to segregation. *Jerusalem Post,* 21.06.2011.

Frisch, H. (2011). *Israel's Security and Its Arab Citizens.* Cambridge: Cambridge University Press.

Ghanem, A. (2012). Palestinians in Israel. The Victory of Discourse vs. the Retreat of Politics. *The Middle East Journal,* 66(2), 361-368.

Gidron, B., & Bar, M., & Katz, H. (2004). *The Israeli Third Sector. Between Welfare State and Civil Society.* Boston, MA: Springer.

Gorenberg, G. (2008). Think Again: Israel. Israel Is a Jewish State. *Foreign Policy*, 08.10.2008, http://www.foreignpolicy.com/articles/2008/04/10/think_again_israel.

Haklai, O. (2011). *Palestinian ethnonationalism in Israel*. Philadelphia: Universtiy of Pennsylvania Press.

High Representative of the Union for Foreign Affairs and Security (2012). *Implementation of the European Neighbourhood Policy in Israel Progress in 2011 and recommendations for action*. Hrsg.: European Commission. http://ec.europa.eu/world/enp/docs/2012_enp_pack/progress_report_israel_en.pdf.

Human Rights Watch (2011). *Israel: New Laws Marginalize Palestinian Arab Citizens*. www.hrw.org/print/news/2011/03/30/israel-new-laws-marginalize-palestinian-arab-citizens.

International Crisis Group (2012). *Back to Basics: Israel's Arab Minority and the Israeli-Palestinian Conflict* (Middle East Report N°119). http://www.crisisgroup.org/en/regions/middle-east-north-africa/israel-palestine/119-back-to-basics-israels-arab-minority-and-the-israeli-palestinian-conflict.aspx.

Izenberg, D. (2011). Amended Bill would take some of communities' power to reject applicants. *Jerusalem Post*, 03.02.2011.

Jäger, S. (1999). *Kritische Diskursanalyse. Eine Einführung*. Duisburg: DISS (DISS-Studien).

Jäger, S., & Zimmermann, J. (Hrsg.) (2010). *Lexikon kritische Diskursanalyse. Eine Werkzeugkiste*. Münster: Unrast (Edition DISS, 26).

Jamal, A. (2008). The counter-hegemonic role of civil society: Palestinian-Arab NGOs in Israel. *Citizenship Studies*, 12(3), 283-306.

Jamal, A. (2009). The Contradictions of State-Minority Relations in Israel: The Search for Clarifications. *Constellations*, 16(3), 493- 508.

Jamal, A. (2011). *Arab minority nationalism in Israel. The politics of indigeneity*. London: Routledge.

Karsh, E. (2013). Israel's Arabs: deprived or radicalized? *Israel Affairs*, 19(1), 2-20.

Katz, E., & Liebes, T. (1996). Israel. In I. Hamm (Hrsg.), *Verantwortung im freien Medienmarkt – Internationale Perspektiven zur Wahrung professioneller Standards* (S. 306-336). Gütersloh: Verlag Bertelsmann Stiftung.

Khoury, J., & Lis, J. (2010). Knesset panel okays bill letting small communities bar Arabs. *Haaretz*, 28.10.2010.

Kienpointner, M. (1992). *Alltagslogik. Struktur und Funktion von Argumentationsmustern*. Stuttgart-Bad Cannstatt: Frommann-Holzboog.

lein, M. (2010). *The shift. Israel-Palestine from border struggle to ethnic conflict*. London: Hurst & Company.

Matouschek, B., & Wodak, R., & Januschek, F. (1995). *Notwendige Massnahmen gegen Fremde? Genese und Formen von rassistischen Diskursen der Differenz*. Wien: Passagen-Verlag.

Mendilow, J. (2012). Israel's Palestinian Minority. From 'Quietism' to Ethno-nationalism. *Israel Studies Review*, 27(1), 142-160.

Newman, D. (1986). Functional Change and the Settlement Structure in Israel. A Study of Political Control, Response and Adaptation. *Journal of Rural Studies*, 2(2), 127–137.

Pappé, I. (2011). *The forgotten Palestinians. A history of the Palestinians in Israel*. New Haven, Conn: Yale University Press.

Peleg, I., & Waxman, D. (2011). *Israel's Palestinians. The conflict within*. Cambridge: Cambridge University Press.

Pfetsch, B. (1999). „In Russia we were Germans, and now we are Russians" - dilemmas of identity formation and communication among German-Russian Aussiedler. Discussion Paper FS III 99-103. Berlin: Wissenschaftszentrum Berlin für Sozialforschung (WZB).

Pfetsch, B., & Weiß, H.-J. (2000). Die kritische Rolle der Massenmedien bei der Integration sozialer Minderheiten. Anmerkungen aus einem deutsch-israelischen Forschungsprojekt. In H. Schatz, C. Holtz-Bacha & J.-U. Nieland (Hrsg.), *Migranten und Medien. Neue*

*Herausforderungen an die Integrationsfunktion von Presse und Rundfunk* (S. 116–126). Wiesbaden: Westdt. Verl.

Reiter, Y. (2009). *National minority, regional majority. Palestinian Arabs versus Jews in Israel.* Syracuse, NY: Syracuse Universtiy Press.

Rekhess, E. (2007). In the Shadow of National Conflict: Inter-group Attitudes and Images of Arab and Jews in Israel. *TriQuarterly*, 131(I), 206-236.

Rekhess, E. (2008). *The Arab Minority in Israel: An Analysis of the ‚Future Vision' Documents.* American Jewish Committee. New York.

Rosenthal, C. (2000). Zur medialen Konstruktion von Bedrohung. Die Rolle der Medien im Migrationsdiskurs. In H. Schatz, C. Holtz-Bacha & J.-U. Nieland (Hrsg.), *Migranten und Medien. Neue Herausforderungen an die Integrationsfunktion von Presse und Rundfunk* (S. 196-206). Wiesbaden: Westdt. Verl.

Schejter, A. (2004). Medien in Israel. In Hans-Bredow-Institut (Hrsg.), *Internationales Handbuch Medien 2004/2005* (S. 905-911). Baden-Baden: Nomos-Verlag.

Schmidt-Matern, B. (2009). Fremde im eigenen Land. Israels arabische Minderheit. *Deutschlandradio*, 30.06.2009. http://www.dradio.de/aktuell/990949/.

Schneider, J. (2009). *Migration und Integration in Israel.* http://www.bpb.de/veranstaltungen/dokumentation/127377/migration-und-integration-in-israel?p=all

Trebbe, J. (2009). *Ethnische Minderheiten, Massenmedien und Integration. Eine Untersuchung zu massenmedialer Repräsentation und Medienwirkungen.* Wiesbaden: VS.

Wengeler, M. (2003*). Topos und Diskurs. Begründung einer argumentationsanalytischen Methode und ihre Anwendung auf den Migrationsdiskurs (1960 - 1985).* Tübingen: Niemeyer.

Woller, A. (2013). *Transformation der Geschlechterverhältnisse in den Vereinigten Arabischen Emiraten. Eine feministische Diskursanalyse der Arbeitsmarktintegration emiratischer Frauen.* Berlin: Frank & Timme.

**Artikel Haaretz:**
- Knesset panel okays bill letting small communities bar Arabs, 28.10.2010.
- Bill to let Israeli towns screen applicants for residency moves forward, 03.02.2011.
- Knesset passes two bills slammed as discriminatory by rights groups, 24.03.2011.
- Silence over Nakba Law encourages racism, 25.03.2011.
- It isn't for the state to promote Arab-Jewish coexistence, 30.03.2011.
- High Court orders Israeli government to explain discrimination in town admissions, 21.06.2011.
- Head to Head / Tzipi Livni, is Netanyahu afraid of rabbis?, 30.06.2011.
- Israeli AG defends controversial law on admissions panels, 26.01.2012.
- Israeli towns continue to rewrite bylaws to keep Arabs out, 16.10.2012.

**Artikel Jerusalem Post:**
- Knesset panel advances bill allowing small communities to reject applicants for 'social unsuitability.' Arab MKs storm out of meeting, calling the legislation racist, 28.10.2010.
- The proposed loyalty oath and citizenship law will not win the loyalty of Arab citizens, but disaffect them further, 04.11.2010.
- Amended Bill would take some of communities' power to reject applicants, 03.02.2011a.
- Good neighbors, bad neighbors, 03.02.2011b.
- NGOs to petition against 'racist laws'. Bill sponsor Rotem: Israel is Jewish and democratic, not a state of all its citizens, 24.03.2011.
- A word on your Arab citizens, 02.06.2011.
- Top court to state: Justify new law on 'admission committees'. Critics of highly controversial legislation passed by Knesset in March say it will ultimately lead to

segregation, 21.06.2011.
- 9 High Court justices hear historic discrimination case. Rights groups say law blocks housing for Arabs, gays, disabled in 434 Negev and Galilee communities, 05.12.2012.
- What will the neighbors say?, 04.01.2013.